맹자의
철학사상

맹자의 철학사상

조원일 지음

전남대학교출판부

머리말

현대사회는 첨단과학과 정보화의 담론이 지배하고 있는 사회라고 할 수 있다. 오늘날 유학사상은 많은 사람들에 의해서 이러한 현대사회의 담론에 부응하지 못하는 과거시대의 잔재로 취급받고 있으며 또한 빠름의 논리가 주류를 이루고 있는 오늘날의 사회에는 어울리지 않는 시대착오적 관념체계로서 인식되어지고 있는 상황이라고 할 수 있다. 이러한 시대적 상황 속에서 유학사상은 과연 어떠한 시대적 의미를 우리들에게 전해 줄 수 있을까?

유학사상은 현대사회를 살아가는 우리들이 현실생활 속에서 직면하게 되는 수많은 문제들에 대한 직접적이고 효율적인 해결방법은 제시해 줄 수는 없다고 말할 수 있다. 다른 한편으로 과연 현대사회의 어떠한 사상체계 혹은 이데올로기가 현재 인간사회에서 발생하고 있는 수많은 문제점들에 대하여 직접적이고 효과적인 해결방안을 제시할 수 있는가? 라고 하는 의문을 제기할 수도 있다. 이러한 의문에 대하여 바로 이러하거나 저러한 사상체계나 이데올로기가 그러한 문제점들을 효과적으로 해소할 수 있다고 할 수 있는 것은 없을 것이라고 판단된다.

기나긴 세월의 흐름 속에서 동아시아 사람들의 삶의 원리로서 자리매김을 했던 유학사상은 시공을 초월하는 보편적 원칙을 통해서 우리들에게 진정한 사랑의 의미와 정의로움에 대한 각성과 다른 사람과의 관계 속에서 타인을 배려할 줄 아는 마음과 교육의 중요성에 대한 인식을 일깨우고 있다고 할 수 있다. 이러한 것들을 바탕으로 우리는 가치 있는 인간으로 거듭날 수 있는 것이며, 무엇이 올바른 삶의 길인지를 체득할 수 있는 것이다.

수천 년 전에 생존했던 맹자가 급변하는 현대사회를 살아가고 있는 우리들에게 남기고자 한 메시지는 과연 무엇이었을까? 맹자는 우리들에게 정의에 대하여 많은 메시지를 남겼으며, 도덕적 용기에 대해서도 적지 않은 메시지를 남겼다. 그의 사상체계 속에는 이상적인 국가운영 방안에 대한 메시지도 담겨져 있고, 현실에 부합하는 경제문제와 도덕교육의 중요성에 대한 소중한 메시지도 담겨져 있으며, 이상적인 인간의 모습에 관한 담론과 인간존재의 존엄성에 대한 끊임없는 신뢰의 메시지가 담겨져 있다.

필자는 지난 십여 년 동안 강단에서 유학사상과 관련된 강의를 하면서 틈틈이 연구논문을 작성했는데, 그 가운데 맹자의 철학사상에 관한 글들을 모아서 수정작업과 보완을 거쳐 단행본을 세상에 내놓게 되었다.

본서는 맹자의 철학사상에 대하여 관심이 있는 일반인들도 맹자의 사상을 좀 더 구체적이고 체계적으로 이해할 수 있도록 구성하였다. 본문은 모두 열 개의 장으로 구성되어 있는데 다음과 같다.

먼저 제1장은 역대 맹자학 연구사에 대하여 양한시기에서 위진남북조 시기까지 경학자들의『맹자』주석에 대한 고찰과 시대적 상황 속에서의 맹자 관련 연구를 살펴보았으며, 수・당 시기에는 유학의 도통체계에서 맹자를 연구한 한유 및 당시의 경학자들을 중심으로 맹자 관련 연구를 고찰했으며, 송・원・명・청 시기에서 근현대시기에 이르기까지는 송명 리학자들의 맹자학 연구와 청대 고증학자들의 맹자 관련 연구 및 현대 신유가 학자들의 맹자학 연구에 관한 문제를 중심으로 살펴보았다. 이 글은 원래『동방학』제23집(2012년)에 게재했던 문장을 수정과 보완작업을 거쳐 수록한 것이다.

제2장은 맹자의 천인관계론에 대하여 인간이 '천도'를 인식한다는 것은 초월해 있으면서 내재되어 있는 것의 인식이라고 하는 문제와 '지천'은 '천'이 '천도'가 되는 이유를 인식하고 '사천'은 '천'이 '천도'가 되는 이유를 앙모하고 숭상하는 것이며, '입명'은 '지천'과 '사천'을 합친 총체로 '천도'와 '성명'이 서로 관통되는 것이라고 하는 문제를 중심으로 살펴보았다. 이 글은 원래『중국학논총』제27집(2009년)에 게재했던 문장을 수정과 보완작업을 거쳐 수록한 것이다.

제3장은 맹자의 인성론에 대하여 성선설의 기본 형태에 대하여

맹자가 비유의 방식을 통해서 고자가 설정한 비유들에 대한 부정 속에서 고자가 인식하고 있는 '인성'과 '인의'의 관계가 잘못 되었다는 문제를 중심으로 고찰하였으며, 맹자와 고자의 인성론 관점의 갈림길을 '생리적 본능을 성이라고 한다.'는 관점과 '본래적인 마음에 인성이 있다.'고 하는 문제를 중심으로 살펴보았다. 이 글은 원래 『한중인문학연구』 제18집(2006년)에 게재했던 문장을 수정과 보완작업을 거쳐 수록한 것이다.

제4장은 맹자의 교육론에 대하여 맹자 교육이론의 주요한 내용은 모두 도덕교육에 집중되어 있다는 전제 아래서 다양한 교육환경의 조성에 초점을 맞춰 양질의 환경 조성이라고 하는 문제의 필요성 및 가정과 학교 그리고 사회교육 여건의 조성에 대한 필요성이라고 하는 문제들을 중심으로 살펴보았다. 이 글은 원래 『동서철학연구』 제63호(2012년)에 게재했던 문장을 수정과 보완작업을 거쳐 수록한 것이다.

제5장은 맹자의 성인론에 대하여 내적 수양을 통하여 '성인'의 경지에 이르게 되는 구체적인 방법으로 본심의 보존과 그러한 본심의 보존 방법은 '인'과 '예'로써 보존하는 것이라고 하는 문제와 정치·사회적 성취에 관해서는 백성들의 경제적 문제가 선결된 후에 도덕교육에 힘써야 한다는 문제들을 중심으로 살펴보았다. 이 글은 원래 『한국철학논집』 제35집(2012년)에 게재했던 문장을 수정과 보완작업을 거쳐 수록한 것이다.

제6장은 맹자의 경제론에 대하여 과중한 세금징수와 과도한 감세정책을 중심으로 하는 조세이론과 분업의 필요성과 분업의 효용성에 대하여 명확한 인식과 함께 매우 정밀한 이론체계를 수립한 분업

이론 및 사회경제적 각도에서 시장경제에 관한 이론적 토대를 수립한 시장물가 이론을 중심으로 살펴보았다. 이 글은 원래 『동양고전연구』 제47집(2012년)에 게재했던 문장을 수정과 보완작업을 거쳐 수록한 것이다.

제7장은 맹자의 정치론에 대하여 정치사상의 핵심 개념인 왕도의 문제와 그가 직시한 현실문제에 대한 분석 그리고 그가 추진하고자 했던 이상적인 개혁정책 방안을 중심으로 살펴보았다. 이 글은 원래 『한중인문학연구』 제14집(2005년)에 게재했던 문장을 수정과 보완작업을 거쳐 수록한 것이다.

제8장은 맹자의 윤리론에 대하여 『맹자』에서 찾아 볼 수 있는 도덕충돌과 도덕선택에 관련된 개별적인 사안의 분석을 통하여, 개별적인 상황의 도덕충돌에 직면했을 때 맹자가 선택한 태도와 해결방법을 이해하여 도덕적으로 최선의 선택을 할 수 있는 방법을 모색했으며, 효도 상황의 충돌 · 개인과 타인 · 개인과 사회의 윤리적 충돌 상황에 당면하여 선택해야 하는 도덕선택에 대하여 살펴보았다. 이 글은 원래 졸저 『맹자의 도덕사상과 정치사상』(2006년)에 수록되었던 문장을 발췌하여 수정과 보완작업을 거쳐 수록한 것이다.

제9장은 맹자의 예론에 대하여 맹자는 '예'의 내재적 의미를 중시하였으며, '예'의 근원은 바로 인간에게 내재되어 있는 선한 본심과 본성이라는 문제와 '인' · '의' · '예'의 관계가 내부적 외부적으로 서로 상응하고 있으며, 또한 '인' · '의' · '예'의 관계가 서로 상호보완의 관계에 있다고 하는 문제와 인'과 '예'로써 본심을 보존한다고 하는 것은 도덕실천의 의미를 내포하고 있는 것이라고 하는 문제들을 중심으로 살펴보았다. 이 글은 원래 『중국학논총』 제36집(2012년)에

게재했던 문장을 수정과 보완작업을 거쳐 수록한 것이다.

제10장은 맹자의 '악'에 관한 문제에 대하여 먼저 동・서양철학의 '악'에 대한 일반적인 의미를 비교하고, '악'의 형성 원인에 대한 해석과 인간의 본성은 '악'이 될 수 없다는 문제를 중심으로 살펴보았다. 이 글은 원래 『중국인문과학』 제51집(2012년)에 게재했던 문장을 수정과 보완작업을 거쳐 수록한 것이다.

필자는 대학 졸업 후 중국철학에 대한 거시적인 안목의 양성과 한층 심도 있는 연구를 위해서 타이완 중국문화대학 대학원과 중국의 북경대학 대학원에서 강산이 한 차례 바뀔 시간 동안 중국철학 연구방법론과 이론체계에 대한 공부와 고대 중국의 지적知的전통에 대하여 연구를 진행했었다. 또한 그러한 지적전통에 대한 연구과정 속에서 고명한 석학들의 가르침을 통하여 엄정한 학문연구 태도를 배울 수 있었던 점은 커다란 행운이라고 생각한다. 외국에서의 유학 시절 항상 뜨거운 열정으로 부족한 제자를 지도해주신 은사님들의 가르침에 대하여 "도道가 끊어진지 천 년이 지나고 성인의 말씀이 인멸되어 전해지지 않는데, 선각先覺이 없었더라면 누가 나를 올바로 이끌어 줄 수 있었을까!"라고 하는 말로써 감사함을 표하고자 한다. 또한 장기간의 외국유학생활을 마치고 귀국했을 때, 각박한 현실에 직면하여 힘들어 하고 있던 후학에게 강단에 설 수 있도록 배려를 해주시고 학계로 이끌어 주신 은사님과도 같은 권용옥 선생님께 '恩重如山'이라고 하는 송유宋儒 육유陆游의 글로써 감사의 마음을 올리고자 한다.

오랜 세월에 걸쳐 연구한 성과들을 바탕으로 수천 년 전 격동의 시기를 살아갔던 사상가로서 끊임없이 인간존재에 대하여 무한한 신뢰와 사랑을 보여줬던, 선현 맹자의 사상에 대한 부족하지만 나름대로 의미를 부여할 수 있는 결과물을 세상에 내놓을 수 있게 되어 매우 감사하게 생각한다.

2012년 가을

남녘 땅

屯德齋에서

조원일

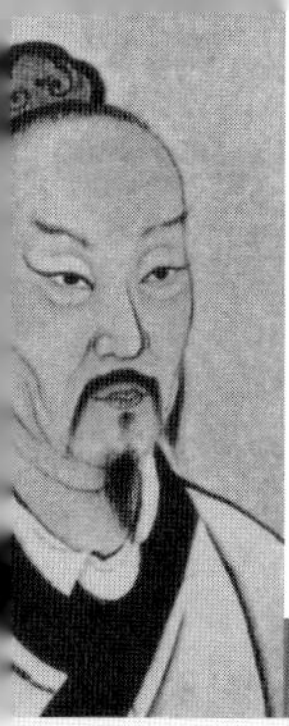

목 차

제3장 인성론

제4장 교육론

제5장 성인론

제6장 경제론

제10장 '악'에 관한 문제

제1장

맹자학 연구사

1. 시작하는 말

양한시기兩漢부터 당대唐代에 이르는 시기의 유학 발전은 경학經學이 중심이 되어 진행되었다고 할 수 있다. 경학은 서한西漢중기에 이르러 무제武帝의 독존유술獨尊儒術 정책 실시 이후 대대로 각 왕조의 전폭적인 지원 속에서 학술부문 가운데 없어서는 안 되는 한 부분으로 자리매김을 하게 된다. 비록 위진남북조魏晉南北朝 시기에 이르러 유학이 쇠락의 길을 걷고 있기는 하였지만 당시의 통치자들은 감히 제멋대로 경학을 폐지하지는 못하는 실정이었다. 이와 같이 경학의 발전은 유학의 발전과 긴밀하게 연결되어 있었다고 할 수 있다.

양한시기부터 송대宋代 이전까지의 맹자학孟子學의 발전은 모두 경학의 발전 과정 속에서 진행되었기 때문에, 경학사의 관점에서 논의해야만 한다. 당대 중기 이후 맹자학은 유학의 부흥운동으로 인하여 많은 관심을 받게 되기는 하지만 그때까지는 유학의 주류로 편입되지는 못하는 실정이었다. 송대에 이르러 이전 시기에 축적되어진 맹자학 관련 연구 성과를 계승하고 그 위에 유학 부흥사조와 경세치용 사상의 영향이 더해져 『맹자孟子』와 맹자에 대한 관심이 그 이전 시기에 비하여 증가하게 된다.

또한 송대에 이르러 개혁세력의 이론적 근거로서 선진유학의 중요성이 대두되는데, 이러한 추세에 호응하여 맹자의 지위 역시 상승하게 된다. 송대 이후부터는 학자들이 유학에 대하여 언급을 할 때 더 이상 '주공周孔'을 병칭하지 않고 대신 '공맹孔孟'을 병칭하기 시작하는 경향을 보인다. 송대의 개혁세력의 역할로 인해서 유학에 있어서의 맹자의 지위는 양한시기에서부터 수당시기에 이르기까지 전례에 없던 높은 지위를 누리게 된다.

본문에서는 경학의 발전을 주축으로 하여 역대 경학 발전사의 분석을 통하여 송대 이전과 이후의 맹자학의 연구 상황에 대하여 먼저 한대漢代에서 위진남북조 시기까지 언급한 뒤에 다시 수대隋代에서 당대唐代에 이르는 시기까지 언급한 뒤에 다시 송원명청宋元明清에서 근현대시대에 이르는 시기를 언급하는 방식으로 논의를 진행했다.

2. 양한에서 위진남북조 시기의 맹자학

진秦나라 시기에 자행된 분서갱유에 의하여 유가사상은 진나라에서 어떠한 형태의 발전도 이룩하지 못하였기 때문에 맹자학 역시 어떠한 발전도 없었다고 할 수 있다. 한漢나라 시기로 진입한 이후 유가사상은 줄곧 중요한 각색을 연출한다. 서한西漢초기에는 육가陸賈·숙손통叔孫通·가의賈誼 등이 중심이 되어 막 통일의 대업을 완수한 한나라의 정치와 제도를 정비하는데 매우 중요한 역할을 한다. 그렇기 때문에 비록 한대 초기의 정치권에서는 황노학黃老學을 이용하여 전란에 지친 민생의 안정을 도모 하였지만 유학 역시 일정한 역할을 하고 있었다. 문제文帝와 경제景帝의 치세 이후 정치와 사회적 필요에 의하여 유학은 발전의 발판을 확보한다.[1)]

서한중기에 이르러 군주는 새로운 통치문제에 직면하게 되며 게다가 외환까지 겹쳐지는 형국이 발생하자, 서한의 군주는 왕권과 국가를 공고하게 지키고자 한다. 이러한 시대적 분위기 속에서 학술적으로도 '무위無爲' 사상이 아닌 '유위有爲' 사상의 필요성이 적극적으로 대두된다. 그렇기 때문에 서한중기에 무제武帝가 집권한 후 독존유술獨尊儒術의 정책이 시행되기에 이른다. 통치권의 강력한 지지 속에서 서한시기의 유학은 경학이 중심이 되고 유가의 여타 분야는 그 다음 순으로 밀려나게 된다.

> 제자 십가十家 가운데 볼만한 것은 구가九家일 뿐이다. 모두 왕도王道가 쇠미해지고 제후들이 힘의 정치를 하고, 당시의 군주가 좋아하거나 싫어하는 방향을 달리함에서 구가九家의 학술이 벌떼처럼 나와서 함께 일어났다. 각각 한 단면을 끌어와 그들이 잘하는 것을 숭상했다. 이것을 가지고 유세하여 제후에게 영합하였다. 말하는 것이 비록 다르지만 비유하면 물과 불이 서로 없애기도 하고 생기게도 하는 것과 같다. 인仁과 의義, 경敬과 화和가 서로 상반되지만 모두 서로를 이루게 해준

---

1) 金谷治, 조성을 역, 『중국사상사』, 서울, 이론과 실천, 1994년, 123~124쪽 참조.

> 다. 『역경易經』에 이르기를 "천하가 같은 곳으로 돌아가지만 (가는) 길은 다르고 (궁극의) 하나에 이르지만 생각은 백가지로 다르다."라고 했다. 지금 서로 학파를 달리하는 사람들이 각각 뛰어난 것을 확장하여 지혜와 생각을 다하여 그 요지를 밝혔다. 비록 모르고 취약한 부분이 있지만 그 귀결점을 합하여 보면 또한 육경六經의 갈래와 끝은 된다.[2]

반고는 제자諸子의 학술이 "육경의 갈래와 끝은 된다."라고 여기고, 또한 제자의 학술이 말하는 것이 비록 다르기는 하지만, 그것들의 요지는 결국은 육경六經으로 귀결된다고 생각했다. 반고의 이러한 생각은 경학이 근본이 되고 제자학諸子學은 경학의 보조에 불과하다는 것을 단적으로 설명하고 있다. 『맹자孟子』는 진나라 시기의 분서갱유의 화마를 피해 완전하게 보존되어 전해지고 있기는 하였지만 서한시기 유학자들의 관심의 초점이 되지는 못하고 있는 실정이었다. 문제文帝 시기에 일찍이 『맹자』에 박사를 두었는데, 이러한 사실은 조기趙岐의 「맹자제사孟子題辭」에 "효문 황제는 학문을 광범위하게 넓히고자 『논어論語』, 『효경孝經』, 『맹자孟子』, 『이아爾雅』 등에 박사를 두었다."라고 한 언급 속에 잘 나타나 있다. 유흠劉歆은 「이서양태상박사移書讓太常博士」에서 "효문 황제가 정권을 장악하기 시작하자 조조晁錯를 보내 복생伏生에게 『상서尙書』를 배워오게 했다. ……박사를 두었다."[3]라고 언급하고 있는데, 이러한 조기와 유

---

2) 『漢書』, 「藝文志」, "諸子十家, 其可觀者九家而已. 皆起於王道旣微, 諸侯力政, 時君世主, 好惡殊方, 是以九家之術出並作, 各引一端, 崇其所善, 以此馳說, 取合諸侯. 其言雖殊, 辟猶水火, 相滅亦相生也. 仁之與義, 敬之與和, 相反而皆相成也. 易曰: '天下同歸而殊塗, 一致而百慮.' 今異家者各推所長, 窮知究慮, 以明其指, 雖有蔽短, 合其要歸, 亦六經之支與流裔."

3) 蕭統, 『文選』, 北京, 中華書局, 1992년, 662쪽 참조.

흠의 언급은 한나라 문제시기에 이미 유가의 제자학설이 중요하게 취급받고 있었음을 반증하는 것이다.

무제시기에 이르러서 진나라의 분서焚書이후 많은 서적과 전적들이 산실된 것을 통감하는 한편 조정에서는 관방에 소장하고 있었던 장서들 가운데 대다수가 궐본인 것을 파악하고 장서정책을 선포하여 민간에 소장되어 있던 산실된 서적들을 수집한다.

> 진秦에 이르자 이를 염려하여 서적을 태워 없애고, 그렇게 함으로써 백성들을 우매하게 하고자 했다. 한나라가 일어나서 진나라의 실패를 고치고자, 서적을 크게 모으고 책을 헌납할 수 있는 길을 널리 열었다. 무제시기에 이르기까지 여전히 백서帛書는 결손 되기도 하고 죽간竹簡은 떨어져나간 것도 있고, 예악이 무너진 상태가 되자 군주는 탄식하며 "나는 이를 매우 안타깝게 생각한다"고 말했다. 이에 장서藏書의 정책을 세우고 사서寫書의 관직을 설치하여, 아래로 제자諸子의 전傳과 설說까지 모두 비부秘府에 채웠다. 성제成帝시기에 이르러서는 서적이 꽤 많이 분산되고 유실되어, 알자謁者 진농陳農으로 하여금 천하에서 전하지 않는 책을 구하게 했다. (그리고) 조서를 내려 광록대부光祿大夫 유향劉向에게 경전經傳 제자서諸子書 시부詩賦 등의 전적을 교감하게 하고, 보병교위步兵校尉 임굉任宏에게 병법서를 교감하게 하고, 시의侍醫 이주국李柱國에게 방기方技에 관한 서적을 교감하게 하였다. 매번 책 한 권의 교감이 끝나면 유향은 그 서적 각 편의 조목을 정리하고, 요점을 간추리고 기록하여 상주하였다.[4]

---

4) 『漢書』, 「藝文志」, "至秦患之, 乃燔滅文章, 以愚黔首. 漢興, 改秦之敗, 大收篇籍, 廣開獻書之路. 迄孝武世, 書缺簡脫, 禮壞樂崩, 聖上喟然而稱曰: '朕甚閔焉!' 於是建藏書之策, 置寫書之官, 下及諸子傳說, 皆充秘府. 至成帝時, 以書頗散亡, 使謁者陳農求遺書於天下. 詔光祿大夫劉向校經傳諸子

무제는 이처럼 민간에 흩어져 있던 책들을 수집하는데 있어서 그 대상을 제자학諸子學의 서적에까지 확대하여 수집된 제자학의 서적을 비부秘府에 보관시켰다. 이러한 조치의 결과로 제자학의 학술사상은 민간에 전파될 수가 없었다. 동시에 경학을 표준으로 삼아서 모든 학술에 대하여 정리 작업을 진행하여 그것들의 요점을 논하고 오류를 바로잡았다. 이러한 조처들은 비록 서적들을 수집 정리하여 보관한 공적은 있으나, 제자학이 민간에 광범위하게 퍼지는 것을 막았기 때문에 제자학이 발전하는데 장애요인이 되었다고 할 수 있다.[5] 『맹자』는 한대에 제자계열에 분류되었기 때문에 그것의 발전에 이러한 영향을 받을 수밖에 없었다.[6]

서한시기가 끝날 때까지 『맹자』에 주석을 달은 학자는 없었다. 맹자학과 관련 있는 저작은 다만 사마천司馬遷의 『사기史記』, 「맹자순경열전孟子荀卿列傳」에 보이는 맹자의 생애와 사상에 관한 부분일 뿐이다. 비록 서한시기에 맹자학과 관련된 저작이 많지는 않지만, 그 시기의 유학자들은 『맹자』의 학설을 유학에 있어서 중요한 연구 자료로 취급했다.

동한東漢시기에 들어와서 시작된 금문今文경학과 고문古文경학의

詩賦, 步兵校尉任宏校兵書, 太史令尹咸校數術, 侍醫李柱國校方技. 每一書已, 向輒條其篇目, 撮其指意, 錄而奏之."

5) 무제시기 이후 제자학은 이미 쇠락해져 가고 있는 실정이었다. 서한 초기는 제자백가의 학문이 매우 활성화 되었었지만, 무제시기 이후는 그렇지 못했다. 그러나 제자학의 후학은 여전히 경학에 대한 반발로서 계속 존재하고는 있었다. 王繼訓, 「淺論漢代諸子學與經學的界限」, 『西北大學學報』, 제33권 제1기, 43쪽 참조.

6) 方俊吉, 『孟子學說及其在宋代之振興』, 臺北, 文史哲出版社, 1993년, 113~114쪽 참조.

대립은 갈수록 치열해져가고 맹자학에 대한 연구는 학자들로부터 비교적 중시를 받는다. 비록 『한서漢書』, 「예문지藝文志」에서는 『맹자』를 「제자략諸子略 · 유가류儒家類」에 수록하고 있지만, 『논어論語』, 『효경孝經』, 『이아爾雅』는 「육예략六藝略」 가운데의 「논어류論語類」, 「효경류孝經類」에 귀결시킨다. 그래서 『맹자』의 지위는 마치 『논어論語』, 『효경孝經』, 『이아爾雅』 보다 아래에 있는 것처럼 보인다. 그렇지만 동한시기 학자들의 맹자학에 대한 연구는 대폭적으로 늘어난다.

동한시기의 『맹자』에 대한 주석은 여섯 종류가 있는데, 양웅揚雄의 『맹자주孟子注』, 정증程曾의 『맹자장구孟子章句』, 정현鄭玄의 『맹자주孟子注』, 고유高誘의 『맹자장구孟子章句』, 유희劉熙의 『맹자주孟子注』, 조기趙岐의 『맹자장구孟子章句』가 그것이다. 이들 가운데 지금까지 전해져오는 것은 유희의 『맹자주』와 조기의 『맹자장구』뿐으로 그 외의 것들은 모두 유실되었다. 비록 동한시기의 『맹자』에 대한 주석본이 후세에 비하여 적은 수에 불과하지만 서한시기에 비할 때 주목할 만큼 많다고 할 수 있을 것이다.

동한시기에는 고문경학이 흥기하여 그에 따라 훈고학이 유행하게 되는데, 이때 『맹자』에 기록되어 있는 언급들은 동한학자들에 의해 광범위하게 논증의 자료로 인용된다. 조기가 「맹자제사」에서 "오늘날 여러 경전들의 의미는 『맹자』를 인용하여 사실을 밝힌다."고 언급한 바에서 알 수 있듯이 동한시기의 학자들은 경전의 의미에 대하여 논의할 때 『맹자』의 내용을 인용하여 논증의 근거로 삼았었다.

『맹자』는 전기류의 서적이었기 때문에 한대의 학자들이 경전에 대하여 주석을 달 때, 그 내용을 많이 인용하여 논증의 근거로 삼았으며, 『맹자』에 기록된 사실들을 인용한 서술을 박학다식한 것으로 여겼다. 동한시기 『맹자』의 학술적 지위는 더욱 높아지게 되어 그 영향력은 매우 광범위하게 확대되는 추세를 보인다. 아울러 맹자 사상의 가치 역시 학자들에 의해 새롭게 인식되어지는데, 양웅揚雄의 "양주나 묵적의 학설을 물리친다."는 언급과 왕충王充의 「자맹刺孟」편 등이 대표적인 예라고 할 수 있을 것이다.

서한에서 동한시기에 이르는 동안 『맹자』의 지위는 점진적으로 향상되어가는 추세를 보인다. 서한시기의 유학은 정치를 위한 도구적 기능을 담당했기 때문에 경세치용經世致用분야에 치중했었던 반면 심성론心性論 분야에는 소홀했었다고 말할 수 있다. 이러한 학술적 추세 속에서 맹자의 사상은 심성론을 중시하는 사상적 특성을 가지고 있었기 때문에 자연히 당시 학자들의 주목을 받지 못했었던 것이다. 경학은 한나라 정부의 장기간에 걸친 지원 속에서 이미 학술계에서는 요지부동의 지위를 점하고 있었으며, 유학의 독존적인 분위기 속에서 학자들의 연구 범위는 경서에서 시작하여 유가의 제자학諸子學에까지 확대된다. 그렇기 때문에 『맹자』는 동한시기 학자들의 연구대상에 포함되었던 것이다.

양한시기의 맹자학의 발전과 경학은 매우 밀접한 관계를 형성하고 있었다고 판단된다. 한대 유학자들은 경전에 대한 해석과 주석 작업을 할 때 맹자의 관점을 인용하곤 했는데, 조기가 「맹자제사孟子題辭」에서 "효문 황제는 학문을 광범위하게 넓히고자 『논어論語』, 『효경孝經』, 『맹자孟子』, 『이아爾雅』 등에 박사를 두었다."라고 언급한 것은 양한시기의 맹자학이 경학에 의탁하여 발전했음을 단적으로 설명하는 것이다.[7] 그렇기 때문에 양한시기 맹자학의 발전은 학술사상에서는 경학의 독존과 제자학의 지속적인 발전에 의한 것이었다고 할 수 있는데, 당시의 제자학의 연구는 경학을 종주로 삼고 모든 이론체계를 경학의 관점에 맞춰 수립했었다. 이와 같은 이유로 제자학은 경학이 일세를 풍미했던 양한시기에 발전할 수 있었던 것이다. 『맹자』의 이론은 유가에 뿌리를 두고 있기 때문에 공자孔子의 학문을 계승하여 그 이론체계가 육경六經의 이론체계와 유사하다고 할 수 있다. 그렇기 때문에 한대 학자들이 경학연구에 있어서 『맹자』의 관점을 다양하게 인용하였던 것이며, 이로 인하여 『맹자』의 학술적 지위가 신장될 수 있었던 것이다.

동한 말기부터 시작된 정치적 혼란과 두 차례에 걸친 당고黨錮의 화禍는 동한의 학술발전에 심각한 타격을 가하여 경학의 발전에도 중대한 영향을 끼친다.[8] 동한 말기의 정치적 혼란과 사회질서의 붕괴는 학술계에 많은 부정적인 영향을 끼쳤는데, 구체적인 예를 들자면 경학의 쇠퇴라는 초유의 현상이 발생하게 된 것이다. 이러한 상황은 위魏나라 문제文帝의 시기에 와서 태학太學의 회복으로 비로소 진정의 기미를 보이기 시작한다. 그러나 이 시기의 태학의 수준은 양한시기에 한참 못 미쳤다고 할 수 있는데, 그 이유는 태학생의 대부분이 병역 기피 수단으로 태학에 입학했기 때문이었으며 박사들의 수준 역시 양한시기에 비해 형편없었기 때문이라고 할 수 있다. 이러한 상황으로 인하여 위나라의 태학은 그 수준이 저급했으며 따

7) 吳雁南, 『中國經學史』, 福州, 福建人民出版社, 2001년, 69~70쪽 참조.

8) 동한 말기에 발생한 당고의 화는 당시의 학술사상에 매우 심각한 영향을 끼친다. 이와 관련한 자세한 내용은 戶川芳郎의 『儒敎史』, 서울, 이론과 실천, 1990년, 120~123쪽에 잘 나타나 있다.

라서 당시의 경학 연구도 수준에 못 미쳐 결국은 쇠퇴의 길을 걸을 수밖에 없었던 것이다.

동한 말기에서 삼국을 거쳐 서진西晉에 이르는 시기에는 경학의 집대성자가 나타나는데, 그가 바로 정현鄭玄이다. 피석서皮錫瑞가 "정강성은 폭넓은 학식과 기억력이 뛰어난 인재로 고상한 절개와 탁월한 행실로 유명했다. 저술한 책이 집에 가득했으며 문하생이 매우 많았다. 당시의 모든 사람들이 그를 우러러 보았으며, 이수伊水와 낙수雒水의 동쪽 회수淮水와 한수漢水의 북쪽에서 정강성은 제일 뛰어난 사람이었다고들 말한다."[9]라고 언급한 것처럼 정현은 당시 사회에 매우 커다란 영향을 주고 있었다. 정현의 영향 속에서 동한 말기에서 삼국시대에 이르는 동안 유학은 새로운 관점을 거의 내놓지 못하고 있었으며, 맹자학에 대한 연구 역시 전혀 새로운 성과를 못 내놓고 있었다. 동시에 경학 분야에서 정현학파와 왕숙王肅학파 간의 분쟁이 발생한다. 이러한 두 학파 사이의 분쟁으로 인하여 학자들은 학술적 입장을 견지하기 위하여 정치적으로나 학술적으로 서로 헐뜯고 비방하기에 이른다. 이러한 과정 속에서 경학의 발전은 정지되었으며, 전문적인 학술의 발전 역시 기대할 수 없었다. 경학이 이와 같은 상황에 처했기 때문에 경학에 의탁해서 발전을 했던 맹자학 역시 어떠한 발전도 없었던 것이었다.

동한 말기에 발생한 사회적 혼란으로 인해서 기존의 예악禮樂질서는 붕괴되는 지경에 이르게 되는데, 그 결과 당시 사람들은 유가의 가르침에 대하여 회의적인 태도를 갖게 된다. 이러한 상황 속에서

---

9) 皮錫瑞, 『經學歷史』, 上海, 商務印書館, 1931년, 134쪽 참조.

경학 연구는 급속도로 쇠퇴하였으며, 학자들의 학문연구 대상은 더 이상 경학에 국한되지 않았다. 다시 말하면 동한 말기부터 위진魏晉에 이르는 시기에서 유학은 사회질서를 유지시켜주는 기능을 상실하게 되어 결국 사람들은 더 이상 유가사상에 대하여 믿음을 가질 수 없게 되는 지경에 이르게 된다. 또한 당시의 학자들 역시 경학에 대한 연구만으로는 더 이상 혼란에 빠진 세상을 바로잡을 수 없다는 사실을 통감한다. 그래서 적극적으로 세상사에 참여하고자 했던 사람들은 법가法家나 종횡가縱橫家의 학술을 추종했으며, 소극적으로 개인의 안신입명安身立命을 추구했던 사람들은 노장老莊사상과 현학玄學의 가르침을 추종했다. 당시의 지식인들은 유가사상에 대한 흥미를 상실하였으며, 또한 그들이 고민하던 문제도 사회질서의 회복 같은 것보다는 생명의 온전한 보전에 관한 것들에 초점이 맞춰져 있었다. 이러한 시기의 경학은 자연히 쇠퇴의 길을 걸을 수밖에 없었으며, 새롭게 흥기한 현학이 경학에 영향을 끼쳐서 경학의 현학화玄學化 현상이 발생하게 된다.[10)]

한대의 경학은 주로 천인관계天人關係의 문제에 대하여 중시하는 경향을 보였는데, 현학 역시 본체론本體論적 관점에서 천인관계의 문제에 대하여 논의를 집중하는 경향을 보인다.[11)] 그러므로 경학에서 현학으로 무게 중심이 이동해가는 추세 속에서도 연구 주제에는 변화가 없었다고 할 수 있으며, 변한 것은 단지 연구시각과 연구방법론일 뿐이었다고 말할 수 있다. 즉 현학은 도가道家의 이론과 연구방법론을 사용하여 천인관계 문제를 규명했던 것이다.[12)]

---

10) 吳雁南, 『中國經學史』, 福州, 福建人民出版社, 2001년, 143쪽 참조.

11) 王克奇, 「從漢代經學到魏晉玄學」, 『東岳論叢』, 第22卷 第5期, 83쪽 참조.

경학의 현학화 이외에도 위진 시기 경학의 발전은 점진적으로 불교화佛教化 되어가는 경향도 보인다. 동진東晉시기에는 많은 학자들이 불교에 대하여 연구를 진행하는데, 그들은 불교의 이론을 경학을 통해 보충하고자 했다. 남조南朝시기에 들어서자 불교는 통치자의 강력한 지원 속에서 공전의 발전과 번영을 구가하게 되며, 학풍 역시 다양한 이론들을 접목하는데 그 중심에 경학이 있었다. 이와 같은 이유로 경학은 불교화 된다.

위진남북조 시기는 유학과 현학 및 불교가 정립되어 있는 형태를 보이고 있었는데, 경학의 연구는 남조의 삼례三禮에 대한 연구가 불교의 영향을 받은 것 외에도 경전에 대한 주석의 내용은 동한시기보다 더욱 정밀한 형태를 보이고 있었지만, 연구 내용과 범위는 동한 시기의 그것을 벗어나지 못했다.[13] 당시의 학술사상의 추세는 유학은 그 규모가 축소되고 있는 상황을 보이고 있는 반면, 현학과 불교의 사상은 매우 홍성하고 있는 경향을 보이고 있었다. 이러한 학술사상의 추세는 위진남북조 시기의 학자들로 하여금 더 이상 유학의 육경六經에 전념할 수 없게 만들었다. 그렇기 때문에 유학은 그 발전의 여지가 없었다고 할 수 있으며, 이에 따라 맹자학의 발전 역시 제지당하는 형국을 맞이하게 된다.[14]

위진남북조 시기의 『맹자』 주석서는 진나라의 기무수綦毋邃의 『맹자주孟子注』가 있을 뿐이다. 기무수의 『맹자주』는 『수서隋書 · 경적

12) 吳雁南, 『中國經學史』, 福州, 福建人民出版社, 2001년, 143쪽 참조.

13) 董洪利, 『孟子研究』, 南京, 江蘇古籍出版社, 1997년, 176~177쪽 참조.

14) 方俊吉, 『孟子學說及其在宋代之振興』, 臺北, 文史哲出版社, 1993년, 123~124쪽 참조.

지經籍志』와 『당서唐書 · 예문지藝文志』에 수록되어 있으며, 『수서』에는 총 9권으로 구성되어 있다고 기록되어져 있다. 기무수의 『맹자주』는 아쉽게도 이미 유실되어 현재에는 전해지지 않고 있다.

3. 수 · 당 시기의 맹자학

위진남북조 시기의 정치적 사회적 혼란의 국면은 수당隋唐시기에 이르러 일단 진정의 국면을 보인다. 통일제국이 건립되자 정치와 사회는 안정되었으며, 이러한 안정을 기반으로 정권을 더욱 공고하게 만들고자 군주는 유가사상을 채택하여 정권수호의 파수꾼으로 삼는다. 이러한 추세 속에서 경학은 유학의 발전과 더불어 현저한 진보를 이룩하게 된다.

수나라에서는 건국초기에 문제文帝가 전국적으로 학문에 힘쓰고 예禮를 실천할 것을 교지로 내렸다. 이와 같은 군주의 적극적인 장려 속에서 수나라에서는 수도인 대흥大興에 경사京師를 설치하고 지방에는 학교를 설립하는 한편 박사博士의 학관學官을 설치했다.[15] 즉 수나라는 천하를 통일한 후에 유가의 예교禮教로서 사회질서를 회복시키고자 했다. 그래서 조정에서는 수많은 학교를 설립하는 동시에 학자들이 유학연구에 매진하도록 아낌없는 지원을 했다. 수나라 군주의 강력한 지원 속에서 유학은 매우 중요한 지위를 차지하게 되었으며 경학 역시 발전에 새로운 전기를 마련하게 된다.

수나라 이후 들어선 당나라 역시 유학을 매우 중시하고 학자들이

15) 수나라의 유학 진흥정책에 관한 사실은 『隋書』, 「儒林傳」에 잘 나타나 있다.

경전 연구에 매진할 수 있도록 많은 지원을 했으며, 전국 각지에 학교를 설립하는 등의 유학 장려정책을 펴나갔다. 특히 당나라 태종太宗시기에 이르러서는 더욱 적극적인 경학 진흥정책이 시행되어 경전의 고증에 대하여 심혈을 기울인 작업이 진행된다. 당시에 태종은 안사고顔師古와 방현령房玄齡 및 공영달孔穎達 등에게 경서經書 교정 작업을 지시하여 그들에 의해서 교정된 경서로 온 천하의 학자들이 경서 연구의 교범으로 삼게 만든다.[16] 이러한 현상 외에 당나라 초기는 유가에 여러 파벌이 형성되어 있었으며, 이로 인하여 주석이 너무 번잡한 문제들이 상존해 있었는데, 이는 당시의 경학이 해결해야만 하는 문제들이었다. 그렇기 때문에 공영달은 『오경정의五經正義』를 편찬할 때 기존의 주소注疏에 대해서는 반박하지 않는다고 하는 원칙을 세워 이미 간행된 주석본의 권위를 옹호했으며, 이러한 방법을 경학연구의 표준으로 삼았다.[17]

당나라 초기에 진행된 경전 해석에 대한 통일적 기준을 마련하는 작업은 과거시험에 적용하기 위해서 인데, 이는 과거시험 문제에 대한 표준답안을 한 학자의 주석에 의거하여 만들기 위해서 그렇게 한 것이다. 이러한 경전 해석에 대한 통일적 기준 마련에는 고도의 정치적 계산이 내포되어 있다고 할 수 있다.

당나라 시기의 유학은 또 다른 문제에 직면해 있었는데, 그것은 바로 수당隋唐시기는 위진남북조를 계승한 통일제국의 시기였기 때문에 학술사상 역시 이전시대를 계승하여 발전하게 되어 유가、도

---

16) 唐明貴, 「唐太宗與初唐經學的復興」, 『聊城師範學院學報』, 2000년, 第6期, 19쪽 참조.

17) 吳雁南, 『中國經學史』, 福州, 福建人民出版社, 2001년, 193쪽 참조.

가、불교의 삼교가 정립하고 있는 추세였다는 것이다. 수당시기의 통치자들은 유학에 대하여 강력한 지지를 보내고 있었지만, 불교와 도교에 대해서도 매우 호의적인 태도를 견지하고 있었다.[18] 수당시기 경학의 발전은 유、불、도 삼교를 겸용하였으며, 경전에 대한 주석 역시 고문학파와 금문학파의 견해를 모두 채용하여 발전해나갔다. 특히 당나라 시기 전체의 경학 발전은 융합과 통일적 성향을 동시에 가지고 있었다고 할 수 있다.

수당시기의 경학은 정치권을 위해서 많은 역할을 하며 정치적인 필요에 의해서 유、불、도 삼교의 사상을 겸용하였다. 당시는 비록 경학에 있어서 통일적 기준이 형성된 시기로 공전의 발전을 구가 하고 있었지만 맹자학은 그렇게 커다란 발전을 이룩하지는 못한다. 당나라 시기의 경학은 양한시기부터 전해져 내려온 경전 즉 육경六經을 중심으로 발전하고 있었기 때문에 유가의 제자학은 확산될 수가 없었다. 그 결과 자연히 맹자학에 대한 관심도 적을 수밖에 없었다. 맹자학에 대한 연구가 매우 미미했던 당나라 시기에는 일군의 학자들 즉 한유韓愈나 피일휴皮日休 등과 같은 학자들이 맹자학의 지위를 향상시키기 위해 많은 노력을 기울인 점은 특이한 현상이었다고 볼 수 있다.

> 요임금의 도는 순임금에게 전해지고, 순임금의 도는 우임금에게 전해지고, 우임금의 도는 탕왕에게 전해지고, 탕왕의 도는 문왕 무왕 주공에게 전해지고, 문、무、주공의 도는 공자에게 전해지고, 공자의 도는 맹자에게 전해졌다. 맹자가 죽은 뒤 그 도는 전해질 수 없었다.[19]

---

18) 許凌雲,『中國儒學史』, 廣州, 廣東教育出版社, 1998년, 43쪽 참조.

한유는 맹자를 도통道統의 체계 속에 넣으려고 맹자를 문왕文王・무왕武王・주공周公・공자와 같은 위치에 놓아서 도통의 계승자로 만든 것처럼, 맹자의 지위를 대폭적으로 제고시킨다. 이와 같은 한유의 맹자에 대한 존숭은 유학의 발전에 있어서 일대 전환점을 마련하게 된다. 당나라 초기의 맹자에 대한 연구는 매우 미미한 수준에 그치고 있었으나, 당나라 중기에 이르자 한유에 의해서 맹자는 유학 도통설道統說 발전에 있어서 빠져서는 안 될 매우 중요한 지위를 점하게 된다.

당나라 시기의 유학은 비록 불교와 도교사상과 융합하는 추세를 보이고 있었지만, 유학 자체는 불교와 도교사상의 융성에 직면하여 내부적으로 자기혁신의 작업을 전개해나가기 시작한다. 그래서 맹자 사상의 이단사설에 대한 배척과 심성론 그리고 유가의 도통설은 당나라 중기 이후의 학자들로부터 중시받기 시작한다.[20] 한유가 제기한 도통관념으로 인하여 맹자가 도통체계 속에 놓이게 되어, 맹자는 유가사상의 발전에 있어서 공자의 뒤를 계승한 유가의 정통으로 자리매김하게 되는 새로운 전기가 이룩된다. 이러한 가운데 맹자사상의 도덕적 가치는 수많은 학자들로부터 중시받기 시작하며, 그 영향은 송대 신유학의 발전에 지대한 공헌을 하게 된다. 이러한 맹자 지위의 향상은 유학사상의 연구에 있어서 그동안의 중심축이었던 주공과 공자에서 그 연구대상의 무게 중심이 공자와 맹자로 옮겨지

19) 「原道」, "堯以是傳之舜, 舜以是傳之禹, 禹以是傳之湯, 湯以是傳之文、武、周公, 文武周公傳之孔子, 孔子傳之孟軻. 軻之死, 不得其傳焉". 韓愈, 『韓昌黎全集』, 北京, 中國書店, 1991년, 174쪽 참조.

20) 趙斌茹, 『漢唐『孟子』學探微』, 西寧, 青海教育出版社, 1999년, 17쪽 참조.

게 되는 현상을 초래하게 된다. 아울러 이러한 현상은 유학사상의 연구주제 변화를 수반하는 결과를 가져오게 된다.

> 한대의 학자들은 일반적으로 모두 주공과 공자를 병칭하여 주공의 정치업적을 중요시한다. 이러한 현상은 당나라 때까지 지속되는데, 맹자를 추앙했던 학자 피일휴와 같은 경우까지도 "성인의 교화는 삼황으로부터 나와서 오제에게서 완성되어 주공과 공자에 이르러 정착된다." 고 말하게 만들 정도로 주공과 공자가 병칭되었음은 명백한 사실이다. 그러나 송대 이후의 학자들의 저작 가운데 공자와 맹자의 병칭은 이미 일반적으로 사용되던 용어였었다. 공자와 맹자가 중시 받게 된 것은 공자의 도덕적 성취 때문이었다. 그래서 한유는 맹자를 위로는 공자를 계승한 인물로 추존하였는데, 이는 업적의 중시에서 덕성의 중시로 그 의미가 변화되었음을 뜻하는 것이다.[21]

당나라 시기는 유학의 발전에 있어서 학자들이 더 이상은 유가사상의 선현들의 공적만을 중요한 것으로 취급하지 않게 되는 시기였다. 주공과 공자의 병칭으로부터 공자와 맹자의 병칭으로 바뀌었다는 것은 당나라 시기 학자들의 유학에 대한 관심 영역이 변했다는 사실을 방증하는 것이라고 할 수 있다. 이러한 변화의 관건적인 요인으로는 한유의 맹자에 대한 추존에 있다고 할 수 있다. 한유의 맹자의 덕성에 대한 추존으로 인하여 송대 유학자들은 맹자의 왕도사상 외에도 심성론에 대하여 심도 있는 연구를 진행하게 되었다. 그러므로 한유의 맹자에 대한 추존은 당나라 시기의 맹자학 발전에 지대한 영향을 끼친 것 이외에도 후대 유학의 연구방향에도 막대한 영

21) 黃俊傑, 『孟子』, 臺北, 東大圖書公司, 1993년, 192쪽 참조.

향을 끼쳤다고 할 수 있는 것이다. 이와 같은 한유의 도통설과 맹자에 대한 추존은 맹자학 발전사에 있어서 일대 전환의 계기를 마련한 것이라고 할 수 있을 것이다.

당나라 시기의 학자들 가운데 피일휴皮日休의 맹자에 대한 추존은 대단하다고 할 수 있는데, 그는 『맹자』를 경서經書의 반열에 올려놓을 것을 건의하는 한편 과거시험의 교과목으로 채택할 것을 건의하려 했었다.[22] 또한 피일휴는 한유의 유학을 존숭하는 한편 그의 불교와 도교에 항거하는 기개를 높이 평가하기도 했다. 그래서 그는 「청한문공배향태학서請韓文公配享太學書」에서 "맹자와 순자가 공자의 도를 전하여 문중자에게 이르렀다.…… 문중자의 도가 오랫동안 밝혀져 그것을 전수받아 펼칠 수 있게 된 사람은 한유이다."라고 언급한 바와 같이 한유가 유학을 드높여 숭상한 공적에 대하여 인정하고, 심지어는 한유를 도통에까지 넣으려고 했다. 피일휴는 한유보다 후대의 사람으로서 한유의 맹자에 대한 존숭과 불교와 도교에 대한 배척의 정신을 계승하였다. 도통의 체계 가운데에서 피일휴는 한유의 도통관념을 계승한 사람이라고 할 수 있다. 그러므로 당나라 시기의 맹자학은 한유와 피일휴 등과 같은 학자들의 부단한 노력 속에서 그 지위가 향상됨은 물론 맹자의 사상 역시 많은 사람들로부터 집중적인 관심을 받게 된다.

당나라 시기의 『맹자』 주석본은 세 종류가 있는데[23], 육선경陸善經의 『맹자주孟子注』와 장일張鎰의 『맹자음의孟子音義』 및 정공저丁公著의 『맹자수음孟子手音』이 그것이다. 육선경의 『맹자주』는 기존의

---

22) 趙斌茹, 『漢唐『孟子』學探微』, 西寧, 青海教育出版社, 1999년, 20쪽 참조.

23) 董洪利, 『孟子研究』, 南京, 江蘇古籍出版社, 1997년, 184~192쪽 참조.

학설에 구애됨이 없이 과감하게 새로운 해석을 시도했는데, 그 새로운 해석은 대부분 주관적인 관점이 주류를 이루고 있기 때문에 그다지 취할만한 부분이 없다는 것이 단점으로 작용하고 있다. 장일의 『맹자음의』는 『맹자』에 기록되어져 있는 문자의 발음과 문자의 뜻을 연구한 저작으로 별다른 새로운 관점은 없지만, 견지하고 있는 관점은 그것이 유실되지만 않았다면 비교적 참고할 만한 가치가 있었을 것으로 생각된다. 후대의 맹자 연구자들 예를 들면 손석孫奭이나 주자朱子 같은 경우가 많은 부분에 있어서 장일의 견해를 채용했다. 특히 손석은 자신의 『맹자음의孟子音義』에서 장일의 해석을 매우 많이 인용했다고 말하기도 한다. 정공저의 『맹자수음』의 내용은 문자의 발음에 대한 주석과 문자의 뜻에 대한 주석을 포함하고 있다. 정공저의 주석은 매우 정밀하기 때문에 많은 해석들이 후세의 학자들에 의해서 채용되었다. 이러한 정공저의 주석은 맹자학 발전에 있어서 일정부분 공헌했다는 사실을 부정할 수 없을 것이다.

이상과 같은 『맹자』 주석본 이외에도 맹자의 사상에 대하여 전문적으로 연구한 연구서로는 유가劉軻의 『익맹翼孟』과 임신사林愼思의 『속맹자續孟子』[24]가 있다. 유가의 『익맹』은 이미 유실되어 현재는 전해지지 않고 있다. 또한 백거이白居易는 "책을 열면 맹자의 사람됨을 흠모하고 있다."[25]라고 말하고 있는데, 이러한 점에서 유가와 백거이는 동시에 맹자에 대하여 상당히 흠모를 하고 있었음을 알 수

24) 林愼思의 『續孟子』는 이미 유실되었다고 주장하는 학자들이 있는데, 董洪利의 『孟子硏究』와 趙斌茹의 『漢唐 『孟子』 學探微』에서 이러한 주장을 찾아볼 수 있다.

25) 朱彝尊, 『經義考』, 卷二百三十二, 北京, 中華書局, 1998년.

있다. 주이존朱彝尊의 『경의고經義考』 에는 『익맹』 세 권이 기록되어져 있으나 이미 유실되었다고 언급 되어져 있다. 임신사의 『속맹자』 는 맹자의 이름에 가탁하여 수많은 당시의 정치적 사회적 문제에 대한 비판을 한 서적으로 당나라 말기의 정치적 혼란에 대한 반동의 색채를 드러낸 대표적인 저작 가운데의 하나이다.

> 전체적으로 말한다면 임신사의 정치사상은 그의 당나라 말기 정치 혼란에 대한 반동으로 대표될 수 있다. 그의 주장은 정치란 것은 마땅히 백성들이 온전하게 목숨을 보존하고 삶을 잘 길러나게 하는 것으로 번쇄함과 가혹함을 제거하여 백성들이 인간 본성의 자연적인 측면에 순응하게 하는 것이다. 그의 맹자에 대한 해석은 상당한 정도에 있어서 대폭적으로 이상에서 언급한 경향들이 그 안에 드러나 있다.[26]

임신사는 『속맹자』 를 통하여 자신의 정치사상을 피력했는데, 당나라 말기의 혼란한 시국에 생존했던 그는 『속맹자』 를 통하여 자신의 정치적 견해를 피력하는 한편 통치자가 백성들의 삶을 돌봐주기를 기원하였으며 아울러서 번잡하고 혹독한 정책을 제거시켜야 한다고 하였는데, 이러한 일련의 조처들이 인간 본성의 자연적인 측면에 부합하는 것이라고 주장하였다. 철학적인 측면에서 보았을 때 『속맹자』 는 비록 철학적 깊이가 있는 저작이라고 보기는 어렵지만 맹자학의 해석학적 측면에서 볼 때는 역사적 의미가 있다고 할 수 있는 것이다.

---

26) 黃俊傑, 『孟子』, 臺北, 東大圖書公司, 1993년, 198쪽 참조.

4. 송 · 원 · 명 · 청에서 근현대시기의 맹자학

송대宋代에 이르러서는 『맹자』 관련 연구가 한당漢唐시기에 비하여 비약적으로 발전한다. 이 시기에는 『맹자』에 대한 연구범위 역시 크게 확산되는 현상을 보이는데 기존의 한당시기의 훈고학적 연구기초 위에 철학 · 정치 · 경제사상 분야에까지 그 대상을 확대하여 종합적인 사상체계를 구축한다. 특히 중요한 철학적 명제들 예를 들어 성性 · 명命 · 의리義理 · 재질才 · 정情 · 기氣등에 대하여 이전의 어떠한 시대보다도 더 깊고 완성된 형태의 해석체계를 수립한다.

송대에 맹자 연구가 이와 같이 대규모의 발전을 이룩할 수 있었던 원인은 여러 측면에서 찾아볼 수 있으나, 가장 중요한 원인은 역시 리학理學의 발흥에 있다고 할 수 있을 것이다. 송대에 나온 『맹자』 연구에 관련된 저서는 약 백여 부가 넘는다. 그 실례로 『송사宋史』, 「예문지藝文志」와 『송사예문지보宋史藝文志補』에 이십팔 부 그리고 『경의고經義考』에 백여 부가 보인다.

송대에 많은 유학자들이 맹자에 대하여 이처럼 열정적으로 주석작업을 했던 원인은 바로 맹자의 사상체계와 리학의 사상체계가 일맥상통하는데 기인 한다고 할 수 있다. 즉 맹자의 사상체계 속에는 성선性善을 비롯하여 호연지기浩然之氣, 명命, 심心, 정情, 재才, 지志, 의意, 인의예지仁義禮智, 성誠, 도道, 의리義理 등등 사변적인 철학문제를 포함하고 있는데 이것은 모두 리학에서 매우 관심을 가진 문제들이었으며 또한 리학연구의 핵심인 '성性'과 '천도天道'의 문제와 본질적으로 일치된다고 볼 수 있는 것이다. 그러므로 맹자의 사상이 리학자들로부터 상당히 중요한 취급을 받게 되는 것은 필연적인 결과라고 할 수 있는 것이며, 역시 맹자 연구에 획기적인 발전을 가져오게 한 원동력이 된다고 할 수 있는 것이다.

이 시기의 맹자 연구에 관한 대표적인 학자는 주자朱子인데 그의 리학사상의 정수는 『사서장구집주四書章句集注』에 잘 나타나 있다. 특히 『맹자집주孟子集注』는 주자의 맹자 연구에 관한 학술성취의 최고봉으로 인정되고 있으며, 동시에 송대 리학에 있어서 맹자 연구에 관한 최고의 수준을 자랑한다. 이러한 『사서장구집주』는 주자가 혼신의 정력을 기울여 만든 작품으로서, 그는 이것을 사십여 년의 시간을 소요한 끝에 완성했다. 주자는 먼저 『사서四書』에 관련된 대량의 주석서를 수집하고 반복적으로 취사선택하여 『사서정의四書精義』와 『사서요의四書要義』를 편집하여 사십 팔 세가 되던 해에 처음 『사서장구집주』의 초고를 완성한다.[27] 그 후 주자는 육십여 세에 이르도록 끊임없이 수정작업을 한다. 또한 그는 육십 칠세 때 "남강본의 『논어論語』, 『맹자孟子』는 이후에 확정된 판본으로 그것과 비교하여 읽어보면 여전히 개정해야할 부분이 있으나 아직 손을 대지 못했다."[28]라고 했다. 이와 같이 볼 때 『사서장구집주』는 주자가 평생 심혈을 기울여 만든 작품으로 그의 학술사상을 대표하는 권위 있는 저작이라고 할 수 있는 것이다. 주자 본인 역시 자신의 『사서장구집주』에 상당한 애착과 긍지를 가지고 있었던 모습이 보이는데 특히 "저의 『어맹집주語孟集注』는 글자 하나라도 첨가하거나 뺄 수가 없습니다."[29]와 "『중용해中庸解』는 매번 보았지만 의심스

---

27) 王懋竑, 『朱熹年譜』, 卷三, 北京, 中華書局, 1998년, 76쪽 참조.

28) 『朱文公文集』, 卷六十三, 「答孫敬甫」, 『四部叢刊初編』 本.

29) 黎靖德, 『朱子語類』, 第二冊, 卷九, 北京, 中華書局, 1994년, 437쪽 참조.

러운 부분이 없었다."[30] 그리고 "제가 『대학大學』에 기울인 공은 매우 많습니다. 사마광이 『통감通鑑』을 쓰고 '소신의 평생 노력이 모두 이 책에 있습니다.'라고 말했는데, 저도 『대학』에 그렇게 했습니다."[31]라고 하는 언급에 잘 나타나 있다고 할 수 있다.

주자학 체계의 범주는 주로 '리기론理氣論'과 '격물치지론格物致知論' 그리고 '심성론心性論'으로 언급될 수 있다. 이러한 범주들은 『맹자집주孟子集注』에 분명하게 언급되어 있으며, 언급된 부분 가운데 맹자의 사상을 더욱 발전시킨 부분이 보이기도 한다. 그의 '리기론'은 『맹자집주』 속에 잘 설명되어 있는데 주로 맹자의 '성선론性善論'을 해석하는데 사용하였다. 그는 '리기理氣'의 개념을 사용하여 '인성人性'과 '물성物性'의 차이점에 대하여 해석하는데, 여기에서 '물성'은 동물의 성을 의미한다. 그는 인간과 동물은 서로 동일한 면이 있다고 하면서 다음과 같이 말한다. 즉 "인간과 동물의 성은 같은 점이 있기도 하고 서로 다른 점도 있다. 그것들의 같은 부분을 알고 또 다른 부분을 안 뒤에야 성을 논할 수 있는 것이다."[32] 또한 인간의 '성'과 동물의 '성'이 같음과 다름의 구체적인 표현은 "인간과 동물은 태어날 때 모두 천지의 '리理'를 '성性'으로 하고, 천지의 '기氣'를 형체로 한다. 그것들이 서로 다른 부분은 인간만이 그 사이에서 '형기形氣'의 올바름을 얻어서 그 '성'을 온전히 보존할 수 있는 것이 작은 차이일 뿐이다. 비록 작은 차이라고는 말하나 인간과 동물의 차이점은 바로 이러한 것 때문에 존재하는 것이다."[33] 주자의 입장에

30) 앞의 책 437쪽 참조.

31) 위의 책, 第一册, 卷十四, 258쪽 참조.

32) 위의 책, 卷四, 59쪽 참조.

서 보면 인간과 동물의 '성'은 두 가지 측면에서 동일한 부분이 있는데, 하나는 "천지의 '리'를 '성'으로 한다."는 것으로 하늘이 부여한 인간과 동물의 '성'의 '리'는 같다는 것이다. 다른 하나는 "천지의 '기'를 형체로 한다."는 것으로 이러한 '기'는 생리적인 작용을 뜻하는 것으로 "기로써 말하면 곧 지각운동으로 인간과 동물은 이것이 다르지 않다"의 '기'이다. 그러나 인간은 '형기'의 올바름을 얻어 그 '성'을 온전히 보전할 수 있지만 동물은 '형기'의 올바름을 얻지 못하여 그 '성'을 온전하게 보전할 수 없는 것인데, 이것이 바로 인간과 동물을 구별 짓는 것이라는 것이다. 주자의 이러한 언급들은 그의 '리기론' 관점과 '인성론' 관점을 반영한 것이었다.

결국 주자의 이러한 관점들은 다른 리학자들과는 달리 『맹자』의 본래 의미에 완전히 벗어난 것으로, 자신의 사상체계를 기초로 하여 맹자 사상의 내용을 혼합하여 새로운 사상체계를 수립한 것이라고 할 수 있다. 그러나 그는 단어의 의미를 판독하고 고증이 필요한 부분에 대해서는 매우 취약한 모습을 보이고 있다고 할 수 있는데, 이는 주자의 학문경향이 사상의 이론체계 분야에 대한 연구에만 역점을 두었기 때문이며, 훈고나 고증분야에 대한 연구는 그처럼 역점을 두어 연구를 하지 못했기 때문인 것이라고 판단한다.

원대元代의 『맹자』 연구 상황은 주자학적 관점의 연장이라고 보아도 무방할 것이다. 당시의 학자들은 감히 주자의 『맹자집주』 사상 관점을 벗어난 새로운 이론체계를 내놓지 못했다. 그렇기 때문에 주자의 사상을 핵심으로 하는 저작들이 저술되는데 이러한 저작들 대

---

33) 朱熹, 『四書章句集注』, 『孟子集注』, 「離婁下」.

부분은 새로운 사상적 가치가 없는 것으로, 특히 사상체계 분야에 있어서는 주자의 관점에서 벗어난 독자적인 특색을 갖춘 저작을 찾아본다는 것은 매우 힘든 상황이었다. 그러나 고증이나 자료의 인증 및 보충 분야에 대한 저작들은 나름대로 참고할 만한 가치가 있다고 할 수 있다. 이러한 저작들은 사상적인 측면에서는 주자의 이론을 절대적으로 신봉하지만, 학문을 하는 방법론적인 측면에서는 비교적 엄정하고 실질적인 증거자료들을 중시하였기 때문에 역사적인 자료들을 더욱 중요시했다. 역사적인 자료들을 중시하여 맹자를 해석하는데 있어서 고증과 보충자료를 적극 활용한 점이 바로 원대 맹사 연구의 중요한 특색이라고 할 수 있는 것이다.

원대에 『맹자』를 연구한 학자들은 결코 적지는 않지만, 그 가운데 참고할 만한 가치가 있는 저작은 그다지 많지 않다고 말할 수 있다. 대표적인 학자로는 금이상金履祥이 있는데 그의 저작으로는 『맹자집주고증孟子集注考證』이 있다. 그는 주자학파 계열에 속하는 학자였기는 하지만, 꼭 주자의 이론체계만을 맹신하지는 않았었나. 당시의 상황을 참고해 볼 때, 그의 저작은 눈여겨볼 만한 작품이라고 말할 수 있다. 그 외에 장존중張存中의 『사서통증四書通證』 역시 역사적인 사실이나 문물제도에 관한 분야를 연구하는데 참고할 만한 가치가 있는 저작이라고 할 수 있다.

명대明代 초기의 맹자 연구 상황은 원대의 상황과 비교했을 때 큰 차이는 없었다고 할 수 있는데, 즉 맹목적으로 주자의 연구 성과를 추종하는 현상이 지속된다는 점에 있어서 그다지 커다란 차이점은 없었다는 것이다. 특히 대부분의 연구서들이 과거시험을 대비하여 해석들을 긁어모아 팔고문八股文[34]체로 이루어진 것으로, 천편일률적으로 기존의 해석을 답습하고 있어서 참고할 만한 가치는 없다고 할 수 있다. 그러나 명대 초기의 유학은 일단의 주자학에 대한 답습 시기가 경과하자 리학의 존재형태는 세월이 갈수록 쇠퇴의 일로를 걷게 되어 결국은 기존에 가지고 있었던 생기와 활력을 상실하게 되고 만다.

명대 중기에 이르러 심학心學사조가 발흥하게 되어 당시 학술계의 주도적 위치를 차지함과 동시에 학술발전에 있어서 중추적인 역할을 담당하게 되는데, 이 시기의 대표적인 인물로는 왕양명王陽明을 꼽을 수 있다. 왕양명은 『맹자』에 대하여 독자적인 주석 작업을 하지는 않았지만, 그의 저서인 『전습록傳習錄』에서 맹자의 사상에 대하여 많은 해석을 내놓는다. 왕양명은 맹자의 '진심盡心'을 '진성盡性'으로 해석하는데, 그 이유는 그가 '성'을 마음의 본체로 보았기 때문이다. 그래서 그는 "마음의 바깥에는 리가 없고, 마음의 바깥에는 사물도 없다"[35]라고 언급했던 것이다. 또한 그는 '심心'(마음)과 '리'를 하나이면서 둘이 아닌 것으로 보아 '심'과 '리'는 동질의 것이며, '심'을 떠난 외부에서 '리'를 찾을 수 없다고 생각했다. 그래서 그는 '심'과 '리'의 합일을 주장하여 "심(마음)이 곧 리이다."[36]라고 말했다. 또한 왕양명은 '치양지致良知'로 맹자의 '집의集義'를 해석하는데 즉 인간이 선천적으로 부여받은 도덕 판단능력을 회복하는 것을 맹

---

34) 八股文 : 明·淸시기에 과거시험의 답안용으로 채택된 특별한 형식의 문체로, 대구법(對句法)을 사용하며 전편(全篇)은 "破題, 承題, 起講, 入手, 起股, 中股, 后股, 束股"등의 여덟 부분으로 구성됨.

35) 王守仁, 『王陽明全集』, 上册, 「傳習錄」, 上海, 上海古籍出版社, 1997년, 5~6쪽 참조.

36) 위의 책, 26쪽 참조.

자가 말한 '집의'의 올바른 해석으로 보았다.

결국 송대에서 명대 중기에 이르기까지 사상의 발전은 '이원론二元論'에서 '일원론一元論'으로 방향이 바뀌었다고 할 수 있다. 또한 유학 사상사에 있어서 리학의 쇠퇴와 심학의 번영은, 경학과 훈고학의 쇠퇴를 수반하여 경전을 해석하는데 있어서 주관적 체득에 의한 독창적인 견해를 내놓는 풍조가 나타난다.[37] 왕양명의 맹자 연구 역시 이러한 맥락에 놓고 파악해야 할 것이다.

명대 말기에 이르러서 황종희黃宗羲는 맹자의 학설에 대하여 새로운 해석을 내놓는다. 당시의 학계풍토는 맹자를 해석할 때 송명리학 가운데 유행하던 철학개념들을 사용했는데, 예를 들어 보면 '리', '기', '심', '성' 등등 이다. 황종희는 이러한 개념들이 모두 하나로 관통되어 있다고 생각했다. 황종희의 맹자 해석에 대한 새로운 관점은 "맹자가 말한 '확충', '부동심', '성', '서恕'를 실천할 수 있는 것은 모두 마음을 다하기 때문이다. '성'은 공허하여 생각할 수 없는 것으로 인간의 마음속에 있으며 '측은', '수오', '사양', '시비'의 마음을 통하여 인식할 수 있는 것이다. 만일 어린아이가 우물 속에 빠지려고 할 때 측은한 마음이 있는데, 이렇게 전광석화처럼 가슴속에 측은한 마음이 가득 차는 것이 성체다."[38]라고 하는 언급에 잘 나타나 있다고 할 수 있다. 또한 황종희는 '심'과 '리'는 하나라는 관점으로부터 출발하여 맹자의 학설에 대하여 새로운 해석체계를 마련하는데, 예를 들어 맹자의 "갓난아이의 마음을 잃지 않는다."는 언급을 "보고 듣

37) 岡田武彦, 『王陽明と明末の儒學』, 東京, 明德出版社, 1970년, 9쪽 참조.
38) 黃宗羲, 「孟子師說」, 『黃宗羲全集』, 第一册, 杭州, 浙江古籍出版社, 1985년, 60쪽 참조.

고 말하고 행동하는 것은 마음과 하나가 된다."[39]로 해석하는 것이 그러하다고 할 수 있다. 그러나 황종희의 맹자 연구에 대한 한계는 '자연적 의미의 기'와 '창조적 의미의 기'에 대한 구분이 명확하지 않다는 점에 있다고 할 수 있다. 즉 황종희는 『맹자』 속에서 보이는 '기'가 때로는 전통적 의미의 '기'로 쓰이기도 하고 때로는 맹자가 창조한 의미의 '기'(호연지기)로 쓰인 것을 간과했다는 점에서 맹자 연구에 대한 결정적인 문제점을 내포하고 있다는 것이다.

청대淸代의 맹자 연구 상황은 전대인 명대와 비교했을 때, 많은 부분에서 변화된 모습을 보여주고 있다고 할 수 있다. 특히 이 시기는 학술상에 커다란 변화가 발생하는데, 그 원인으로는 먼저 명대 말기의 진부한 학풍에 의해서 누적되어진 폐단이 매우 심각한 지경에 이르러 사회와 정치·경제 그리고 사상의 발전에 막대한 지장을 초래하여 변화를 겪지 않을 수 없는 상황에 봉착하게 된 것이다.[40] 다른 하나는 청淸 왕조의 지식인에 대한 회유와 탄압정책이라고 할 수 있다. 이러한 원인들 때문에 청대의 학문은 단지 고전만을 훈고 고증하는 방향으로 밖에 나갈 수 없었던 것이라고 할 수 있다. 그래서 이 시기의 학술은 훈고와 고증을 주요한 특징으로 하여 고대의 학술을 주요한 대상으로 하는 복학樸學학풍이 형성되었던 것이다.

청대 학풍에 변화가 발생함에 따라 맹자학에 대한 연구 상황에도

---

39) 앞의 책, 108쪽 참조.

40) 당시의 진부한 학풍의 폐단은 다음과 같이 두 가지 측면으로 나타난다. 먼저 팔고문 중심의 과거제도는 명대 말기 사회의 부패를 더욱 가속화시킨다. 다른 하나는 양명학의 아류는 이미 완전히 공허하게 심성의 수양만을 주장하고 현실 문제를 외면하는 허망한 학풍으로 전락하여 사회 전반에 걸쳐 해악을 낳는다.

변화의 기운이 수반된다. 맹자학 연구에 대한 변화의 추세는 전체 학술사상의 변화 추세와도 일치하는데, 구체적으로 언급하자면 주관적인 명상에 의한 허망한 이론체계에 대한 연구에서 훈고와 고증 중심의 복학체제 형식에 대한 연구로 방향이 전환되는 것이다. 이 시기의 맹자 연구에 대한 주요한 특징으로는, 먼저 『맹자』에 대한 해석을 한대漢代의 주석을 근간으로 하여 해석하고 연구한 점에 있다고 할 수 있다. 게다가 청대 학술의 엄밀한 학풍이 맹자 연구에 삼투되어 학문의 연구방법론이 비교적 엄정해지고 학술적 문제에 대하여 좀 더 깊게 연구하는 풍조가 생겼다는 점에 있다고 할 수 있다. 그리고 맹자의 사상을 해석함에 있어서는 기존의 학술전통을 비판 계승하여 새로운 사상적 형식을 채용한 점에 그 특징이 있다고 할 수 있겠다.

맹자 연구사에 있어서 18세기에 대진戴震의 『맹자자의소증孟子字義疏證』은 전통적 학술과 근대적 학술의 교차점의 지위를 차지한다고 할 수 있다. 여기에서 말하는 전통적인 부분은 대신이 새롭게 맹자를 해석할 때 반복해서 언급한 '리'와 '욕欲'의 관계와 '인도人道'와 '천도天道'의 관계 및 '인의예지'의 근원 등을 가리키는 것으로, 모두 전통유학의 문제들과 밀접하게 관련되어 있는 부분들을 의미한다. 대진은 송대 리학의 사상적 전통 속에서 맹자에 대한 해석을 이용하여 송대의 리학에 대한 반대의 입장을 견지한다. 또한 대진이 맹자에 대하여 해석한 부분 곳곳에서 새로운 의미를 찾아볼 수 있는데, 바로 이러한 부분에서 대진의 사상체계 속에 스며들어 있는 근대성을 발견할 수 있게 되는 것이다. 그 증거로는 대진은 송대 리학의 '리기이원론理氣二元論'을 팽개치고 '자연'이 곧 '필연'이라고 주장하여 "'리'

라고 하는 것은 사물에 대하여 약간의 착오가 없는 것을 반영하는 것이다."[41]와 "'리'는 인간의 정욕가운데 존재한다."[42]라는 새로운 명제를 내놓는데 이러한 명제들에서 우리는 근대성의 흔적을 찾아볼 수 있는 것이다.

건륭가정乾隆嘉靖시기에 이르러서『맹자』연구의 집대성이라고 할 만한 저작이 출현하는데, 그것은 바로 초순焦循의『맹자정의孟子正義』이다.『맹자정의』는 조기趙岐의『맹자장구孟子章句』에 주소注疏와 해석 작업을 한 것이다. 초순의『맹자정의』의 특징으로는 먼저 인용과 증거자료가 풍부하고 세밀하여 같은 종류의 저작들 가운데 그것과 견줄만한 작품을 찾아보기 힘들다는 점에 있다고 할 수 있다. 그가 인용하고 증거를 댄 자료는 경經·사史·자子·집集[43]류 가운데의 각종 서적들로 일일이 그 수를 헤아릴 수 없을 정도다. 방계자료를 통한 증거수집과 폭넓은 인용은 초순의『맹자정의』를 가장 뛰어난 자료로서 자리 매김을 하게 만들었다. 게다가 상세하고 정밀한 고증 역시 특징 가운데의 하나라고 할 수 있다. 상세하고 정밀한 고증은 초순의『맹자정의』를 대대로 뛰어난 작품으로 평가받게 하는 주요한 원인으로, 이러한 점은 앞서 언급한 방계자료를 통한 증거수집과 폭넓은 인용과는 불가분의 관계를 형성하고 있다. 초순이 폭넓게 인용한 내용들은 대부분 이전의 학자들이 심혈을 기울여 연구한 성과들이기 때문에 그 자체로서 이미 고도의 정밀함과 수준 높

41) 戴震,『孟子字義疏證』, 卷上,『戴震全集』, 第六册, 合肥, 黃山書社, 1995년, 152쪽 참조.

42) 위의 책, 159쪽 참조.

43) 경經(경전)·사史(역사)·자子(제자서)·집集(문집)

은 학술적 가치를 가지고 있었다고 할 수 있다. 초순은 폭넓은 인용의 기초 위에 자신의 세심한 고증과 파악된 의미를 첨가하여 기존의 해석체계와는 다른 독자적인 견해를 피력했는데 이점 역시 주목할 가치가 있다고 할 수 있다.

근대시기에 이르러 서구의 열강들이 앞을 다퉈 중국을 침략함에 따라 중국의 위기상황은 갈수록 심화된다. 이러한 시기에 강유위康有爲는 『맹자미孟子微』를 저술하는데, 이는 『맹자』에 대한 새로운 해석을 통하여 중국과 서양의 사상을 융합하고자 하는데 그 주요한 목적이 있었다. 이러한 시도는 그의 스승인 주구강朱九江이 한대와 송대의 학풍을 융합하려고 한 시도와 일맥상통한다고 말할 수 있다. 강유위가 『맹자』에 대하여 새로운 해석을 시도할 때 채용한 방법론은, 바로 서양의 근대사조를 이용하여 중국의 전통 유가사상에 주석을 가하는 방식이었는데[44], 이러한 방식은 선진시기의 맹자 사상 가운데 근대적 관념체계에 부합되는 관념들을 찾아내어 그것들을 근대사조에 접목시키기 위한 시도로서, 전통 유가와 서양의 근대 신문화를 융합하고자 하는 시도였다고 말할 수 있다.

강유위의 『맹자미』의 가치는 맹자 사상체계 가운데 기존에 드러나지 않은 많은 분야의 사상적 요소들, 즉 민주, 평등, 자유 등의 관념들을 서양의 근대사조와 접목하여 융합시킨 후에 발전시켜나가고자 한 부분에 있다고 할 수 있다.

현대는 중국유학사에 있어서 유가의 학자들이 서양의 문화와 철학을 전면적으로 접촉하는 시기라고 말할 수 있다. 이십 세기의 유

44) 예를 들어 근대 서양의 사회진화론, 사회계약론, 중상주의 등.

가학자들은 서양사상의 도전에 직면하여 중국의 전통학술체계로서는 더 이상의 발전적인 논의를 진행할 수 없게 되자, 서양철학의 관념들을 수용하여 전통학술을 해석함과 동시에 새로운 사상전통을 수립한다. 이 시기의 대표적인 유가사상가들을 '현대신유가'라고 부르는데 당군의唐君毅, 모종삼牟宗三, 서복관徐復觀등이 있다.

당군의唐君毅는 송명리학을 토대로 맹자를 해석하는데 특히 심학의 입장에서 맹자 사상체계를 해석하고자 했다. 그는 맹자 사상체계의 본질은 심학이라고 생각하여 특히 '심心'의 자발성을 강조한다. 사상사적 입장에서 볼 때 당군의가 강조하는 "심에 성性이 있다."[45]는 말은 왕양명이 "마음이 곧 리이다."로 맹자를 해석하는 입장과 비슷한 체계를 지니고 있다고 말할 수 있다. 당군의는 맹자의 '인간과 짐승의 차이人禽之辨'에 대하여 분석할 때 맹자가 말한 "성인과 나는 같은 부류이다."에서의 '부류'는 서양의 논리학에서 말하는 부류와는 다른 것으로 인간이 마음을 다하고 본성을 알아서 성인聖人의 경지에 도달할 수 있게 되는 과정 가운데 성인과 나는 같은 자질을 갖고 있다는 것을 말하는 것이다. 당군의의 이러한 해석은 맹자 연구사에 있어서 새로운 경지를 개척한 것이라고 할 수 있다.

모종삼牟宗三은 맹자 사상의 해석에 대하여 비교적 특별한 관점들을 제시한다. 먼저 그는 중국철학의 중심과제 가운데 하나는 '인성론'에 있다고 강조한다. 특히 그는 정통 유가는 '인성론'에 대하여 두 종류의 견해를 가지고 있다고 하는데, 그 하나는 "천명을 성이라고 한다."는 『중용中庸』과 『역전易傳』을 중심으로 하는 '우주론적 입장'

---

45) 唐君毅, 『中國哲學原論』, 原道篇, 卷一, 臺北, 學生書局, 1986년, 212쪽 참조.

과 다른 하나는 "인仁과 의義가 내재되어 있다."고 하는 『맹자孟子』를 대표로 하는 "도덕론적 입장"이라는 것이다.46)

다음은 맹자의 학문은 '심성心性'의 학문이라는 것으로 이 '심心'은 곧 도덕주체성이 된다는 것이다. 그래서 모종삼은 "이 '심'은 도덕의 주체성을 대표하는 것이다.……이것은 중국사상의 핵심이 되며 맹자는 '심성'의 학문의 종주가 되는 것이다."47)

끝으로 맹자 사상가운데의 '마음心'은 자기 스스로가 원칙을 세운다는 것인데, 이러한 것은 이미 주관적이면서 객관적이기도 한 "마음이 곧 리이다."에서의 마음을 의미한다. 또한 모종삼은 『원선론圓善論』에서 「고자상告子上」에 대한 해석을 통하여 맹자에 관련된 사상체계를 집대성하며 자기 자신의 사상체계의 정수를 모두 보여준다. 모종삼의 맹자 해석에 대한 창조적인 견해는 그가 언급한 "인과 의는 내재되어 있으며 '성'은 '심'에 의해서 드러난다."는 언급으로써 총괄할 수 있을 것이다.

서복관徐復觀은 맹자의 심성론이 오랜 역사적 변화의 산물이라고 강조하는 한편 맹자 사상의 '내성內聖'과 '외왕外王'이 하나로 관통되어 일체를 이룬다는 것을 강조한다. 그는 맹자의 '심성론'을 다양한 각도에서 해석하는데 다음과 같다.

먼저 서복관은 맹자의 '성선론'은 맹자가 중국의 문화전통에 대하여 가장 크게 공헌 부분이지만, '성선론'은 중국 고대문화가 장기간에 걸쳐 발전한 결과라는 점을 강조하기도 한다. 또한 그는 맹자의 '성선론'이 '심선心善'을 근거로 삼는다고 했다. 그리고 서복관은 주

---

46) 牟宗三, 『中國哲學的特質』, 上海, 上海古籍出版社, 1997년, 54쪽 참조.
47) 위의 책, 69쪽 참조.

관과 객관이 융합된 각도에서 맹자의 '천형설踐形說'을 해석하는데 '천형'은 도덕주체성의 충실함 및 그것이 현실세계에 있어서의 실천이라고 생각했다.[48] 이러한 부분이 서복관의 맹자 연구에 대한 탁견이라고 할 수 있다.

5. 맺는 말

이상과 같이 양한시기로부터 수당시기를 거쳐 송·원·명·청·현대에 이르는 동안의 철학사에서 맹자학에 대한 연구동향을 살펴보았는데, 이를 정리하면 다음과 같다고 할 수 있다.

양한시기의 맹자학의 발전과 경학은 매우 밀접한 관계를 형성하고 있었다. 한대 유학자들은 경전에 대한 해석과 주석 작업을 할 때 맹자의 관점을 인용하곤 했는데, 『맹자』의 이론은 유가에 뿌리를 두고 있기 때문에 공자의 학문을 계승하여 그 이론체계가 육경의 이론체계와 유사하기 때문에 한대 학자들이 경학연구에 있어서 『맹자』의 관점을 다양하게 인용하였던 것이며, 이로 인하여 『맹자』의 학술적 지위가 신장 될 수 있었던 것이다. 또한 이는 양한시기의 맹자학이 경학에 의탁하여 발전했음을 설명하는 것이다. 그러므로 양한시기 맹자학의 발전은 학술사상에서는 경학의 독존과 제자학의 지속적인 발전에 의한 것이었다고 할 수 있다. 서한시기가 끝날 때까지 『맹자』에 주석을 달은 학자는 없었다. 맹자학과 관련 있는 저작은 다만 사마천의 『사기』, 「맹자순경열전」에 보이는 맹자의 생애와 사상에 관한 부분일 뿐이다. 비록 서한시기에 맹자학과 관련된

48) 徐復觀, 『中國人性論史』, 臺北, 臺灣商務印書館, 1990年, 185~186쪽 참조.

저작이 많지는 않지만, 그 시기의 유학자들은 『맹자』의 학설을 유학에 있어서 중요한 연구 자료로 취급했다. 동한시기의 『맹자』에 대한 주석은 여섯 종류가 있는데, 양웅의 『맹자주』, 정증의 『맹자장구』, 정현의 『맹자주』, 고유의 『맹자장구』, 유희의 『맹자주』, 조기의 『맹자장구』가 그것이다.

위진남북조 시기는 유학과 현학 및 불교가 정립되어 있는 형태를 보이고 있었는데, 경학의 연구는 남조의 삼례에 대한 연구가 불교의 영향을 받은 것 외에도 경전에 대한 주석의 내용은 동한 시기보다 더욱 정밀한 형태를 보이고 있었지만, 연구 내용과 범위는 동한 시기의 그것을 벗어나지 못했다. 당시의 학술사상의 추세는 유학은 규모가 축소되고 있는 상황을 보이고 있는 반면, 현학과 불교의 사상은 매우 홍성하고 있는 경향을 보이고 있었다. 이러한 학술사상의 추세는 위진남북조 시기의 학자들로 하여금 더 이상 유학의 육경六經에 전념할 수 없게 만들었다. 그렇기 때문에 유학은 그 발전의 여지가 없었다고 할 수 있으며, 이에 따라 맹자학의 발전 역시 제시당하는 형국을 맞이하게 된다. 위진남북조 시기의 『맹자』주석서는 진나라의 기무수의 『맹자주』가 있을 뿐이다. 기무수의 『맹자주』는 『수서』와 『당서』에 수록되어 있다. 그러나 이러한 기무수의 『맹자주』는 이미 유실되어 현재에는 전해지지 않고 있다.

당나라 시기의 유학은 비록 불교와 도교사상과 융합하는 추세를 보이고 있었지만, 유학 자체는 불교와 도교사상의 융성에 직면하여 내부적으로 자기혁신의 작업을 전개해나가기 시작한다. 그래서 맹자 사상의 이단사설에 대한 배척과 심성론 그리고 유가의 도통설은 당나라 중기 이후의 학자들로부터 중시받기 시작한다. 한유가 제기한 도통관념으로 인하여 맹자가 도통체계 속에 놓이게 되어, 맹자는 유가사상의 발전에 있어서 공자의 뒤를 계승한 유가의 정통으로 자리매김 하게 되는 새로운 전기가 이룩된다. 당나라 시기의 맹자학은 한유와 피일휴 등과 같은 학자들의 부단한 노력 속에서 그 지위가 향상됨은 물론 맹자의 사상 역시 많은 이들로부터 집중적인 관심을 받게 된다. 당나라 시기의 『맹자』 주석본은 세 종류가 있는데, 육선경의 『맹자주』 와 장일의 『맹자음의』 및 정공저의 『맹자수음』 이 그것이다. 장일의 견해는 후대의 맹자 연구자들, 예를 들면 손석이나 주자와 같은 경우가 많은 부분에 있어서 채용했다. 정공저의 주석은 매우 정밀하기 때문에 많은 해석들이 후세의 학자들에 의해서 채용되었다. 또한 이시기에는 맹자의 사상에 대하여 전문적으로 연구한 연구서가 있는데, 유가의 『익맹』 과 임신사의 『속맹자』 가 그것이다. 유가의 『익맹』 은 이미 유실되어 현재는 전해지지 않고 있다. 임신사의 『속맹자』 는 맹자의 이름에 가탁하여 수많은 당시의 정치적 사회적 문제에 대한 비판을 한 서적으로 당나라 말기의 정치적 혼란에 대한 반동의 색채를 드러낸 대표적인 저작 가운데의 하나이다. 이러한 임신사의 『속맹자』 는 맹자학의 해석학적 측면에서 볼 때 그 역사적 의미가 있다고 할 수 있다.

송대에 이르러서는 『맹자』 관련 연구가 한당漢唐시기에 비하여 비약적으로 발전한다. 이 시기에는 『맹자』 연구범위 역시 크게 확산되는 현상을 보이는데 기존의 한당시기의 훈고학적 연구기초 위에 철학 · 정치 · 경제사상 분야에 까지 그 대상을 확대하여 종합적인 사상체계를 구축한다. 특히 중요한 철학적 명제들 예를 들어 성性 · 명命 · 의리義理 · 재질才 · 정情 · 기氣등에 대하여 이전의 어떠한 시대보다도 더 깊고 완성된 형태의 해석체계를 수립한다.

원대의 『맹자』 연구 상황은 주자학적 관점의 연장이라고 보아도 무방할 것이다. 당시의 학자들은 감히 주자의 『맹자집주』 사상관점을 벗어난 새로운 이론체계를 내놓지 못했다. 그러므로 주자의 사상을 핵심으로 하는 저작들이 형성되는데 이러한 저작들은 대부분 새로운 사상적 가치가 없는 것으로 특히 사상체계 분야에 있어서는 주자의 관점에서 벗어난 독자적인 특색을 갖춘 저작을 찾아보기는 매우 힘들었다. 그러나 고증이나 자료의 인증 및 보충 분야에 있어서는 약간의 저작들은 참고할 만한 가치가 있었다. 이러한 저작들은 사상적인 측면에서는 주자의 이론을 절대적으로 신봉하지만 학문을 연구하는 방법론적인 측면에서는 비교적 엄정하고 실질적인 증거자료들을 중시하였기 때문에 역사적인 자료들을 중요시했다.

명대 초기의 맹자 연구 상황은 원대의 상황과 비교했을 때 큰 차이는 없다. 즉 맹목적으로 주자의 연구 성과를 추종하는 현상이 지속된다. 특히 대부분의 연구서들이 과거시험을 대비하여 해석들을 긁어모아 '팔고문체'로 이루어진 것으로 천편일률적으로 기존의 해석을 답습하고 있어 참고할 만한 가치는 없다. 그러나 명대 초기의 유학은 일단의 주자학 답습시기를 지나 리학의 존재형태가 날이 갈수록 쇠퇴 하게 되어 기존의 생기와 활력을 상실하게 된다.

명대 말기에 이르러서 황종희는 맹자의 학설에 대하여 새로운 해석을 내놓는다. 당시의 학계풍토는 맹자를 해석할 때 송명리학 가운데 유행하던 철학개념들을 사용하는데, 예를 들어 보면 '리', '기', '심', '성' 등등 이다. 황종희는 이러한 개념들이 모두 하나로 관통되어 있다고 생각했다. 황종희의 맹자 해석에 대한 새로운 관점은 "맹자가 말한 '확충', '부동심', '성', '서恕'를 실천할 수 있는 것은 모두 마음을 다하기 때문이다. '성'은 공허하여 생각할 수 없는 것으로 인간의 마음속에 있으며 '측은', '수오', '사양', '시비'의 마음을 통하여 인식할 수 있는 것이다. 만일 어린아이가 우물 속에 빠지려고 할 때 측은한 마음이 있는데, 이렇게 전광석화처럼 가슴속에 측은한 마음이 가득 차는 것이 성체다."라고 하는 언급에 잘 나타나 있다고 할 수 있다. 또한 황종희는 '심'과 '리'는 하나라는 관점으로부터 출발하여 맹자의 학설에 대하여 새로운 해석체계를 마련한다.

청대 학풍에 변화가 발생함에 따라 맹자학에 대한 연구 상황에도 변화의 기운이 수반된다. 맹자학 연구에 대한 변화의 추세는 전체 학술사상의 변화 추세와도 일치하는데, 구체적으로 언급하자면 주관적인 명상에 의한 허망한 이론체계에 대한 연구에서 훈고와 고증 중심의 복학체제 형식에 대한 연구로 방향이 전환되는 것이다. 이 시기의 맹자 연구에 대한 주요한 특징으로는, 먼저『맹자』에 대한 해석을 한대의 주석을 근간으로 하여 해석하고 연구한 점에 있다고 할 수 있다. 게다가 청대 학술의 엄밀한 학풍이 맹자 연구에 삼투되어 학문의 연구방법론이 비교적 엄정해지고 학술적 문제에 대하여 좀 더 깊게 연구하는 풍조가 생겼다는 점에 있다고 할 수 있다. 그리고 맹자의 사상을 해석함에 있어서는 기존의 학술전통을 비판 계승하여 새로운 사상적 형식을 채용한 점에 그 특징이 있다고 할 수 있겠다.

맹자 연구사에 있어서 18세기에 대진의『맹자자의소증』은 전통적 학술과 근대적 학술의 교차점의 지위를 차지한다고 할 수 있다. 여기에서 말하는 전통적인 부분은 대진이 새롭게 맹자를 해석할 때 반복해서 언급한 '리'와 '욕欲'의 관계와 '인도人道'와 '천도天道'의 관계 및 '인의예지'의 근원 등을 가리키는 것으로, 모두 전통유학의 문제들과 밀접하게 관련되어 있는 부분들을 의미한다. 대진은 송대 리학의 사상적 전통 속에서 맹자에 대한 해석을 이용하여 송대의 리학에 대한 반대의 입장을 견지한다.

근대시기에 이르러 서양의 열강들이 앞을 다퉈 중국을 침략함에 따라 중국의 위기상황은 갈수록 심화된다. 이러한 시기에 강유위康有爲는 『맹자미孟子微』를 저술하는데, 이는 『맹자』에 대한 새로운 해석을 통하여 중국과 서양의 사상을 융합하고자 하는데 그 주요한 목석이 있었다. 이러한 시도는 그의 스승인 주구강朱九江이 한대와 송대의 학풍을 융합하려고 한 시도와 일맥상통한다고 말할 수 있다. 강유위가 『맹자』에 대하여 새로운 해석을 시도할 때 채용한 방법론은, 바로 서양의 근대사조를 이용하여 중국의 전통 유가사상에 주석을 가하는 방식이었는데, 이러한 방식은 선진시기의 맹자 사상 가운데 근대적 관념체계에 부합되는 관념들을 찾아내어 그것들을 근대사조에 접목시키기 위한 시도로서, 전통 유가와 서양의 근대 신문화를 융합하고자 하는 시도였다고 말할 수 있다.

현대는 중국유학사에 있어서 유가의 학자들이 서양의 문화와 철학을 전면적으로 접촉하는 시기라고 말할 수 있다. 이십 세기의 유가학자들은 서양사상의 도전에 직면하여 중국의 전통학술체계로서는 더 이상의 발전적인 논의를 진행할 수 없게 되자, 서양철학의 관념들을 수용하여 전통학술을 해석함과 동시에 새로운 사상전통을 수립한다. 이 시기의 대표적인 유가사상가들을 '현대신유가'라고 부르는데 당군의唐君毅, 모종삼牟宗三, 서복관徐復觀등이 있다.

참고문헌

司馬遷,『史記』, 北京, 中華書局, 1984년.

班固,『漢書』, 北京, 中華書局, 1986년.

魏徵,『隋書』, 北京, 中華書局, 1989년.

蕭統,『文選』, 北京, 中華書局, 1992년.

韓愈,『韓昌黎全集』, 北京, 中國書店, 1991년.

王懋竑,『朱熹年譜』, 卷三, 北京, 中華書局, 1998년.

『朱文公文集』, 卷六十三,「答孫敬甫」,『四部叢刊初編』 本.

黎靖德,『朱子語類』, 第二冊, 卷九, 北京, 中華書局, 1994년.

王守仁,『王陽明全集』, 上海, 上海古籍出版社, 1997년.

黃宗羲,『黃宗羲全集』, 杭州, 浙江古籍出版社, 1985년.

戴震,『戴震全集』, 合肥, 黃山書社, 1995년.

朱彝尊『經義考』, 北京, 中華書局, 1998년.

皮錫瑞,『經學歷史』, 上海, 商務印書館, 1931년.

黃俊傑,『孟子』, 臺北, 東大圖書公司, 1993년.

方俊吉,『孟子學說及其在宋代之振興』, 臺北, 文史哲出版社, 1993년.

董洪利,『孟子研究』, 南京, 江蘇古籍出版社, 1997년.

唐君毅,『中國哲學原論』, 原道篇, 卷一, 臺北, 學生書局, 1986년.

徐復觀,『中國人性論史』, 臺北, 臺灣商務印書館, 1990년.

牟宗三,『中國哲學的特質』, 上海, 上海古籍出版社, 1997년.

許淩雲,『中國儒學史』, 廣州, 廣東教育出版社, 1998년.

趙斌茹,『漢唐『孟子』學探微』, 西寧, 青海教育出版社, 1999년.

吳雁南,『中國經學史』, 福州, 福建人民出版社, 2001년.

岡田武彥,『王陽明と明末の儒學』, 東京, 明德出版社, 1970년.

金谷治, 조성을 역,『중국사상사』, 서울, 이론과 실천, 1994년.

戶川芳郎, 조성을 역,『儒教史』, 서울, 이론과 실천, 1990년.

王克奇,「從漢代經學到魏晉玄學」,『東岳論叢』, 第22卷 第5期.

唐明貴,「唐太宗與初唐經學的復興」,『聊城師範學院學報』, 2000년, 第6期.

제2장
천인관계론

1. 시작하는 말

천인관계天人關係의 문제는 선진유학에서 뿐만 아니라 중국의 철학사 전반에 걸쳐서 대부분의 학자들에게 의해 다루어진 중요한 문제의 하나로 인간과 우주의 관계에 대한 궁극적인 물음이라고 할 수 있다. 또한 천인관계의 탐구를 통하여 고대 중국인들은 자신들의 도덕행위의 근거를 하늘에서 찾았다. 이러한 도덕가치의 근원으로서의 하늘에 대한 인식은 도덕관념 상실의 시대를 살아가고 있는 현대인들에게도 계시하는 바가 결코 적지 않을 것이라는 생각이 든다.

고대 중국에 있어서의 '천天'의 모습은 처음에는 주재자적 인격신의 모습으로부터 시작하여 비인격적이고 형이상학적인 도덕의 모습으로 변화되어 갔다. 다시 말하면 종래에 '천'이 가지고 있던 주재자적 인격신의 절대적인 권위는 점차 퇴색되고 인간자신의 주체적 자각을 통한 새로운 가치 형태로서 즉 도덕가치의 근원으로 자리 매김을 하게 된다. 이러한 변화를 따라 '천'과 인간의 관계 역시 새롭게 정립되는데 특히 유가의 천인관계는 공자를 그 시발점으로 볼 수 있다.

공자는 '인仁'을 통하여 천인관계에 새로운 생명력을 부여한다. 그는 '인仁'으로 '천'을 해석하는데, 이것은 '천명'이 인간에게 내려와 인간의 본성이 되었다고 하는 전통사상의 변화 발전으로부터 비롯된 것으로 그가 언급한 "인을 실천함으로써 천을 안다."는 명제와 유기적인 관계를 이루고 있다고 할 수 있다.

공자의 "인을 실천함으로써 천을 안다."는 명제는 한편으로는 외재적인 객관성의 발현을 통하여 아래로부터의 수양공부를 거쳐 '천덕天德'에 도달한다는 것이며, 다른 한편으로는 내재적인 주관성의 발현을 통하여 '천도天道'와 '천명天命'을 인식한다는 것이다. 여기에서 전자는 맹자의 "자신의 마음을 보존하여 본성을 키우는 것은 하늘을 섬기는 도리이다."[1]와 상통하며, 후자의 경우 "자신의 마음을 극진히 하는 사람은 본성을 알 수 있으니, 자기의 본성을 알 수 있으면 천명을 알 수 있다."[2]와 상통한다고 할 수 있다. 그러므로 '성性'은 '천'에서 비롯된 것으로 맹자의 "마음을 보존하여 본성을 키우는 것"과 "마음을 극진히 하여 본성을 아는 것"을 통하여 결국에는 '천도'와 서로 소통되고 합치될 수 있는 것이다. 즉 위로부터 아래로, 아래로부터 위로 다시 말하면 초월해 있으면서 내재되어 있고, 내재되어 있으면서 초월해 있는 맹자의 '천'관념은 그에게 있어서

1) 『孟子』, 「盡心上」, "存其心, 養其性, 所以事天也."

2) 『孟子』, 「盡心上」, "盡其心者, 知其性也. 知其性, 則知天矣."

궁극적인 목표인 천인합일天人合一의 경지에 연결되어 있다고 할 수 있다.

본문에서는 맹자의 천인관계의 문제에 관하여 현대적인 시각으로 즉 내재되어 있으면서 초월해 있다는 관점과 '지천知天', '사천事天', '입명立命'의 관계를 중심으로 분석했다.

2. 내재되어 있으면서 초월해 있음

"천명을 성이라고 한다."[3]는 명제는 『중용中庸』에서 나온 것이 분명하지만, '천명'이 인간에게 내려와 인간의 '성'(도덕가치의 근원)이 되었다고 하는 관념은 오랜 전통을 가지고 있다. '천명'은 공자 이전에 이미 형성되어 있었던 유구한 역사를 가진 관념이라고 할 수 있는데, 즉 공자 이전의 '천'은 주재자적인 인격신의 의미를 가지고 있었기 때문에 당시의 '천명'은 '하늘이 내린 명령'이라는 의미로 통용되었다. 이러한 '하늘이 내린 명령'은 인간의 도덕성에 의해 그것을 받는 주체가 결정되는 것이기 때문에 군주는 자신의 덕에 의해 '천명'을 받을 수 있는 여부가 결정되었다. 그러므로 군주는 항상 삼가하여 덕을 닦아야만 했던 것이다. 이러한 과정 속에서 '천명'은 인간에게 내려와 인간의 주체성으로 자리 매김을 하게 되는 것이다. 군주가 '천명'을 받는 경로 또한 이와 같았다. 그래서 『상서尙書』에서는 "하늘도 사방 천하의 백성들을 가엾게 여기셨으니, 왕께서는 천명을 보살피시고 힘써 일하도록 하며 삼가 덕행을 빨리 시행하도록

3) 『中庸』, "天命之謂性."

하십시오."[4]라고 말하고 있는 것이다.

군주가 덕이 있는지 여부는 백성들의 정서에 의해서 파악될 수 있었다. 『상서』에는 "하늘이 백성을 긍휼히 여기셔서 백성이 하고자 하는 것을 하늘이 반드시 따라서 행했다."[5], "하늘이 보실 때에는 우리 백성들을 통하여 보시고, 하늘이 들으실 때에 우리 백성들을 통하여 들으신다."[6]와 같은 기록들이 있는데, 이것은 민심이 곧 하늘의 뜻이기 때문에 백성들이 좋아하는 것을 군주가 따라야 하며, 백성들이 염원하는 것을 하늘이 반드시 따르는 것이라는 의미이다. 다시 말하면 이것은 백성을 섬기는 것이 곧 하늘을 섬기는 것과 같다는 것이다.

백성들은 '천명'이 덕이 있는 군주에게 내려와 있다고 믿었기 때문에 그들은 덕이 있는 군주를 존경했다. 이러한 논리로 본다면 덕을 공경하는 것은 곧 '천'을 공경하는 것이라는 공식이 성립된다. 또한 덕은 하늘이 내린 명령의 관건적인 요소가 되는 것이다. 그러므로 군주는 하늘과 인간을 매개하는 역할을 담당하는 중개자로서 자리 매김을 하게 되는 것이다.

『시경詩經』에 있는 "천명이 아아! 아름답고 그지없다! 아아! 뚜렷하게 나타나지 않았을까 문왕의 덕이 깨끗함이여."[7]라는 언급에 대하여 주자朱子는 '천명'을 '천도'라고 해석한다. 그러므로 "천명이 아아! 아름답고 그지없다!"가 의미하는 것은 바로 '천도'의 운행은 멈

---

4) 『尙書』, 「召誥」, "天亦哀於四方民, 其眷命用懋, 王其疾敬德."

5) 『尙書』, 「泰誓」, "天矜于民, 民之所欲, 天必從之."

6) 『尙書』, 「泰誓」, "天視自我民視, 天聽自我民聽."

7) 『詩經』, 「周頌」, "維天之命, 於穆不已. 於乎不顯, 文王之德之純."

춤이 없다는 것을 말하는 것이다. 『중용』에서는 "이것이 바로 '천'이 '천' 되는 까닭이다."라고 하고 있는데, 이것은 곧 '천'이 '천' 되는 본질임과 동시에 하늘의 덕인 것으로 끊임없이 생성 변화하는 덕인 것이다. 또한 "아아! 밝기도 해라 문왕의 크신 덕이여."에서는 문왕의 덕과 하늘의 덕이 다 같이 순수하고 그침이 없음을 묘사하고 있다. 이것에 대하여 『중용』에서는 "이것은 문왕의 덕이 문아한 까닭을 말하는 것으로, 그의 덕이 순수하고 그침이 없다는 것이다."라고 말하고 있다. 이것은 인간의 덕을 하늘의 덕에 맞추는 것으로 결국은 문왕의 덕은 '천도'·'천명'의 구체적인 표현이라는 것이다. 다시 말하면 '천도'·'천명'이 내려와 문왕에게 있을 때 문왕은 자신의 덕을 통하여 천명을 유지 보존하는 것이며, 이러한 '천도'·'천명'을 통하여 문왕의 덕을 구체적으로 드러낸다는 것이다.

또한 인간의 덕을 하늘의 덕에 맞춘다고 하는 것은 하늘과 인간이 이것을 통해 서로 소통할 수 있음을 의미한다. '천도'·'천명'이 내려와 인간에게 있을 때 인간의 주체성은 비로소 발현되는 것이니 이것을 '초월해 있으면서 내재되어 있다'라고 하는 것이다. 삼가 하여 덕을 수양하고 덕을 공경敬德하고 덕을 밝히는 것明德 등은 모두 인간의 주체성의 표현이 된다. 이러한 주체성은 인간이 인간 되는 까닭으로 '성체性體'인 것이며, 이것을 통하여 인간은 비로소 진실한 존재로 거듭나게 되는 것이다.

『시경』에 "하늘이 여러 백성들을 낳으셨으니, 사물이 있으면 법칙이 있다. 백성들은 불변하는 마음을 가져, 이 아름다운 덕을 좋아한다."[8]라는 언급이 있는데, 여기에서의 '사물'은 모든 사건·사항·사물 등을 지칭하는 것으로 보고 듣고 말하고 행동하는 모든 것, 즉 인간이 모든 사물을 대할 때 발생하는 모든 행위를 의미한다. 또한 '법칙'은 일을 행하는 도리 혹은 원칙을 의미하는 것이다. 그래서 "사물이 있으면 법칙이 있다"는 말은 모든 사물에는 모두 일종의 행위의 법칙이 존재한다는 것을 의미한다. 그리고 "백성들은 불변하는 마음을 갖는다."라는 말은 백성들이 하늘이 부여한 항상성을 지킨다는 것을 의미한다. 여기에서의 "불변하는 마음"은 사실상 '성性'의 관념에 상당히 접근해 있다고 볼 수 있다. 그러므로 "이 아름다운 덕을 좋아한다."는 말은 백성들이 이러한 하늘이 부여한 항상성美德을 좋아한다는 것을 의미한다고 볼 수 있는 것이다.

다시 말하면 하늘이 낳은 인간이 모든 일을 처리하는 것에는 일정한 도리나 원칙이 있다는 것이다. 이러한 일을 처리하는 주체는 바로 인간 자신이며, 도리나 원칙은 이러한 주체로서의 인간 자신에게 내재되어 있어 인간의 항상성이 되는 것이며, 백성들은 그러한 항상성을 좋아한다는 것이다. 인간은 하늘로부터 비롯된 존재이기 때문에 이러한 도리와 항상성을 하늘로부터 부여받아서 자신을 통하여 주체성을 드러낸다고 하는 것이다. 그러므로 여기에서는 "천명을 성이라고 한다."는 명제에서와 같이 '성'에 대한 직접적인 언급은 없지만, 그것의 내용은 충분히 담겨져 있다고 볼 수 있는 것이다. 그래서 공자는 일찍이 "이 시를 지은 사람은 도를 아는구나!"라고 말한 것이다.

또한 『춘추좌전春秋左傳』에는 "유강공이 말하기를 내가 듣기로는 백성들은 천지의 가운데를 받음으로써 살아가는데, 이것을 명이라

8) 『詩經』, 「大雅」, "天生蒸民, 有物有則, 民之秉彝, 好是懿德."

고 한다."[9]라는 기록이 있는데, 여기에서의 "천지의 가운데"는 천지의 '도道'를 의미하는 것이며, "백성들이 천지의 가운데를 받음으로써 살아간다."라는 말은 백성들이 이러한 천지의 '도'를 받았기 때문에 존재할 수 있다는 의미이다. 또한 '명命'은 '천명'을 의미한다. 이러한 천지의 '도'는 인간이 그것을 받아들이는 것을 통하여 자신의 '성체'를 이룩한다. 또한 인간은 이런 것을 체득함으로써 생존을 하게 되는데 그것이 바로 '천명'이라는 것이다. 그러므로 여기에는 "천명을 성이라고 한다."는 관념이 함축되어 있다고 할 수 있는 것이다. 또한 후대의 『중용』에서 언급한 "천명을 성이라고 한다."는 명제는 실제로 이러한 관념의 발전된 형태라고 말할 수 있다. '천명'이 내려와 인간의 '성'이 되거나 인간의 본체가 된 뒤에 인간은 어떻게 이러한 '천명'을 지속적으로 자기 안에 유지시킬 수 있었을까? 그것은 바로 후천적인 자기 수양공부를 통해서 유지될 수 있었으며, 이러한 수양공부를 통해서 백성들도 '천명'을 자기 안에 지속적으로 유지시킬 수 있었던 것이다.

공자는 일찍이 "군자는 두려워해야 할 일이 세 가지 있다. 천명을 두려워해야 하고, 위대한 사람을 두려워해야 하고, 성인의 말씀을 두려워해야 한다."[10]라고 했는데, 이것은 공자의 '천'에 대한 경외와 동경의 심리를 잘 표현하고 있는 부분이다. 공자는 위대한 인격을 갖춘 사람이 되기 위해서는 반드시 초월자에 대한 경외의 마음을 가져야만 한다고 했다. 그래서 공자의 생명 가운데에 있어서 '천'은 일

9) 『春秋左傳』, 「成公十三年」, "劉康公曰: 吾聞之, 民受天地之中以生, 所謂命也."

10) 『論語』, 「季氏」, "君子有三畏. 畏天命, 畏大人, 畏聖人之言."

종의 경외이자 소통의 대상이었던 것이다.

하늘을 원망하지도 않고, 사람들을 탓하지도 않는다. 낮은 것을 배워서 높은 것에까지 통달했으니, 나를 알아주는 이는 하늘일 것이다.[11)]

하늘이 무슨 말씀 있으시더냐? 사계절이 돌아가고 있고 만물이 자라고 있지만, 하늘이 무슨 말씀을 하시더냐?[12)]

하늘이 나에게 덕을 부여해 주셨거늘, 환퇴가 나를 어찌 하겠는가?[13)]

하늘이 이 문화를 없애려 하셨다면, 후세에 나온 내가 이 문화에 참여할 수가 없었을 것이다. 하늘이 이 문화를 없애려 하지 않고 계신데, 광 사람들이 나를 어찌할 수 있겠느냐?[14)]

『논어論語』 속에서 공자가 언급한 '성'과 '천도'에 관한 부분은 매우 드물게 보이나, 위의 인용문들 분석해보면 공자의 '천'에 대한 염원을 파악할 수 있을 것이다. 공자의 시대는 사회 전반에 걸쳐 만연되어 있던 가치관의 혼란으로 인하여, 공자는 당시의 지식인들과는 같은 공감대를 형성할 수가 없었다. 그러나 이러한 상황들이 결코 공자가 추구했던 새로운 가치체계의 정립에 대한 염원과 자기 확신을 막을 수는 없었기 때문에 공자는 자신의 모든 열정을 '천'과의 상

11) 『論語』, 「憲問」, "不怨天, 不尤人. 下學而上達, 知我者其天乎!"

12) 『論語』, 「陽貨」, "天何言哉? 四時行焉, 百物生焉, 天何言哉?"

13) 『論語』, 「述而」, "天生德於予, 桓魋其如予何?"

14) 『論語』, 「子罕」, "天之將喪斯文也, 後死者, 不得與於斯文也. 天之未喪斯文也, 匡人其如予何?"

호소통과 합일의 경지에 쏟았을 것이다. "오십 세가 되어 천명을 알았다."로 대표되는 공자의 도덕생명 여정은 매 순간 순간 모두가 배움의 과정이요 '인仁'을 실천하는 과정의 연속이었으며, 이러한 과정들 속에서 공자는 도덕생명의 진실한 가치를 체득해 나갔다. 다시 말하면 공자가 자신의 생애 전반에 걸쳐 가장 심혈을 기울인 부분은 바로 '천'과의 상호 소통과 합일의 경지에 도달하는 것이었다.

공자에 있어서의 '인仁'은 '천도'이자 '천명' 그 자체였다. 모종삼牟宗三은 "인체仁體, 인리仁理, 인도仁道, 인심仁心은 모두 서로 통용될 수 있다."[15]라고 했다. 또한 그는 '인仁'의 실천을 통하여 '천명'을 인식할 수 있다고 했는데, 여기에서의 인식은 과학적이고 경험적인 인식이 아닌 도덕생명의 실천을 통해서 체득된 인식이라고 보았다. 이것은 곧 초월해 있으면서 내재되어 있는 것이며 또한 초월자에 대한 경외와 염원인 것이다. 이와 동시에 '인심仁心'의 감응과정을 거쳐 최종적으로는 천지와 덕을 합하여 만물과 일체가 되는 경지에 도달하게 된다는 것이다.

공자의 사상을 계승 발전한 맹자의 심성론心性論은 공자의 '인仁'사상의 체계적인 전개라고 할 수 있다. 맹자는 "자신의 마음을 극진히 하는 사람은 본성을 알 수 있으니, 자기의 본성을 알 수 있으면 천명을 알 수 있다."라고 하여 '인仁'의 실천을 통해서 '천도'를 인식한다는 것은 인간의 도덕생명을 통해서만이 체득 가능한 것이라고 하였다. 맹자는 그것은 인간의 언어를 통해서는 전달 될 수 없는 것이라고 보았다. 또한 그것의 체득 여부는 개인의 수양공부에 의해서

15) 牟宗三, 『圓善論』, 臺北, 學生書局, 1985년, 256쪽 참조.

결정되는 것이라고 했다. 그러나 '진심, 지성, 지천'은 그것의 실천적인 측면에 있어서 선명하게 드러난다는 것 이외에 그것의 이론 체계에 있어서도 분명하게 인식할 수 있다는 것이다. 그러므로 바로 이러한 점에서 맹자의 창의성을 찾아볼 수도 있지만 그렇다고 이것이 공자의 '인도仁道'사상의 맥락에서 완전히 벗어났다는 것을 의미하는 것은 아니다. 한편으로는 바로 이러한 점 때문에 맹자의 사상이 공자의 사상 보다 한 걸음 더 진보한 것이라고 볼 수 있는 것이다.

'인仁'의 실천을 통해서 '천도'를 인식한다고 할 때의 '인식'은 체험적인 직관으로서 초월해 있으면서 내재되어 있는 것이다. 그러므로 맹자의 "진심, 지성, 지천"의 '지知' 역시 체험적인 직관이며 초월해 있으면서 내재되어 있는 것이다. 공자는 초월자로서의 '천'에 대하여 일종의 경외와 염원을 가지고 있었는데, 맹자 역시 그러했다. 이러한 사실에 관하여는 "하늘의 이치를 따르는 자는 생존하고, 하늘의 이치를 거스르는 자는 멸망한다."[16]와 "그렇다면 순임금이 소유한 천하는 누가 준 것입니까? 하늘이 준 것이다."[17]라는 맹자의 언급 속에서 잘 나타나 있다. 또한 공자는 '천'에 대해 경외와 염원 외에 절규와 교감의 심정을 드러냈는데, 맹자 역시 '천'에 대하여 호소와 교감의 심정을 "내가 노나라 제후를 만나지 못하는 것은 하늘의 뜻이지, 장씨 집안의 자식이 어떻게 내가 그를 만나지 못하게 할 수 있겠는가?"[18]와 "군자는 하늘을 원망하지 아니하며, 사람을 허물하지 아니한다는 말씀을 들은 적이 있습니다. …… 하늘이 천하를 태

16) 『孟子』, 「離婁上」, "順天者存, 逆天者亡."

17) 『孟子』, 「萬章上」, "然則舜有天下也, 孰與之? 曰: 天與之."

18) 『孟子』, 「梁惠王下」, "吾之不遇魯侯, 天也. 臧氏之子焉能使予不遇哉?"

평하게 다스리려고 하지 않는 것이지, 만일 천하를 태평하게 하고자 한다면 지금 이 세상에서 나 말고 그 누구이랴?"[19]에서와 같이 드러내고 있다.

맹자 역시 '천명'이 내려와 인간의 '성'이 된다고 생각했다. 맹자는 『시경』의 "하늘이 여러 백성들을 낳으셨으니, 사물이 있으면 법칙이 있다. 백성들은 불변하는 마음을 가져, 이 아름다운 덕을 좋아한다."라고 하는 문장을 통해서 자신의 성선론性善論을 논증하고 있는데, 이것은 맹자에 있어서의 '성'이라는 관념이 유구한 전통을 계승하여 형성된 것임을 의미한다고 할 수 있을 것이다. 그러므로 맹자가 언급한 '성' 역시 하늘에서 내려온 것, 인간에게 내재된 것이기 때문에 역시 초월해 있으면서 내재되어 있다는 것이다. 그렇다면 공자와 마찬가지로 이러한 '천명'으로서의 '성'은 그 내용에 있어서 실질적인 규정성을 부여할 수는 없지만, '인仁'과 그것의 실천을 통해서만 이러한 '성'에 실질적인 도덕성을 부여할 수 있는 것이다. 그렇기 때문에 '인仁'의 실천은 맹자에게 있어서는 '진심, 지성, 지천'이 되는 것이다. '성'은 '천'에서 온 것이기 때문에 '성'은 곧 '천도'・'천명' 자체가 되는 것이다. 그렇기 때문에 '인仁'의 실천을 통해서 '천도'를 인식할 수 있다는 것이다. 그러므로 '천도'는 내재되어 있으면서 초월해 있다는 것이다.

이와 같이 볼 때 맹자에 있어서의 '성'은 '천'에서 온 것이기 때문에 '진심盡心'의 과정을 통하여 인식할 수 있으며 발현시킬 수 있다는 것이다. 만일 '성'을 인식할 수 있게 된다면 '천명'・'천도'는 이러

19) 『孟子』, 「公孫丑下」, "君子不怨天, 不尤人. …… 夫天, 未欲平治天下也. 如欲平治天下, 當今之世, 舍我其誰也?"

한 '진심', '지성'의 과정 속에서 인식되어지고 체득되는 것이다. 그러므로 맹자에서 '천도'를 인식한다는 것은 초월해 있으면서 내재되어 있는 것을 인식하는 것이라고 할 수 있는 것이다.

초월적인 측면에서 말하자면 '존심存心'의 과정을 통하여 '천도'·'천명'과 상호 소통을 할 수 있다는 것이다. 그래서 맹자는 "자신의 마음을 보존하여 본성을 키우는 것은 하늘을 섬기는 도리이다."라고 말한 것이다. 또한 내재적인 측면에서 말하자면 '진심'의 과정을 통하여 인간에게 내재되어 있는 본성의 발현을 통해 천지와 합일되는 경지에 도달할 수 있다는 것이다. 이와 같이 '천도'·'천명'의 실질적인 내함은 '성체'를 통해서 드러나게 되는 것이다. 그렇기 때문에 맹자는 "진심, 지성, 지천"이라고 말하고 있는 것이다.

이상과 같이 볼 때 '성'은 '천명'이라고 할 수 있으며, 또한 인간의 '본심本心'을 통하여 '본성本性'을 말할 수 있기 때문에 곧 '심선心善'이라고 하는 사실을 통해서 '성'이란 '선'한 것이라고 하는 주장을 할 수 있는 것이다. 이처럼 '성'에 도덕의 실질적인 의미가 부여될 때 즉 '천'에서 내려와 인간에게로 내재하면서 혹은 초월해 있는 '심心'과 '성性'과 '천天'은 바로 이때 서로 상통하여 하나가 되는 것이다.

3. 知天, 事天, 立命

맹자에 있어서 '성'은 '천명'이라고 할 수 있으며, 또한 인간의 '본심'을 통하여 '본성'을 말할 수 있기 때문에 곧 '심선心善'이라고 하는 사실을 통해서 '성'이란 '선'한 것이라고 할 수 있는 것이다. 다시 말하면 '심'은 '리理'가 되며, '성' 역시 '리'가 되기 때문에 '심'과 '성' 그리고 '리'는 하나인 것이다. 존재론적 측면에서 말하자면 '리'라는 것은 그 자체에 내재되어 있는 원리이며, 이러한 원리는 '심'에 내재되어 있으며, '성'에도 내재되어 있기 때문에 '심'과 '성'은 하나라고 하는 것이다. 또한 활동적 측면에서 말하자면 '심'은 자신에 대한 깨달음을 통하여 자기실현과 자기전개를 하는데, 이것은 곧 '리'의 자기실현과 자기전개인 것이다. 또한 여기에서 '성'은 잠재적인 존재이고 '심'은 활동적 존재이기 때문에 '심성心性'은 하나라고 하는 것이다.

이상과 같은 분석을 통하여 '성'을 인식하는 과정은 '진심盡心'을 인식하는 과정 속에 있다는 사실을 파악할 수 있었으며 또한 '심'은 '성'의 활동이며 자기전개와 드러남인 것을 알 수 있게 되었다. 그러므로 '진심'의 과정은 '심'의 전반적인 내용이 자기전개의 과정을 거쳐 자기실현으로 향해 가는 것이라고 할 수 있다. '심'은 곧 '성'이기 때문에 만일 '심'이 완전한 자기실현과 전개를 한다면 '성'의 전반적인 내용 역시 구체적으로 드러난다는 것이다. 그러므로 '진심'은 자연히 '진성盡性'하게 되어 '지성知性'한다는 것이다. 또한 이러한 '성'은 "하늘이 나에게 부여한 것"으로 이것은 다른 말로 '천명'이 내려와 인간에게 내재된 것이라고 할 수 있으며 곧 인간의 주체성이 되는 것이다. 그러므로 마음을 극진하게 할 수 있다면 결국은 '성'의 전반적인 내용을 인식할 수 있게 되는 것이며, 천명의 내함 역시 '진심'과 '지성'의 과정 중에 드러나게 되는 것이다. 결국 '진심'의 과정을 거치는 가운데 '지성'을 하게 되고 '지천知天'을 하게 되는 것이니 '심', '성', '천'은 서로 관통하여 하나가 되는 것이다.

맹자는 "성실誠은 하늘의 도요, 성실해지기를 생각하는 것은 사람의 도이다. 지성至誠으로 하면 감동하지 않을 사람이 없다. 성실하지 못하면서 남을 감동하게 한 사람이 없다."[20]라고 했는데, 이 가운데 '성誠'은 공자가 언급한 '인仁'인 것이며, '사思'는 자각과 반성을 의미한다. 그러므로 "성실해지기를 생각하는 것"은 '인'의 자각, '인'하게 됨, '인'의 실천과 같은 것이며, 또한 '진심'인 것이다. 그러므로 '하늘의 도'는 '성체誠體' '인체仁體' 자체가 되는 것이며, "사람의 도"는 '인'하게 됨, '인'의 실천, '진심'이 되는 것이다. 만일 마음을 극진하게 한다면 스스로를 드러내고 밝아지게 하고 움직이고 변화시킬 수 있어 결국은 천지만물과 일체가 되는 경지에 도달할 수 있다는 것이다. 그래서 맹자는 "만물의 이치가 다 나에게 갖추어져 있다. 나 자신을 반성해보고, 성실하다고 생각될 것 같으면 즐거움이 더할 나위 없다."[21]라고 하는 한편 "군자가 지나가면 백성은 교화되고, 그가 머물러 있는 곳은 마음에 간직하는 바가 신묘하게 이루어져, 위와 아래가 천지와 움직임을 같이 한다."[22]라고 한 것이다.

모종삼牟宗三은 "진심과 지성은 비록 천명・천도의 전반적인 오묘함을 파악할 수는 없지만, 적어도 그것의 도덕적 함의를 증명함과 동시에 정착시킬 수 있었다. 이러한 증명과 정착은 그러한 도덕 창조의 진정한 계기가 되는 것이다. 또한 그것의 최저한도는 천도로 통하는 길을 획득할 수 있는 것으로, 이러한 길을 통해서 최소한 천도와 더불어 서로 소통함을 얻을 수 있는 것이다. …… '지천'의 '지'는 과학적인 지식이 아닌 '진심'으로써 근거를 삼은 일종의 서로간의

20) 『孟子』, 「離婁上」, "誠者, 天之道也. 思誠者, 人之道也. 至誠而不動者, 未之有也. 不誠, 未有能動者也."

21) 『孟子』, 「盡心上」, "萬物皆備於我矣. 反身而誠, 樂莫大焉."

22) 『孟子』, 「盡心上」, "夫君子所過者化, 所存者神, 上下與天地同流."

소통인 것이다. …… 서로 소통함이 의미하는 것은 생명 전반에 걸쳐 침투해 있는 천도이며, 이것은 곧 그 오묘함을 다하는 것이지만 측정할 수 있는 지식이 아닌 것이다. 천도는 단지 마음으로만 통할 수 있는 것이지 측정할 수 있는 것이 아니다."[23]라고 말했다. 그러므로 '진심'을 통하여 '성'의 내함이 모두 드러나는 것이며, 이러한 '성'은 '천'으로부터 비롯된 것이기 때문에 '천도'·'천명'을 인식할 수 있다는 것이다. 바로 이때 '천도'·'천명'의 실질적인 내용이 펼쳐지게 된다는 것이다. 그래서 맹자는 "자신의 마음을 극진히 하는 사람은 본성을 알 수 있으니, 자기의 본성을 알 수 있으면 천명을 알 수 있다."[24]라고 말하는 것이다.

그렇다면 '존심, 양성, 사천'의 문제는 어떻게 보아야 할까? 맹자의 '천도관天道觀'에 있어서 '진심, 지성, 지천'은 적극적인 측면에서 '천'을 언급한 것이며, '존심, 양성, 사천'은 소극적인 측면에서 '천'을 언급한 것이라고 말할 수 있다. 이러한 소극적인 측면으로서의 '존심, 양성, 사천'은 본심을 잘 보존하여 그것을 잃지 않고 선한 본성을 키워 해치지 않는다는 것을 의미한다.[25]

'진심, 지성, 지천'을 통하여 인간이 비록 유한적인 존재이지만 도덕적 측면에서는 무한적인 존재임을 알 수 있었다. 인간은 '진심'의 과정을 통하여 이러한 유한성의 속박을 벗어나 끊임없이 생성하는 천도와 서로 합치될 수 있을 것이다. 그러나 인간은 유한한 존재이기 때문에 현실 생활 속에서 '본심'을 잃고 '본성'을 해치는 행위 즉

---

23) 牟宗三, 『中國哲學的特質』, 臺北, 學生書局, 1986년, 73쪽 참조.

24) 『孟子』, 「盡心上」, "盡其心者, 知其性也. 知其性, 則知天矣."

25) 牟宗三, 『圓善論』, 臺北, 學生書局, 1985년, 135쪽 참조.

악행을 범하게 되는데, 이러한 행위가 심화될 경우 인간은 짐승만도 못한 지경에까지 추락하게 되는 것이다. 그러므로 인간은 항상 자신의 '본심'을 잘 보존하고 선한 '본성'을 키워야만 한다는 것이다.

인간이 덕을 실천하면 할수록 '도道'를 수양하는 것이 쉽지 않다는 것을 느낄 수 있기 때문에 '천도'에 대한 존중과 경외감은 갈수록 커지는 것이다. '본심'을 보존하고 선한 '본성'을 키우고 경계하고 삼가하여 마치 얇은 얼음을 밟는 것처럼 조심하고 힘써 수양하는 과정 가운데 '심'과 '성'의 밝음은 펼쳐질 수 있는 것이니, 이것이 바로 진정으로 하늘을 섬기는 도리事天之道인 것이다.

일반적으로 말하는 '명命'에는 하늘의 명령이라는 의미의 '천명'과 본성의 명령이라고 하는 '성명性命'의 의미가 있다고 할 수 있는데, 이러한 측면에서 말하는 '명'은 명령의 의미를 가진다. 이러한 명령의 의미로서의 '명'은 『시경』의 "천명이 아아! 아름답고 그지없다!"와 『중용』의 "천명을 성이라고 한다."등에서 찾아볼 수 있다. 또한 이러한 '명'에 대해서는 경외와 복종의 입장을 견지해야 하는데 그 이유는 이러한 명령들이 모두 도덕의 명령이기 때문이다.

다른 하나는 운명이라는 의미로서의 '명'인데, 이것은 객관적인 한계를 나타낸다. 이러한 '명'에 대해서는 인식과 수용의 입장을 견지해야 하는데 그 이유는 이러한 객관적인 한계를 인식할 때 인간은 비로소 그러한 사실을 편안하게 받아들일 수 있기 때문에 자신의 분수에 맞지 않는 생각을 하지 않을 것이며 또한 자신의 분수에 맞지 않는 욕심을 부리지 않게 되어 결국은 "하늘을 원망하지 않고, 다른 사람을 탓하지 않는다."는 것이다.[26)]

그렇다면 이러한 두 가지 서로 다른 의미로서의 '명' 사이에는 과연 어떠한 관련성이 있을까? 모종삼牟宗三 같은 경우 이들 둘 사이에는 상호관련성이 존재한다고 보았다. 즉 '리理'의 측면에서 말한다면 '천명'이 되는 것이고, '기氣'의 측면에서 말한다면 '기명氣命'이 되는 것이다. 또한 '신神'과 '리理'에 총괄되는 측면에서 본다면 '천명'이고, 구체화해서 '세勢'와 '우遇'의 측면에서 본다면 '기명'이 되는 것이다. 그러므로 이러한 것을 합하여 말하면 '신리神理'에 총괄되고 '기氣'에 치우치는 '명命'이라고 하는 것이다.[27]

맹자는 "사람 수명의 길고 짧은 것에 의문을 두지 않고, 다만 자신을 수양함으로써 목숨이 다하는 날을 흔들림 없이 기다리는 것은, 하늘이 자기에게 부여한 명天命을 온전히 하는 도리이다"[28]라고 말했는데, 여기에서의 '명'은 도대체 어떤 의미를 가진 '명'일까? 이러한 의문에 대하여 원보신袁保新은 "인성론에 대한 분석에 있어서 '심'에 대한 논의만 하고 '명'에 대해서는 다루지 않는 것은 확실히 주도면밀하지 못한 처사라고 볼 수 있다. '심'은 도덕실천의 주체가 되어 각 생명존재의 제한적인 수용을 통하여 하나하나의 진실한 도덕행위를 구체화한다. 또한 '심'은 인간존재의 필연적인 한계와 객관적으로 정해진 운명으로 하나하나 전화되어 도덕자아의 실현 속에서 자신의 역량을 완전하게 장악할 수 있게 되는 것이다. 만일 그렇지 않으면 '심'의 자주성은 드러나지 않게 됨과 동시에 '진심盡心'에 대해서도 언급할 수 없게 되는 것이다. 그러므로 맹자는 '진심'의 가르침을 말할 때 반드시 '입명立命'을 함께 언급하는 것이다. 또한 '입명'에

---

26) 蔡仁厚, 『孔孟荀哲學』, 臺北, 學生書局, 1990년, 123~124쪽 참조.

27) 牟宗三, 『心體與性體』, 第一册, 臺北, 正中書局, 1991년, 522쪽 참조.

28) 『孟子』, 「盡心上」, "殀壽不貳, 修身以俟之, 所以立命也."

대하여 언급할 때 종지는 반드시 '진심'에 근본을 둔다. 이와 같이 맹자의 인성론은 '심'의 자유와 자주성을 진정으로 펼쳐 보이는 한편 인간의 정해진 운명이 수시로 변화하는 세상 속에서 암흑의 심연으로 떨어지는 것을 막아준다."[29]라고 말하고 있다.

또한 채인후蔡仁厚 같은 경우는 "'명命'은 일종의 추상적인 개념이 아닌 인생의 진실한 체득과 증험이다. 또한 이것은 생명의 유한성을 점진적으로 돌파해나가는 과정 속에서 체득되고 증험 되는 것이다. 이러한 진실 된 체득과 증험이 있은 후에야 진정으로 객관적인 한계의 범위를 알 수 있게 된다. 그렇기 때문에 경계해야 할 것을 인식할 수가 있게 되어 그러한 것의 조정이 내 삶의 영역에 있게 되는 것이다."[30]라고 했다.

이와 같이 볼 때 '지천知天'에서 '사천事天'을 거쳐 '입명立命'에 이르는 과정은 일관된 맥락으로 이어져 내려오는 것이라고 할 수 있다. '지천'은 적극적인 측면을 말하는 것이고, '사천'은 소극적인 측면을 말하는 것이며, '입명'은 적극적인 것과 소극적인 것을 합친 것을 말하는 것이다.

삶과 죽음, 장수와 요절, 길함과 흉함, 부유함과 빈천함, 복과 재앙 등은 모두 객관적인 한계로 이러한 것에 대하여 맹자는 "구하는 데는 도가 있고, 얻는 것에는 명이 있다. 여기서 구하는 것은 얻는데 무익한 것이니, 그것은 나의 밖에 있는 것을 구하기 때문이다."[31]라고 하

29) 袁保新, 『孟子三辨之學的歷史省察與現代詮釋』, 臺北, 文津出版社, 1992년, 90쪽 참조.

30) 蔡仁厚, 『孔孟荀哲學』, 臺北, 學生書局, 1990년, 128쪽 참조.

31) 『孟子』, 「盡心上」, "求之有道, 得之有命, 是求無益於得也, 求在外者也."

는 입장을 견지했으며, 공자 역시 "죽고 사는 것은 운명에 있고, 부유하게 되는 것과 귀하게 되는 것은 하늘에 있다."라는 입장을 견지했다. 이러한 객관적인 한계는 내 자신이 그것을 조정할 수 있는 것이 아니지만, 그러한 객관적인 한계인 운명에 직면했을 때 군자는 마땅히 그것을 인식하고 수용하고 편안하게 여긴다. 그래서 공자는 "군자가 경건하게 행동하여 실수가 없고, 남에게 공손하고 예를 지킨다."[32]라고 말한 것이다.

그러므로 "사람 수명의 길고 짧은 것에 의문을 두지 않음"이라는 말은 객관적인 한계로서의 명命을 의미하는 것이기 때문에 우리는 마땅히 이것에 대하여 의심의 태도를 견지해서는 안 된다. 또한 맹자 역시 "아비와 아들 사이의 사랑仁, 임금과 신하 사이의 의로움義, 주인과 손님 사이의 예의禮, 현자賢者의 지혜智, 천도天道를 따르는 성인聖人 이것들도 명命이기는 하나 거기에는 사람의 본성本性이 있다. 군자는 이를 (사람이 마음대로 충족할 수 없는) 천명天命이라고 하지 않는다."[33]라고 하였는데, 이는 곧 아버지와 아들 사이는 '인仁'의 표현이고, 임금과 신하 사이는 '의義'의 표현이고, 주인과 손님 사이는 '예禮'의 표현이며, 현자들 사이에는 '지智'의 표현이며, 성인聖人들 사이는 '천도天道'의 표현이라는 것이다. 그렇지만 설사 이러한 인륜의 일상적인 체현 위에 인간의 뜻이 극진하지 않은 부분이 있고, 또 객관적인 운명의 한계가 있을 지라도 성인의 마음속의 흔들림 없는 선한 본성善性은 제지하지 못할 것이다.

---

32) 『論語』, 「顔淵」, "君子敬而無失, 與人恭而有禮."

33) 『孟子』, 「盡心下」, "仁之於父子也, 義之於君臣也, 禮之於賓主也, 智之於賢者也, 聖人之於天道也, 命也, 有性焉, 君子不謂命也."

공자는 "하늘을 원망하지도 않고, 사람들을 탓하지도 않는다. 낮은 것을 배워서 높은 것에까지 통달했으니, 나를 알아주는 이는 하늘일 것이다."[34]라고 했으며, "군자는 밥 먹는 동안이라도 인仁을 어기지 말아야 하며, 다급한 순간이라 할지라도 꼭 인仁을 지키고, 넘어지는 순간이라 할지라도 꼭 인仁을 지켜야 한다."[35]라고 하며, 또 "한 그릇의 밥을 먹고 한 쪽박 물을 마시며 누추한 거리에 산다면, 남들은 그 괴로움을 감당치 못할 터인데, 안회는 그의 즐거움이 변하지 않는다."[36]라고 하였는데, 이것은 맹자가 언급한 "거기에는 사람의 본성이 있다. 군자는 이를 천명天命이라고 하지 않는다."는 것과 상호 호응을 이루고 있다고 할 수 있겠다. 그러므로 군자는 이러한 운명의 한계를 초월한 후에 "다만 자신을 수양함으로써 목숨이 다하는 날을 흔들림 없이 기다림"의 태도를 견지해야만 하는 것이다. 여기에서 "자신을 수양함"은 자신을 돌이켜 반성하여 성실하게 되는 것을 의미하며, "목숨이 다하는 날을 흔들림 없이 기다림"은 소극적으로 죽음을 기다린다는 뜻이 아니고 당면한 현실 속에서 적극적으로 그것을 인식하고 수용하고 편안하게 여긴다는 의미이다. 그렇기 때문에 자신을 돌이켜 반성하면 지극히 성실해지고 지극한 성실함은 하늘의 '도道'라고 하는 것이다. 이것은 또한 의로움을 극진하게 하는 것이다.

맹자는 "의義는 사람이 다니는 길이다."[37]라고 하고 또 "의義는 사

34) 『論語』, 「憲問」, "不怨天, 不尤人. 下學而上達, 知我者其天乎!"

35) 『論語』, 「里仁」, "君子無終食之間違仁, 造次必於是, 顚沛必於是."

36) 『論語』, 「雍也」, "一簞食, 一瓢飮, 在陋巷, 人不堪其憂, 回也不改其樂."

37) 『孟子』, 「告子上」, "義, 人路也."

람의 바른 길이다."[38]라고 하였는데, 이것에 대해 채인후蔡仁厚는 "모든 일의 마땅히 그러해야하는 도리이요, 모든 인간사의 마땅히 해야 할 바이다."[39]라고 하였다. 그러므로 '의義'를 극진하게 한다는 것은 "모든 만물은 제각기 그것의 이치를 얻어 제각기 그러한 것을 완성한다."는 말이라고 할 수 있는 것이다. 이것은 곧 '심'과 '성'을 극진하게 하는 것이 된다. 또한 '진심'은 곧 '지성, 지천'이 되는 것이다. 그러므로 '의'를 극진히 함으로써 '명'을 인식하여 최종적으로는 '의'와 '명'의 합일을 이룩할 수 있게 되는 것이다. 또한 여기에서의 '명'은 객관적인 한계로서의 운명의 아닌 '천명' 혹은 '성명性命'으로서의 '명'인 것이다. 이와 같이 '천도'와 '성명'이 바로 여기에서 소통되어 하나가 되는 것이 진정한 '입명立命'의 도리인 것이다.

이상과 같이 볼 때 '지천'에서 '사천'을 거쳐 '입명'에 이르는 과정은 상순관계를 유지하며 발전해나가는 것이다. 다시 말하면 "자신의 마음을 극진히 하는 사람은 본성을 알 수 있으니, 자기의 본성을 알 수 있으면 천명을 알 수 있다."는 말은 적극적이고 주동적으로 '천'이 '천도'가 되는 이유를 인식하고 그것을 증명하는 것이며, "자신의 마음을 보존하여 본성을 키우는 것은 하늘을 섬기는 도리이다."는 말은 소극적이고 피동적으로 '천'이 '천도'가 되는 이유를 앙모하고 그것을 숭상하는 것이다. 또한 "사람 수명의 길고 짧은 것에 의문을 두지 않고, 다만 자신을 수양함으로써 목숨이 다하는 날을 흔들림 없이 기다리는 것은, 하늘이 자기에게 부여한 '명天命'을 온전히 하는 도리이다"는 말은 적극적인 것과 소극적인 것을 합친 총체로서 "사

38) 『孟子』, 「離婁上」, "義, 人之正路也."

39) 蔡仁厚, 『孔孟荀哲學』, 臺北, 學生書局, 1990년, 121쪽 참조.

람 수명의 길고 짧은 것에 의문을 두지 않음"은 소극적인 것을 의미하고, "다만 자신을 수양함으로써 목숨이 다하는 날을 흔들림 없이 기다림"은 적극적인 것을 의미하며, 최종적으로는 '천도'와 '성명'이 서로 관통되는 경지에 이르는 것 이것이 바로 '입명'인 것이다. 또한 바로 여기에 맹자의 '천인합일天人合一' 사상의 정수가 담겨져 있는 것이다.

4. 맺는 말

맹자는 "자신의 마음을 극진히 하는 사람은 본성을 알 수 있으니, 자기의 본성을 알 수 있으면 천명을 알 수 있다."라고 하여 '인仁'의 실천을 통해서 '천도'를 인식한나는 것은 인간의 도덕생명을 통해서만이 체득 가능한 것이라고 하였다. 또한 맹자에 있어서의 '성'은 '천'에서 온 것이기 때문에 '진심'의 과정을 통하여 인식할 수 있으며 발현시킬 수 있는 것이다. 만일 '성'을 인식할 수 있게 된다면 '천명'·'천도'는 이러한 '진심', '지성'의 과정 속에서 인식되어지고 체득되는 것이다. 그러므로 맹자에서 '천도'를 인식한다는 것은 초월해 있으면서 내재되어 있는 것을 인식하는 것이라고 할 수 있는 것이다.

다시 말하면 '성'은 '천명'이라고 할 수 있으며, 또한 인간의 '본심'을 통하여 '본성'을 말할 수 있기 때문에 곧 '심선心善'이라고 하는 사실을 통해서 '성'이란 '선'한 것이라고 하는 주장을 할 수 있는 것이다. 이처럼 '성'에 도덕의 실질적인 의미가 부여될 때 즉 '천'에서 내려와 인간에게로 혹은 내재하면서 초월해 있는 '심'과 '성'과 '천'은 바로 이때 서로 상통하여 하나가 되는 것이다.

또한 맹자의 '천도관'에 있어서 '진심, 지성, 지천'은 적극적인 측면에서 '천'을 언급한 것이며, '존심, 양성, 사천'은 소극적인 측면에서 '천'을 언급한 것이라고 말할 수 있다. 이러한 '천'의 소극적인 측면으로서의 '존심, 양성, 사천'은 본심을 잘 보존하여 그것을 잃지 않고 선한 본성을 키워 해치지 않는다는 것을 의미한다. 그리고 '천'의 적극적인 측면으로서의 '진심, 지성, 지천'의 과정을 통하여 인간이 비록 유한적인 존재이기는 하지만, 도덕적으로는 무한적인 존재임을 자각하는 여정 속에서 인간이 유한성의 속박을 벗어나 끊임없이 생성하는 '천도'와 서로 합치될 수 있다는 것이다.

다시 말하면 '진심, 지성, 지천'이라는 말은 적극적이고 주동적으로 '천'이 '천도'가 되는 이유를 인식하고 그것을 증명하는 것이며, "존심, 양성, 사천"이라는 말은 소극적이고 피동적으로 '천'이 '천도'가 되는 이유를 앙모하고 그것을 숭상하는 것이며, '요수, 수신, 입명'이라는 말은 적극적인 것과 소극적인 것을 합친 총체로서 최종적으로는 '천도'와 '성명'이 서로 관통되는 경지에 이르는 것 이것이 바로 '입명'인 것이다. 또한 바로 여기에 맹자의 천인관계론 즉 하늘과 인간은 합치될 수 있다고 하는 '천인합일론'의 대체가 담겨져 있는 것이라고 할 수 있다.

참고문헌

朱公遷,『詩經義疏』,『四庫全書』 本.

孫星衍,『尙書今古文注疏』,『平津館叢書』 本.

劉寶楠,『論語正義』,『續皇淸經解』 本.

朱熹,『中庸章句集註』,『海淵閣明刻』 本.

趙汸,『春秋左氏傳補注』,『通志堂經解』 本.

趙岐,『孟子章句』,『四部叢刊』 本.

朱熹,『孟子章句集註』,『海淵閣明刻』 本.

焦循,『孟子正義』,『焦氏遺書』 本.

牟宗三,『圓善論』, 臺北, 學生書局, 1985년.

牟宗三,『中國哲學的特質』, 臺北, 學生書局, 1986년.

何淑靜,『孟荀道德實踐理論之研究』, 臺北, 文津出版社, 1988년.

許宗興,『孟子的哲學』, 臺北, 臺灣商務印書館, 1989년.

蔡仁厚,『孔孟荀哲學』, 臺北, 學生書局, 1990년.

牟宗三,『心體與性體』, 第一册, 臺北, 正中書局, 1991년.

袁保新,『孟子三辨之學的歷史省察與現代詮釋』, 臺北, 文津出版社, 1992년.

劉鄂培,『孟子大傳』, 北京, 淸華大學出版社, 1998년.

제3장

인성론

1. 시작하는 말

중국의 전통 인성론人性論 사상을 대표할 수 있는 사상체계는 전국시기戰國時期에 출현한 맹자의 인성론이라고 할 수 있다. 중국의 전통 인성론 사상의 최고봉으로서의 맹자 인성론에 관해서는 고대로부터 현재에 이르기까지 수많은 학자들에 의해서 연구가 진행되어져 왔다. 본문에서는 맹자의 인성론에 대하여 도덕철학적 관점이라고 하는 새로운 방법론에 맞춰 중국의 전통 인성론 사상의 선구로서의 맹자의 인성론을 재조명 하였다.

맹자가 인성론에 대하여 성선설性善說의 입장을 수립한 것은 맹자 자신의 도덕실천의 열망을 담고 있는 것이라고 할 수 있다. 그렇기 때문에 맹자가 성선설을 주장한 것은 적극적으로는 "이미 그러한 사실을 설명하기 위함"[1]이며 즉 다시 말한다면 본성이 이미 드러난

바와 같이 선하다는 사실을 설명하기 위한 것이며, 소극적으로는 인성이 본래 선하다는 이론과 괴리된 모든 견해들에 대하여 설득력 있는 주장을 통하여 잘못된 이론들을 바로잡기 위해서라고 말할 수 있는 것이다.

맹자 성선설의 주요한 내용은 이러한 논쟁들을 통하여 시작되고 나타나는데, 그 가운데 특히 「고자告子」 속에서 맹자와 고자 사이의 논쟁 가운데 가장 극명하게 드러나 있다. 그렇기 때문에 본문에서는 인성론에 있어서의 양대 축으로 인식되어지고 있는 맹자와 고자의 인성론을 중심으로 중국 전통인성론 사상의 최고봉이라고 할 수 있는 맹자 성선설의 기본 형태를 재분석해 보았다.

2. 비유를 통해 본 인성론

고자가 인성은 버드나무와 같고 의는 나무로 만든 술잔과 같으니, 사람의 본성을 인의라고 하는 것은 버드나무로 술잔을 만드는 것과 같은 것이라고 말했다. 그러자 맹자가 자네는 버드나무의 성질에 따라서 나무 술잔을 만들 수 있는가? 장차 버드나무를 죽인 이후에야 술잔을 만들 것이니, 만일 버드나무를 죽여서 술잔을 만든다고 한다면 사람을 죽여서 인의를 만든다는 것인가? 온 세상 사람들이 이러한 것을 따라서 인의를 실천함에 해를 입히게 된다면, 그것은 반드시 그대의 말에서 비롯된 것일 것이다! 라고 말했다.[2)]

---

1) 周群振, 『儒學探源』, 臺北, 鵝湖出版社, 1986년, 154쪽 참조.

2) 『孟子』, 「告子上」, "告子曰: 性, 猶杞柳也; 義, 猶杯棬也. 以人性爲仁義, 猶以杞柳爲杯棬. 孟子曰: 子能順杞柳之性而以爲杯棬乎? 將戕賊杞柳而後以爲杯棬也? 如將戕賊杞柳而以爲杯棬, 則亦將戕賊人以爲仁義與? 率天下之人而禍仁義者, 必子之言夫!"

위의 인용문에서 의미하는 맹자와 고자 사이에서 벌어진 논쟁의 초점은, 어떤 방식에 의해서 '인성人性'과 '인의仁義'가 연결되어 있는가?[3]라는 문제로 귀결될 수 있다. 즉 '인성'과 '인의'는 과연 선천적으로 내재적인 연관이 있는가? 아니면 후천적인 노력에 의해서 연결되는 것인가? 이러한 문제들에 대하여 고자는 바로 후자의 입장을 취하여 버드나무와 그것으로 만든 술잔의 비유를 들어서 자신의 논리를 펼치는 것이다. 그러나 맹자는 전자의 입장에서 고자가 설정한 비유들의 반박을 통하여 고자가 인식하고 있는 '인성'과 '인의'의 관계가 잘못되었다는 논리를 펼친다.

이러한 논쟁 가운데 고자는 먼저 비유방법을 통하여 직접적으로 자신의 '인성'에 대한 견해를 "인성이 인의가 되는 것은 버드나무로 술잔을 만드는 것과 같다."[4]와 같이 피력한다. "인성은 버드나무와

3) 혹자는 고자가 주장한 "인성은 선함도 없고 선하지 않음도 없다"것을 근거로 고자는 '인의'를 갖춘 사람이 존재하지 않는다고 단언하기도 하지만, 이러한 단언은 분명히 잘못된 것이다. 고자가 주장한 "인은 안에 있고 의는 밖에 있는 것이다"라는 언급에서 볼 수 있듯이 그는 이미 '인의'로 대표되는 도덕의 존재를 분명하게 표시했다. 그리고 고자의 인성론에 반대입장을 표명하는 맹자 역시 이러한 논점을 근거로 고자의 '인의'가 인성에 외재한다고 하는 논리를 반박하는 것이다.

4) 이러한 문제에 대하여 진대제陳大齊는 색다른 견해를 갖고 있는데, 그는 "'인성이 인의가 되는 것은 버드나무로 술잔을 만드는 것과 같다.'는 언급이 고자 본인의 주장을 대표한다고는 생각하지 않는다. 오히려 고자는 이러한 논거를 이용하여 맹자의 인성론을 비판한다."고 한다. 진씨의 견해에 근해서 보면 버드나무는 재료이고 나무로 만든 술잔은 곧 재료를 이용하여 만든 완제품으로 이러한 "재료와 완제품은 동일한 사물로 볼 수 없는 서로 다른 두 개의 사물이다. 고자는 이러한 논리에 의해 버드나무와 술잔 사이의 관계를 설정을 하고, 그것으로써 인성과 인의 사이의 관계를 비유한 것이다. '인성이 인의가 되는 것은 버드나무로 술잔을 만드는 것과 같

같고 의는 나무로 만든 술잔과 같다."와 같이 고자는 버드나무와 술잔 사이의 관계를 비유로 들어서 '인성'과 '인의' 사이의 관계를 설명하는데, 이것은 곧 버드나무와 술잔의 관련방식으로 '인성'과 '인의'의 관계를 비교한 것으로, 즉 '인성'과 '인의'는 버드나무와 술잔의 관계와 같다는 것이다.

이상과 같이 볼 때 버드나무가 술잔에 대하여 전자는 후자의 재질이나 재료가 되고, 술잔이 버드나무에 대하여서는 술잔은 곧 버드나무를 재료로 하여 만들어진 완제품이 된다는 것을 알 수 있다. 그러나 재료는 재료이고 완제품은 완제품일 뿐으로, 재료가 되는 버드나무는 그 자체로서 완성된 형태의 술잔이 될 수 없으며 또한 그 자체능력에 의해 술잔이 될 수 없기 때문에 버드나무는 자연적으로 술잔이 될 수 없는 것이다. 이러한 재료로서의 버드나무가 완제품 형태의 술잔이 되기 위해서는 버드나무 자신의 능력으로는 절대로 불가능하며 반드시 외부적인 작용이 있어야만 가능한 것이다. 이것은 곧 버드나무 그 자체는 앞으로 어떤 형태의 그릇으로 만들어질 수 있는 결정을 내릴 수 없는, 즉 스스로 자주적인 결정을 내릴 수 없는 존재임을 의미하는 것이며, 그것이 완성된 형태의 술잔이 되기 위해서는 반드시 후천적인 가공을 통해야만 가능하다는 것이다.

이렇게 본다면, 버드나무와 술잔 사이에는 어떠한 자연적인 생성관계도 존재하지 않음을 발견할 수 있으며, 또한 버드나무가 술잔이라는 완성품이 되기 위해서는 외부로부터 실질적인 인위작용이 더

다.'는 말은 맹자가 이러한 고자의 논리를 무시하고 혼동에 빠졌기 때문에 주장한 것이다." 陳大齊, 『孟子的名理思想及其辯說實況』, 臺北, 臺灣商務印書館, 1983년, 138쪽 참조.

하여 질 때에만이 비로소 그것이 가능하다는 사실을 알 수 있는 것이다. 그런데 고자는 버드나무를 '인성'에 비유하고 술잔을 '인의'에 비유하는 것을 통하여 '인성'에 대한 '인의'의 관계를 버드나무에 대한 술잔의 관계로 비유하였다. 그래서 '인성' 가운데는 '인의'로 대표되는 선善의 요소가 없는 것으로 파악하여 '인성'이 '인의'의 덕을 펼치기 위해서는 '인성' 자체의 자연적인 능력으로는 불가능하고 반드시 후천적인 조치가 있어야만 가능하다고 하는 것이다. 이처럼 고자는 '인의'가 실재로는 '인성'의 외부에 존재하는 것으로 생각하여 '인성'과 '인의' 사이가 관련되는 것에 대해서는 반대하지는 않았지만, 선천적이며 내재적으로 연결된 것이라고는 생각하지는 않고 후천적인 노력을 통해서만 그것들을 연결할 수 있다고 하였다.

맹자는 고자의 이러한 견해에 반대를 한다. 즉 맹자는 '인성'과 '인의' 사이의 관계를 후천적이며 종합적인 관계로 보지를 않고 선천적이며 내재적으로 연결된 관계로 보았던 것이다. 이러한 관점에 대한 하숙정何淑靜의 견해는 눈여겨볼 만하다.

> 버드나무로 술잔을 만들기 위해서는 반드시 후천적인 인간에 의한 작업을 통하여야만 한다. 즉 버드나무와 술잔의 관계는 종합적인 것으로 이 둘의 관계는 후천적인 인위에 의해서 건립되는 것이다. 그러므로 버드나무와 술잔은 필연적인 연결 관계가 없는 것이기 때문에 이러한 것으로 인성과 인의를 비유하면 곧 이 둘의 관계는 종합적으로 되어 인성과 인의의 연결에는 필연성이 없게 되는 것이다. 이것은 곧 인성에는 필연적으로 인의가 될 만한 가능성이 없어 인의를 이루기 위해서는 후천적인 노력이 반드시 필요하다는 것을 의미하는 것이다. 인간이 버드나무처럼 재료가 되어 술잔과 같은 완성품을 만들 수 있다는

말은 역시 인간이 여타 다른 제품의 재료가 될 수 있다는 것을 의미하는 것이지 버드나무가 술잔을 만들 수 있는 것처럼 필연적인 것은 아니다. 즉 버드나무는 다만 인위적인 작업을 가해야할 재료에 불과하기 때문에 그 자체로는 자신이 장차 어떤 형태의 제품으로 변형될 것인지에 대해서는 어떠한 주체적인 작용을 할 수 없기 때문이다. 같은 맥락에서 보면 곧 버드나무로 인성을 비유하고 술잔으로 인의를 비유하게 되었을 때 인성과 인의의 관계는 이와 같이 된다는 것이다. 즉 인간의 인성을 재료로 삼아서 인의를 만들 수 있다는 것은 역시 인성으로 불인不仁하고 불의不義함의 재료를 삼을 수 있다는 말과 같게 되어 인성과 인의 사이에는 필연적인 연결 관계가 없게 되는 것이다. 다시 말하면 인성에는 필연적으로 인의를 이룰 수 있는 가능성이 없기 때문에 인의는 후천적인 인위의 결과물이라는 것이다.[5)]

하숙정이 지적한대로 고자는 인성을 본래 '인의仁義'로 대표되는 도덕성이 갖추어져 있지 않은 것으로, 즉 "인의는 후천적인 인위의 결과물"로 보았다. 그래서 고자는 '인의'가 '인성'에 대하여 단지 후천적으로 그 안에서 보좌하는 기능을 갖추었을 뿐이라고 생각했다. 이러한 점들을 기초로 유추해보면 "버드나무의 성질을 따라 나무 술잔을 만든다."라는 것은 불가능하게 되며 반드시 외부로부터의 인위적인 조작이 수반되어야만 비로소 술잔을 만들 수 있게 되는 것이다. 이러한 비유를 근거로 하여 '인성'과 '인의'의 관계를 보면 어떻게 "사람을 죽여서 인의를 만든다."는 것이 가능할 것이며, 인간이 '인의'로 대표되는 도덕행위를 실천하는 것을 버드나무를 반드시 도끼로 찍어 상하게 한 뒤에 술잔을 만드는 것에 비유할 수 있겠는가!

5) 何淑靜, 『孟荀道德實踐理論之研究』, 臺北, 文津出版社, 1988년, 144쪽 참조.

만일 이와 같다면 '인의'가 '인성'에 대하여서 반드시 '인성'이 '인성'으로 되는 '인성' 본래의 성분을 죽인다는 것이 된다. 바꿔 말한다면 고자에게 있어서의 '인의'는 '인성'을 파괴하고 만들어진 것이 된다. 그래서 맹자는 고자의 이와 같은 '인성'과 '인의'의 관계에 대한 견해를 준엄하게 비판하는 것이다.

위에서 언급한 내용들 가운데 비록 맹자의 인성론에 대한 구체적인 설명은 찾아보기 어렵지만, 그의 기본 입장은 이미 매우 분명하게 드러난다. 즉 맹자는 '인의'가 '인성'에 대하여 선천적이고 내재적으로 구비되어 있기 때문에 '인성'의 본래 모습은 선하다는 것이다. 이러한 견해는 고자와 비교했을 때 상당한 차별성을 갖는다. 즉 고자는 '인성'과 '인의'의 관계를 후천적이며 종합적인 관계로 파악하여 그것들의 연결은 필연성이 없고, 또한 그것들 사이의 관련은 후천적인 노력에 의해 결정된다고 보았다. 고자의 이러한 견해에는 이미 "인성에는 선함도 없고 선하지 않음도 없다"는 의미가 내포되어 있다고 볼 수 있다.[6)]

> 고자가 인성은 고여서 맴돌고 있는 물과 같아서 동쪽으로 터놓으면 동쪽으로 흐르고, 서쪽으로 터놓으면 서쪽으로 흐르는 것과 같은 것이기 때문에, 인성의 선과 선하지 않음의 구분이 없는 것 역시 물이 동서의 구분이 없는 것과 같다고 말했다. 그러자 맹자가 물은 과연 동서의 구분이 없지만 위아래의 구분이 없는 것인가? 인성이 선하다는 것은

6) 고자는 "버드나무의 비유"에서 "인성에는 선함도 없고 선하지 않음도 없다"라는 주장을 분명하게 하지는 않지만, 고자가 인성을 버드나무와 같은 것으로 비유한 점을 유추해 볼 때 인성을 중립적인 재료의 의미로 파악했음을 알 수 있다. 이러한 고자의 견해는 가치중립적인 인성론 관점을 내포하고 있는 것이라고 할 수 있는 것이다.

> 물이 아래로 흐르는 것과 같으니, 사람들에게 선하지 않음이 없는 것이며 물은 아래로 흘러가지 않음이 없는 것이다. 지금 물을 손으로 쳐서 튀게 하면 이마보다 높이 올라가게 할 수 있으며, 막아서 역류하게 하면 산에 있게 할 수 있지만, 이것이 어떻게 물의 본성이겠는가? 그 외부의 힘이 그렇게 한 것이다. 사람이 선하지 않은 일을 할 수 있게 되는 것은 그 본성이 변해서 그렇게 한 것이다 라고 말했다.[7)]

위의 인용문 역시 비유의 방식으로 논쟁을 진행한 것으로, 먼저 고자는 자신의 '인성'에 대한 견해를 "인성은 고여서 맴돌고 있는 물과 같다"라는 비유를 드는데, 그 의미는 "인성은 버드나무와 같다"는 비유가 함축하고 있는 의미와 같다. 즉 앞에서 언급한 바와 같이 고자가 '인성'이 도덕적 측면에 있어서 '선'하지도 않고 '선'하지 않음도 없다는 가치중립적인 입장을 견지한 경우와 일치 한다는 것이다. 그래서 고자는 물이 흐르는 성질에 있어서 동쪽과 서쪽의 구분이 없다는 비유를 들어 '인성' 가운데 '선'함과 '선'하지 않음의 구분이 없다는 것을 주장한다.

고자는 '인성'과 물의 본성을 같은 것으로 보아서 물의 본성 자체에는 일정한 흐름의 방향이 없다고 생각하는 한편 흐르는 물 자체에도 주체적으로 흐름의 방향을 결정할 능력이 없는 것이라고 주장했다. 구체적으로 말하자면, 물이 동쪽 방향으로 흘러가거나 혹은 서쪽 방향으로 흘러가거나 모두 물꼬를 트는 방향을 결정짓는 외재적

---

7) 『孟子』, 「告子上」, "告子曰: 性猶湍水也, 決諸東方則東流, 決諸西方則西流. 人性之無分於善不善也, 猶水之無分於東西也. 孟子曰: 水信無分於東西; 無分於上下乎? 人性之善也, 猶水之就下也! 人無有不善, 水無有不下. 今夫水, 搏而躍之, 可使過顙; 激而行之, 可使在山, 是豈水之性哉? 其勢則然也. 人之可使爲不善, 其性亦猶是也."

인 조건 위에서만이 가능하다는 것이다. 즉 만일 하천에서 동쪽 방향으로 물꼬를 트면 물은 동쪽으로 흘러가고, 만일 서쪽 방향으로 물꼬를 튼다면 그것은 서쪽으로 흘러가게 되는 것처럼, 물 자체에는 동쪽으로 흐르는 성질이나 서쪽으로 흐르는 성질이 없다는 것이다. 그러므로 물이 동쪽으로 흐르거나 서쪽으로 흐르는 것은 하천의 물꼬를 트는 실제적인 방향에 의해서, 즉 외재적인 요인(인위적 작용, 지형)에 따라서 결정되는 것이지 흐르는 물 자체의 주체적인 결정에 의해서 결정되는 것이 아니라는 것이다.

'인성'의 문제에 관하여 고자는 '인성' 가운데 '선'함과 '선'하지 않은 것에 대하여 '인성' 자체에는 절대적인 자주성이나 사결능력이 없기 때문에, 인간이 '선'한 행위를 하거나 그렇지 못한 행위를 하는 것은 모두 외재적인 요인이나 후천적인 요인에 의해서 결정된다고 생각했다. 이는 곧 인간은 후천적인 교육을 통해서 올바른 가치 판단을 내릴 때에만 비로소 도덕적으로 '선'하게 될 수 있으며 그렇지 않으면 도덕적으로 '선'하지 못하게 된다는 것이다. 즉 고자의 견해에 의하면 '인성'이 '선'하게 되는 것과 '선'하지 않게 되는 것은 '인성'의 본래 모습에 기초하지 않고 외재적인 요인과 후천적인 요인에 의해서 결정된다는 것이다.

맹자는 고자의 이러한 견해에 대하여 반대 입장을 취한다. 그러나 고자가 언급한 흐르는 물 자체는 그것이 앞으로 동쪽으로 흘러갈지 혹은 서쪽으로 흘러갈지를 결정할 수 없다고 하는 것은 명백한 객관적인 사실이다. 그래서 맹자는 이러한 부분에 대하여 인정할 수밖에 없어서 "물은 과연 동서의 구분이 없다"[8]라고 했으나, 고자의 주장처럼 평면적인 관념에 의해서는 물의 본성에 대하여 보편적이고 타당하게 관찰을 한다는 것은 불가능하다고 생각했다. 즉 맹자는 물이 동쪽으로 흐르거나 서쪽으로 흐른다고 하는 이유만으로는 물 본성의 본래 모습을 나타내기에는 부족하다고 생각했다. 그래서 맹자는 다른 측면에서 물의 본성을 관찰하는데, 그것은 바로 물이 높은 곳에서 낮은 곳으로 흐르는 성질을 착안한 방법으로 그는 고자의 주장에 대하여 "위아래의 구분이 없는가?"[9]라고 반박한다.

즉 맹자는 물이 아래로 흘러가는 것이 물 본성의 본래 모습이라고 생각하여 '인성'이 '인의'를 실천하는 것은 물이 낮은 곳으로 흘러가는 성질과 같은 것으로, 이것이 곧 '인성'의 본래 모습이라고 말한다. 또한 인간이 '선'하지 않은 행위를 하게 되는 것에 대해서 맹자는 이러한 행위들의 요인이 인성자체에 있는 것이 아니라 외재적인 방해요인에 의해서 본래 '선'한 본성이 왜곡된 결과에 의해서 그렇게 된다고 주장한다. 즉 흐르는 물이 비록 낮은 곳으로 흘러가는 본성을 가지고는 있지만, 그것이 만일 외부의 강력한 제지를 받는다면 높은 곳으로 역류할 수도 있다는 것이다. 그러나 이것은 이미 물 본성의 본래적인 모습을 상실한 것이라고 할 수 있는 것이다.

맹자와 고자는 동일하게 흐르는 물을 비유로 들지만, 이 두 사람은 서로 다른 측면에서 관찰을 진행한 것을 토대로 하여 제각기 다른 주장을 한다. 즉 고자는 "물은 동쪽과 서쪽의 구분이 없다."[10]고 하는 것이 물의 본성이라고 주장하고, 맹자는 "물은 낮은 곳으로 흐른다."고 하는 것이 물의 본성이라고 주장하여 이러한 것들을 '인성'

8) 『孟子』, 「告子上」, "水信無分於東西."

9) 『孟子』, 「告子上」, "無分於上下?"

10) 『孟子』, 「告子上」, "水之無分於東西."

에 비유한다. 즉 고자는 "인성에는 선함도 없고 선하지 않음도 없다."라는 주장을 전개하고, 맹자는 "사람에게는 선하지 않음이 없다"[11]라는 주장을 전개해 나간다.

맹자와 고자가 이렇게 서로 다른 견해를 가지게 된 이유는 사물을 근본적으로 다른 각도에서 관찰했기 때문이다. 즉 물의 본성과 '인성'에 대하여, 고자는 평면적인 관찰과 이해를 바탕으로 했기 때문에 흐르는 물 자체는 스스로 흐름의 방향을 결정할 수 있는 능력이 없는 것만을 파악하여 '인성'에 대하여서도 도덕적인 가치판단을 하지 않는 가치중립적인 입장을 견지하나, 맹자는 평면적인 각도에서만이 아닌 상하의 수직적인 각도로 관찰하여 흐르는 물이 실제로 낮은 곳으로 흐르는 성질을 파악하여 '인성'에 대해서도 물이 낮은 곳으로 흘러가는 것처럼 '인성'이 '선'한 방향으로 나가는 것이 본래의 모습이라고 하는 입장을 견지한다.

이상과 같이 볼 때 동일한 대상에 대해서도 사물을 보는 관점에 따라 다른 관찰과 이해가 수반됨을 알 수 있다. 다시 말하면 관찰할 때 견지하는 관점과 각도가 다르면 어떤 의미에서는 맹자와 고자 두 사람의 '인성'에 대한 주장이 이미 서로 차이점을 내포하고 있다는 것을 알 수가 있다는 것이다.

그렇다면 맹자는 도대체 어떠한 각도에서 '인성'을 보았을까? 위에서 이미 언급한 두 개의 비유형식을 통하여 진행된 논쟁 속에서 우리는 맹자가 직접적으로 '인성'에 대해 어떤 형식으로든 분명한 규정을 언급하지 않은 사실을 발견할 수 있다. 그러나 좀 더 세밀하게

11) 『孟子』, 「告子上」, "人無有不善."

분석해 본다면, 맹자는 논쟁이 진행되는 가운데 주로 상대방의 논리를 깨트리는 소극적 입장에서부터 시작하여 상대방의 논리에 대한 반박의 과정 속에서 자신의 '인성'에 대한 논리를 적극적으로 전개하는 한편 '인성'에 대한 개념을 분명히 밝혀나간다.

맹자의 '인성'에 대한 기본적인 입장은 이미 두 차례의 논쟁을 통하여 분명하게 드러나 있다. 즉 맹자의 입장에서 본다면 '인성' 자체는 도덕 가치를 가지고 있는 것이며, 가치중립적인 의미의 자연적인 재료 혹은 재질과는 다른 것이기 때문에 '인성'을 자연적인 재질이나 재료로 비유해서는 안 된다고 맹자는 주장하는 것이다. 만일 그렇지 않으면 '인성'의 본래 모습 즉 성선性善은 반드시 왜곡되어 선천적이고 내재적으로 연결되어 있는 '인의'와 '인성'이 후천적이고 종합적인 관계로 돌변하게 된다는 것이다.

사실 '인성'에 '선'한 성질이 본래 갖추어져 있다는 것은 객관적인 사실이라고 말할 수도 있다. 즉 인간이 '인성'의 본래 모습을 지속적으로 발전시켜 나간다면 인간의 행위 속에서 악한 행위는 찾아볼 수 없을 것이며, 다만 '선'한 행위만을 찾아볼 수 있을 것이다. 이러한 점이 바로 맹자의 '인성'에 대한 기본입장이라고 말할 수 있으며, 이러한 점을 통해서 고자가 말한 '인성'의 개념과 확연히 다른 맹자의 '인성' 개념을 발견할 수 있는 것이다.

3. 인성론 관점의 갈림길

고자의 "생리적 본능을 인성이라고 한다."[12]는 관념은 중국의 인성론 전통 속에서 가장 오래되었을 뿐만 아니라 지속적으로 이어져 내려온 견해라고 할 수 있다. 문자 자체의 본래 의미를 분석해보면, 본래 '성性'자는 '생生'자에서 음을 따온 것이며 또한 '생'자에서 파생되어 나온 것임을 알 수 있다. 고대의 문헌 속에서는 이 두 글자가 자주 통용되어 쓰였는데 고자가 이러한 관점으로 "생리적 본능을 인성이라고 한다."를 이해한 점은 과거의 의미에 들어맞는다고 할 수 있다.[13)]

선진시대先秦時代 이래로 "생리적 본능을 인성이라고 한다."는 관점으로 '인성'을 파악한 사상가는 고자 이외에도 많이 보이는데 순자荀子의 경우 "생리적인 본능이 그렇게 된 까닭을 인성이라 한다."[14)]라고 하고, 장자莊子의 경우 "인성이란 것은 생리적인 본능의 본질이다."[15)]라고 하고, 동중서董仲舒의 경우 "인성이 생리적인 본능이 아니라고 말할 수 있는 것인가? 만약 생리적인 본능의 자연적인 자질을 인성이라고 한다면 인성이란 것은 본질이다."[16)]라고 주장 하는 것 등이 있으며, 그 외의 견해들은 생략하기로 하겠다. 맹자는 고자의 "생리적인 본능을 인성이라고 한다."는 관점에 반대하는데, 그 이유는 고자의 관점으로는 사람이 사람 되는 까닭을 근본적으로 나타낼 수 없다고 생각했기 때문이다.

고자가 언급한 "생리적 본능을 인성이라고 한다."라는 말속에는 고자 자신의 '인성'에 대한 원칙이 분명하게 표시되어 있으나, 고자

---

12) 『孟子』, 「告子上」, "生之謂性."

13) 唐君毅, 『中國哲學原論』, 原性篇, 臺北, 學生書局, 1984년, 9쪽 참조.

14) 『荀子』, 「正名」, "生之所以然者謂性."

15) 『莊子』, 「庚桑楚」, "性者, 生之質也."

16) 『春秋繁露』, 「深察名號」, "性之名非生與? 如其生之自然之資謂之性. 性者, 質也."

의 "생리적 본능을 인성이라고 한다."는 말 가운데 "~을 ~라고 한다."라는 의미는 "같다" 혹은 "바로~이다"로 해석할 수는 없다. 그렇지 않으면 "생리적 본능을 인성이라고 한다."라는 고자의 말이 "인성은 생리적 본능이다." 혹은 "인성은 생리적 본능과 같다."로 이해될 수 있기 때문이다.

만일 이와 같이 되면 주어 술어 식의 분석판단이 된다. 즉 '인성'이라고 하는 주어의 개념이 '생리적 본능'이라고 하는 술어의 개념으로 상징되기 때문에, 술어가 상징하는 것은 이미 주어의 속에 포함되어 버리게 되는 것이다. 그러므로 '생리적 본능'이라는 개념이 의미하는 것은 이미 '인성'이라고 하는 주어의 개념 속에 포함되게 된다. 그래서 '인성' 원칙의 진위眞僞판단에 있어서 이 두 개념에 대하여 외적인 경험적 증명이나 관찰에 의지할 필요가 없이 다만 '생리적 본능'과 '인성'이라는 두 개념 사이에 논리적인 모순만 나타나지 않으면 "생리적 본능을 인성이라고 한다."는 개념의 진위판단이 성립된다는 것이다.[17]

그러나 고자의 견해를 잘 살펴보면, 그는 "생리적 본능을 인성이라 한다."는 개념을 분석판단으로 보지 않았다는 점을 발견할 수 있을 것이다. 만일 그렇지 않았다면, 맹자의 "그렇다면 개의 본성은 소의 본성과 같고 소의 본성은 사람의 본성 같은 것인가?"[18]와 같은 논박에 대해서 고자는 "그렇다, 본성은 생리적인 본능과 같은 것이

---

17) 분석판단에 대한 설명은 칸트의 『순수이성비판』「분석판단과 종합판단 사이의 구별」에 잘 나타나 있다. 칸트 著, 藍公武 譯, 『純粹理性批判』, 北京, 商務印書館, 1997년, 35~38쪽 참조.

18) 『孟子』, 「告子上」, "然則犬之性, 猶牛之性, 牛之性, 猶人之性與?"

어서, 개의 본성은 개의 생리적 본능과 같고, 소의 본성은 소의 생리적 본능과 같은 것이며, 인간의 본성은 인간의 생리적 본능과 같은 것이다. 그것들이 개나 소나 사람에 관계없이 생리적인 본능을 갖고 있으면 역시 본성을 갖고 있는 것으로 그것들 사이에 즉 개나 소나 인간이라고 하는 개체들의 본성적인 측면에 관련해서는 어떠한 차별도 없는 것이다."라고 대답했을 것이다. 그러나 아쉽게도 고자는 이러한 답변을 내놓지 않았다. 이러한 사실은 곧 고자가 "생리적 본능을 인성이라고 한다."는 개념을 분석판단으로 보지 않고, 다만 맹자의 논박에 대하여 일시적으로 말이 막혔기 때문이며 또한 고자 역시 모종의 의미에서 인간의 본성과 소의 본성이 다르다는 것을 자삭했음을 표시한다고 할 수 있는 것이다.

이와 같은 "생리적 본능을 인성이라고 한다."는 개념이 분석판단이 아니라면, 그것은 결국 종합판단이 되는 것이라고 할 수 있다. 즉 '인성'개념은 '생리적 본능'개념과는 다른 것으로 이러한 두 개념이 가지고 있는 함의 역시 다를 수밖에 없는 것이다. 이러한 점에 대하여 중국 고대의 문헌자료를 근거해서 본다면, 본래는 '생生'이라는 글자 밖에 없었으나 그 이후에 '성性'자가 '생'자에서 파생되어 나온다. '생'자에서 파생되어 나온 '성'자는 '생'자와는 다른 새로운 의미를 내포하고 있기 때문에 '생'자와 '성'자는 같은 의미가 아니라는 것이다.

> 대체적으로 '생'자가 먼저 만들어졌고 뒤에 점진적으로 '성'자가 만들어졌다. 성의 관념을 말하면 처음에는 생의 관념이 포함된 성의 관념이 언급되었다. 즉 실제로 그러한 의미의 성이란 것은 생의 관념이 포

함된 의미의 성을 말하는 것이다. 생의 관념이 포함된 의미의 성은 생이라고 할 수 없는 것이다. 상고 시대의 사람들이 사용한 문자는 그 수가 많지 않았기 때문에 글자 간에 통용이 이루어졌다. 그러나 글자 간에 서로 통용이 되었지만 글자가 지닌 관념은 글자 이전에 이미 존재했으므로 의미는 사실상 구별이 있는 것이다. 그러므로 생이라는 글자와 성이라는 글자는 각기 다른 의미를 가지고 있는 것이다.[19]

위의 인용문에서 언급된 것을 바탕으로 해서 볼 때 고자가 말하는 '인성'은 바로 "생리적인 본능을 인성이라고 한다."라는 말로 요약될 수 있는데, 이것은 곧 한 개체의 존재와 그것이 가지고 있는 여러 가지 특성에 대한 언급을 의미하는 것이다. 즉 존재와 특성은 서로 별개의 것이지만 이 둘 사이에는 어떠한 분리도 없으며 서로 혼합되어 있는 것이다. 이와 같이 "생리적 본능을 인성이라고 한다."는 명제 속에서 '인성'의 원칙은 하나의 개체가 존재할 때 본래 가지고 있는 여러 가지의 특성들을 '인성'이라고 한다는 말로 이해될 수 있을 것이다.[20]

다시 말하면, 어떠한 사물이라도 그것이 개체로 존재할 때에 있어서 처음부터 '성性'이라고 말할 수 있으면 곧 그것을 사물의 개체 존재에 있는 '성'이라고 하는 것이다. 그러나 이러한 것은 형식적인 측면에서 언급 되어진 것으로 고자가 말한 '성'의 원칙을 조명할 수는 있겠지만 아무래도 두루 뭉실한 측면이 없지 않다고 할 수 있다. 이러한 "생리적 본능을 인성이라고 한다."는 원칙 속에는 다음과 같은

19) 牟宗三, 『心體與性體』, 第一册, 臺北, 正中書局, 1989년, 207쪽 참조.
20) 牟宗三, 『圓善論』, 臺北, 學生書局, 1985년, 5쪽 참조.

두 종류의 이론 유형이 담겨져 있다.

> '생지위성生之謂性'속에 담겨져 있는 두 종류의 이론 유형을 말하면, 하나는 우주본체론의 직관을 따라서 이루어진 유형의 '생지위성'이고; 다른 하나는 경험론적 혹은 자연주의적으로 묘사된 유형의 '생지위성'이다. ……'생지위성'의 생이나 존재는 하나의 개체로 될 수 있으며 그것이 근거한 이론 유형과 다른 의미에 의하여 다른 의미가 수반되는 것이다. 우주 본체론적 직관을 따라서 이루어진 유형에 근거해서 말하면, '성'자가 의미하는 '개체존재'는 우주론적으로 말한 존재이며 그것이 의미하는 것은 '한 개체의 구성'으로 우주론적으로 말한 '구성'인 것이다. 경험론적으로 묘사된 유형에 근거해서 말하면, '생'자가 의미하는 '개체존재'는 현상학적으로 말한 존재이며 그것이 의미하는 것은 '하나의 개체 구성'으로 현상학적으로 말한 '구성' 혹은 논리적으로 말한 '구성'인 것으로, 그 우주본체론의 근원을 묻지 않은 것이다.[21]

위의 인용문 가운데 "그 우주본체론의 근원을 묻지 않은 것이다"라는 말은, 개체존재가 개체존재로 되는 '존재의 원리' 혹은 '실현의 원리'에 대하여 추궁하지 않고, 개체가 존재를 취득한 후에 그것이 드러내는 자연적인 모습으로써 그것의 여러 가지 특성을 말한다는 것이다. 이것이 바로 경험론적으로 묘사된 유형 속에서 말하는 '생지위성生之謂性'의 이해 방식이다.

그렇다면 고자는 과연 어떠한 이론유형으로서 '생지위성'을 근거로 하는 '성'개념에 응용을 시킨 것일까? 앞서 분석한 바와 같이 고자는 '인성'을 '버드나무'와 '고여서 맴돌고 있는 물'과 같은 것으로

---

21) 牟宗三, 『心體與性體』, 第二册, 臺北, 正中書局, 1989년, 148쪽 참조.

보았는데, 이것은 고자가 그것들을 자연존재의 현상학적 혹은 논리적인 '구성'이 지니고 있는 여러 종류의 실제로 그러한 성질로 여기고, '인성'에 대하여서는 직접적으로 한 개체의 자연생명 혹은 자연존재가 드러내는 여러 종류의 실제로 그러한 상징으로 여겨서, 그것들 가운데 생명체 존재의 가장 잘 드러나는 자연적 상징을 의미하는 것이라고 여긴 것이다. 이러한 것은 곧 식욕과 성욕으로 대표되는 생리적 본능을 의미하는 것이다. 그렇기 때문에 고자는 분명히 "식욕과 성욕은 인성이다"[22]라고 주장한 것이다. 즉 고자는 생명체의 자연적 본능을 성이라고 생각하여 '생지위성'이라고 하는 경험론적으로 혹은 자연주의적으로 묘사된 유형 가운데서 '인성'을 말하는 것이다.

생명체가 존재할 때 드러나는 여러 종류의 자연적 상징은 현상학적으로 '성'이라고 하는데, 이것 역시 일종의 '성'에 대하여 언급한 원칙이라 할 수 있으며 또한 객관적으로 실제의 내용을 갖고 있다고 할 수 있다. 즉 어떠한 사물이 있으면 그 사물에는 특성이나 특질이 있기 때문에 우리는 인간의 자연생명을 부인할 수 없는 것이다. 이것은 자연생명에서 나타나게 되는 여러 종류의 자연적 표상들(생리기관의 자연적인 반응이나 생리적 욕구와 같은 자연적인 욕구 및 생물체의 자연적인 본능 등등의 여러 현상)에 대하여서 실제로 관찰이나 연구의 진행을 통하여 그것의 원인이 되는 '형상의 원리'를 밝혀내지 않을 이유가 없기 때문이다.[23]

---

22) 『孟子』, 「告子上」, "食色, 性也."

23) '형상의 원리'에 대한 상세한 설명은, 牟宗三, 『心體與性體』, 第一冊, 臺北, 正中書局, 1989년, 87~100쪽 참조.

이러한 점 역시 객관적인 이론이라고 말할 수 있는데, 그것은 곧 개체 존재의 가치로부터 그것이 자연생명의 특징을 나타낼 수 있기 때문에 그렇다. 그러나 맹자가 말한 '성'은 이러한 원칙을 근거로 해서 언급한 '성'이 아닌 다른 원칙을 근거로 하여 언급한 '성'이다.

고자의 "생리적인 본능을 인성이라고 한다."는 명제는 개체존재의 자연생명에서 파생되 나온 여러 종류의 상징들을 현상학적으로 '성'이라 하는데, 이것 역시 일종의 '성'에 대하여 언급한 원칙이라고 할 수 있는 것이다. 또한 인간이 인간으로 될 수 있는 원인에 대한 해석의 하나로서의 '형상의 원리'에 대해서도 그러한 이론의 존재론적 지위를 인정해야지 무조건적으로 배척을 해서는 안 되는 것이다. 그렇지 않으면 우리들은 인간의 자연생명 위에서 언급해야만 하는 '형상의 원리'에 대한 가능성에 대해서도 배척을 해야만 하기 때문인 것이다.

일체의 사물 모두는 그 '형상의 원리'를 찾을 수 있는데, 다시 말하면 "사물이 있으면 곧 사물의 본질이 있다"[24]는 것으로 이러한 본질은 곧 그것이 '형상의 원리'가 되는 것이다. 만일 이러한 본질 혹은 '형상의 원리'가 없다면, 사물 역시 존재할 수 없기 때문에 사물에 대하여 어떠한 개념도 형성시킬 수가 없게 된다는 것이다. 그러므로 고자의 '생지위성'의 개념은 성립될 수 있는 것이며, 맹자도 역시 고자의 이러한 개념의 존재를 부정할 수는 없다는 것이다.

그렇지만 맹자는 고자의 이러한 '인성'의 원칙에 분명히 반대의 입장을 표방하면서 '생지위성'의 원칙과는 다른 '인성' 본래의 모습

---

24) 牟宗三, 『王陽明致良知教』, 臺北, 中央文物供應社, 1980년, 1쪽 참조.

에 관한 새로운 원칙을 내놓는다. 즉 맹자는 다음과 같이 말했다.

> 입이 좋은 맛에 대하여 좋아하는 것, 눈이 아름다운 색에 대하여 좋아하는 것, 귀가 듣기 좋은 소리에 대하여 좋아하는 것, 코가 향기로운 냄새에 대하여 좋아하는 것, 몸이 편안함에 대하여 좋아하는 것은 본질적인 것이지만 한계가 있기 때문에 군자는 본질적인 것이라고 하지 않는다. '인'이 부자관계에 대하여 추구되는 것, '의'가 군신관계에 대하여 추구되는 것, '예'가 주객관계에 대하여 추구되는 것, '지'가 현자에 대하여 추구되는 것, 성인이 '천도'에 대하여 추구되는 것은 한계가 있는 것이지만 본질적인 것이 있음으로 군자는 한계가 있는 것이라고 하지 아니한다.[25]

입이 감미로운 맛을 좋아하고 눈이 아름다운 색을 좋아하고 귀가 좋은 음악소리를 좋아하고 코가 향기로운 냄새를 좋아하고 몸이 편안함을 좋아하는 것은 모든 인간의 자연생명의 생리적인 본능과 욕망이 드러난 자연적인 본성으로, 이것은 고자가 '생지위성'으로 이해한 자연적인 본성과 같은 것이다. 위와 같은 언급은 맹자 역시 인간의 자연적인 본성 혹은 욕망을 완전히 부정하지는 않았음을 의미하는 것이다. 다시 말하면 맹자 자신 역시 고자의 '생지위성'으로 대표되는 '인성'에 대한 원칙을 완전히 반대한 것은 아니라는 것을 의미한다.

그러나 맹자의 이와 같은 태도는 단지 고자의 견해도 하나의 이

25) 『孟子』, 「盡心下」, "口之於味也, 目之於色也, 耳之於聲也, 鼻之於臭也, 四肢之於安佚也, 性也. 有命焉, 君子不謂性也. 仁之於父子也, 義之於君臣也, 禮之於賓主也, 智之於賢者也, 聖人之於天道也, 命也. 有性焉, 君子不謂命也."

론으로서의 존재가치를 인정하는 것에 그칠 뿐인 것이지, 결코 고자의 견해가 '인성'의 본래 모습을 조명하는데 타당한 인식방법은 아니라는 것이다.

맹자 자신이 언급한 '인성'에 대한 기본원칙은 앞의 인용문에 언급된 바와 같이 '인성'에 투영되어 나타난 인仁·의義·예禮·지智 및 성인聖人이 체득한 '천도天道' 등으로 '인성'의 본래모습을 규정한다. 그러나 이러한 것만으로는 고자의 '인성'에 대한 기본원칙과 다른 형태로서의 맹자의 '인성'에 대한 기본원칙을 규정하기에는 좀 무리가 따른다. 왜냐하면 고자 역시 "인은 안에 있는 것이고 의는 밖에 있는 것이다"[26]라는 언급을 했는데, 이것은 곧 고자도 '인의仁義' 등으로 대표되는 덕목들이 인간의 자연적인 본성의 어떤 표현이라고 생각했기 때문이다. 그러므로 맹자와 고자 두 사람이 언급한 '인성'에 대한 원칙의 차이점을 규명하는 방편의 일환으로 맹자의 '인성'에 대한 원칙을 더욱 분명하게 규정해야만 하는 것이 가장 타당하다고 생각한다.

> 사람들은 모두가 타인의 불행을 보고는 참지 못하는 마음이 있다.……사람들에게 타인의 불행을 보고는 참지 못하는 마음이 있다고 말하는 것의 근거로는, 지금 갑자기 어린아이가 막 우물 속으로 들어가려는 모습을 사람들이 보고는 모두가 깜짝 놀라서 불쌍하게 여기는 마음을 가질 것이다 라는 것이다. 이것은 어린아이의 부모와 교분을 맺으려고 하는 이유 때문이 아니고, 주변사람들과 친구들에게 명예를 구하고자 하는 이유 때문도 아니며, 그 (비난하는)소리를 (듣기)싫어서

26) 각주3 참조.

그렇게 한 것이 아니다. 이와 같이 볼 때 불쌍하게 여기는 마음이 없으면 사람이라고 할 수 없으며, 잘못을 부끄러워할 줄 알고 그러한 행위를 미워할 줄 아는 마음이 없으면 사람이라고 할 수 없으며, 사양할 줄 아는 마음이 없으면 사람이라고 할 수 없으며, 시비판단을 할 줄 아는 마음이 없으면 사람이라고 할 수 없는 것이다. 불쌍하게 여기는 마음은 인의 단서가 되고, 잘못을 부끄러워할 줄 알고 그러한 행위를 미워할 줄 아는 마음은 의의 단서가 되고, 사양할 줄 아는 마음은 예의 단서가 되고, 시비판단을 할 줄 아는 마음은 지의 단서가 된다. 사람이 이러한 사단을 가지고 있는 것은 그가 사지를 가지고 있는 것과 같은 것이다.27)

인仁・의義・예禮・지智는 '덕'이며 측은惻隱・수오羞惡・사양辭讓・시비是非는 '정서'인 것이다. 즉 마음을 근거로 해서 드러나는 '정서'로 이러한 '정서'는 마음의 작용이며 또한 마음은 '정서'의 본체가 되는 것이다. 다시 말하면 작용을 통해서 본체를 인식하는 것으로, 곧 본체와 작용은 곧 하나가 된다는 것이다. 그러므로 그것들을 서로 연관 지어서 '측은지심惻隱之心・수오지심羞惡之心・사양지심辭讓之心・시비지심是非之心'28)이라고 부르는 것이다. 그러나 여기에서 주목해

---

27) 『孟子』, 「公孫丑上」, "人皆有不忍人之心……所以謂人皆有不忍人之心者, 今人乍見孺子將入於井, 皆有怵惕惻隱之心, 非所以內交於孺子之父母也, 非所以要譽於鄕黨朋友也, 非惡其聲而然也. 由是觀之, 無惻隱之心, 非人也; 無羞惡之心, 非人也; 無辭讓之心, 非人也; 無是非之心, 非人也. 惻隱之心, 仁之端也; 羞惡之心, 義之端也; 辭讓之心, 禮之端也; 是非之心, 智之端也. 人之有是四端也, 猶其四體也."

28) 혹자는 체용의 관계로 마음과 정서의 관계를 규정하는 것이 적당하지 않다고 생각할 수 있다. 그러나 본문에서 말하는 "정서"는 감각세계나 현상세계 속에서 존재하는 사물의 궁극적인 이유에 해당되지 않는 것이다. 그

야 할 부분은 맹자가 직접적으로 '성性'자체에 대해서는 언급하지 않은 사실이다. 다만 맹자는 측은惻隱·수오羞惡·사양辭讓·시비是非의 마음을 통해서 '성'을 말하고 있는데 이것은 "그 마음을 다하면 곧 그것을 통해서 성을 알게 되는 것이다"[29]라는 말과 같은 의미를 내포하는 것이다. 그러므로 맹자는 마음의 투영을 통해서 본성을 본 것이라고 말할 수 있는 것이며, 이것은 곧 마음속에 '인성'이 있다고 하는 말과 같은 맥락을 형성한다.

그렇다면 맹자는 왜 직접적으로 '인성'에 대하여 언급을 하지 않고 마음의 투영을 통해서 '인성'을 말한 것일까? 이러한 의문에 대하여 모종삼牟宗三은 다음과 같은 분석을 내놓는다.

> "마음이 본성을 다 발휘할 수 있다는 것은 사람이 도를 넓힐 수 있다는 것이다. 본성이 그러한 마음을 살필 줄 모른다는 것은 도가 사람을 넓힐 수 있는 것이 아니라는 것이다." 이와 같은 두 구문은 주관성의 원칙과 객관성의 원칙을 가장 분명하게 표시하는 것인데, 그 가운데 "마음이 본성을 다 발휘할 수 있다"는 말은 도덕행위의 실천에 대한 언급인데, 이것은 도덕행위의 실천을 통하여 객관적이며 우주론적으로 언급된 심성에 대한 하나의 모델을 증명하는 것이다. 구체적으로 말해서 도덕심(예를 들어 측은, 수오, 사양, 시비 등등)의 주관성적 존재론적 실제적인 표출 혹은 사유작용을 통해 충분히 실현되고 형성된 인성을 객관적으로 말한 것이다. 그러므로 도덕행위의 실천이라는 측면에서 언급된 도덕심은 주관성의 원칙이며 구체화된 원칙인 것이다. "본성이

래서 필자는 이러한 "정서"에 초월적인 의미가 내포되어 있다고 생각하여 체용의 관계를 초월적 세계와 현상세계의 양쪽 모두에서 언급할 수도 있으며 초월적 세계의 차원에서도 언급 될 수 있다고 생각한다.

29) 『孟子』, 「盡心上」, "盡其心者, 知其性也."

그러한 마음을 살필 줄 모른다."라는 말속에서의 본성은 객관적으로 또 우주 본체론적으로 언급한 성인 것으로 즉 성체性體, 성능性能, 성리性理, 성분性分, 성각性覺 등의 다섯 가지 의미가 구비된 성이다. 이러한 성체가 만일 주관성이 없이 존재론적으로 도덕본심의 실제적인 사유작용이나 진실 되게 표출된 형태일 경우 그것은 단지 스스로 존재하거나 잠재적으로 존재할 뿐으로 어떠한 작용도 일어나지 않는 다는 것이다. 이것이 바로 "본성이 그러한 마음을 살필 줄 모른다"라고 하는 말의 의미이며 공자 역시 "도가 사람을 넓힐 수 있는 것이 아니다"라고 말한 것이다. 검檢이라는 것은 정함 혹은 살핌의 의미를 가지고 있으며, 마음이 본성을 다 발휘할 수 있다는 말은 곧 본성이 스스로 그 마음을 살필 수 있다는 의미이다. 마음이 그러한 본성을 다 발휘하지 못하게 되면 곧 본성은 비록 스스로 존재한다고는 하더라도 어떠한 작용도 하지 못하게 된다는 것이다. 그러므로 도덕행위의 실천은 마음이 결정적인 요인이라고 말하는 것이다. 사람이 도를 넓힐 수 있으면 도 스스로도 사람을 넓힐 수 있는 것이다. 그러나 사람이 도를 넓힐 수 없다면 도는 비록 요임금을 위해서 존재하지도 않고 걸과 같은 폭군 때문에 사라지지는 않는다고 해도 드러날 수 없는 것이다. 드러날 수 없다면 작용을 할 수가 없기 때문에 도덕행위의 실천적인 측면에서 사람이 도를 넓힌다고 하는 것으로써 주를 삼는다고 말하는 것이다.[30]

위의 인용문 가운데 "사람이 도를 넓힌다고 하는 것으로써 주를 삼는다."는 말속에는 마음이 '인 · 의 · 예 · 지'로 대표되는 덕목들의 '성'을 뚜렷하게 드러낼 수 있다는 의미가 담겨져 있다. '성'은 일종의 객관적인 '자성自性의 원칙' 혹은 '자존自存의 원칙'인데, 이러한 '자성의 원칙'이란 '성' 그 자체는 순수지선純粹至善이기 때문에, 마음

30) 牟宗三, 『心體與性體』, 第二册, 臺北, 正中書局, 1989년, 532~533쪽 참조.

의 발휘라고 하는 실천의 방법을 거치지 않는다면 나타날 수가 없게 되는 것이다. 즉 '성'은 단지 그 자체에만 존재(즉자적으로 존재)하는 잠재적인 존재일 뿐이기 때문에 그 실질적인 작용을 발생시킬 수 없다는 것이다. 그렇다면 과연 어떻게 그 자체에만 존재하는(즉자적인 존재) 것으로서의 '성'을, 그 자체에 대한 존재로 전환시켜서, 그 자체가 진실한 본체가 되는 자각을 할 수 있을까? 이러한 작업은 반드시 마음이라고 하는 주관성의 원칙이 수반 되어야만 한다는 것이다. 즉 '성체性體'가 그 자체에 대한 자각 즉 '성체' 스스로의 사유작용을 통하여 자각하게 되는 것인데 이러한 사유작용을 바로 마음이 하는 것이다.[31)]

그러므로 측은惻隱 · 수오羞惡 · 사양辭讓 · 시비是非 등의 '정서'들은 바로 이러한 마음의 사유작용을 통하여 나타난 것이라고 할 수 있다. 다시 말하면 이것은 곧 마음의 주관적인 실천 활동을 통해서 객관적인 성리性理를 증명한 것이라고 할 수가 있는 것이다. 이러한 것이 바로 맹자가 견지하고 있는 '인성'에 대한 원칙으로 '마음속에 본성이 있다.'고 하는 주장인 것이다.

그렇다면 '마음속에 본성이 있다.'고 하는 언급 속에서의 마음은 도대체 어떠한 성질을 가지고 있을까? 그러한 마음은 도대체 어떠한 의미로서의 마음인가? 만일 그러한 의미를 확정할 수 없다면 '마음속에 본성이 있다.'는 원칙으로서의 맹자의 '인성'에 대한 원칙은 매우 부실한 이론체계라는 비난을 면할 수가 없을 것이다. 그러므로 우리는 우선적으로 맹자가 언급한 '마음'의 의미를 분석하는 과정을

31) 牟宗三, 『心體與性體』, 第二册, 臺北, 正中書局, 1989년, 533쪽 참조.

통하여 명확하게 규정해야 할 필요가 있다고 생각한다.

> 사람들은 모두가 타인의 불행을 보고는 참지 못하는 마음이 있다.…… 사람들에게 타인의 불행을 보고는 참지 못하는 마음이 있다고 말하는 것의 근거로는, 지금 갑자기 어린아이가 막 우물 속으로 들어가려는 모습을 사람들이 보고는 모두가 깜짝 놀라서 불쌍하게 여기는 마음을 가질 것이다 라는 것이다. 이것은 어린아이의 부모와 교분을 맺으려고 하는 이유 때문이 아니고, 주변사람들과 친구들에게 명예를 구하고자 하는 이유 때문도 아니며, 그 (비난하는)소리를 (듣기)싫어서 그렇게 한 것이 아니다.[32)]

주자朱子의 주석에는 "출척怵惕은 놀라 움직이는 모습이다. 측惻은 간절하게 서글퍼하는 것이다. 은隱은 깊이 아파하는 것이다."[33)]라고 기록되어 있듯이 깜짝 놀라서 불쌍하게 여기는 마음은 곧 타인의 불행을 보고는 참지 못하는 마음인 것이다. 맹자는 이러한 마음과 정서가 모든 사람에게 있다는 것을 "어린아이가 우물 속으로 들어가려는" 사례로서 증명했다. 다시 말하면, 갑자기 전혀 알지 못하는 어린이가 우물 속에 빠지려는 모습을 목격했을 때, 그 찰나의 순간에 우리들의 마음은 이미 그 아이가 곧 죽게 되리라는 절박하고 안타까운 심정이 생겨나서 그 아이를 구하려는 생각이 든다는 것이다. 여기에서 주의할 부분은 맹자가 이러한 사례를 빌려서 우리들을 성찰

---

32) 『孟子』, 「公孫丑上」, "人皆有不忍人之心……所以謂人皆有不忍人之心者, 今人乍見孺子將入於井, 皆有怵惕惻隱之心, 非所以內交於孺子之父母也, 非所以要譽於鄕黨朋友也, 非惡其聲而然也."

33) 朱熹, 『孟子章句集注』, 「公孫丑上」, "怵惕, 驚動貌. 惻, 傷之切也. 隱, 痛之深也."

시키고자 하는 점은, 그 어린아이를 어떻게 구할 것이냐 혹은 구하지 말 것인가의 문제가 아니며, 또한 구하려는 사람 개인의 이해관계에 대한 어떠한 고려도 아니라는 점에 있다.[34)]

다시 말하자면, 맹자가 진정으로 우리들을 성찰시키고자 한 점은, 바로 어린아이가 우물 속에 빠지려는 시점에서 어떠한 이해관계를 계산할 시간적인 여유도 없는 찰나의 순간에 진정으로 절박하고 안타까운 심정이 생겨나는데, 이것을 바탕으로 모든 일에 대하여 우리들 자신에게 어떠한 사적인 이해득실을 따질 것을 용납하지 않는 태도에 있는 것이다.

> "지금 갑자기 어린아이가 막 우물 속으로 들어가려는 모습을 사람들이 보다"는 예증에서 "갑자기 보다"는 단어가 의미하는 것은 바로 이러한 상황 속에서 마음은 생리적 욕망에 지배받지 않고 마음 자체가 직접적으로 드러낸 것이다.…… "이것은 어린아이의 부모와 교분을 맺으려고 하는 이유 때문이 아니다"라는 구문 등에서 의미하는 것은 바로 이러한 마음 자체가 드러남에 의해서 구조의 행위를 취하게 되는 것이지 생리적인 욕망에 의해서 결정되는 것이 아니라는 것이다.[35)]

깜짝 놀라서 불쌍하게 여기는 마음은 "바로 마음 자체가 직접적으로 드러낸 것이다."라는 서복관徐復觀의 언급을 근거로 할 때 맹자가 언급한 마음心은 본심本心이 된다. 그래서 웅십력熊十力은 "본심이

---

34) "어린아이의 부모와 교분을 맺으려고 하는 이유 때문이 아니고, 주변사람들과 친구들에게 명예를 구하고자 하는 이유 때문도 아니며, 그 (비난하는) 소리를 (듣기)싫어서 그렇게 한 것이 아니다."라는 맹자의 언급에 그 의미가 잘 나타나 있다.

35) 徐復觀, 『中國人性論史』, 臺北, 臺灣商務印書館, 1990년, 172쪽 참조.

라는 것은 본래 있는 것이지 후천적으로 생긴 것이 아니기 때문에 본래라고 하는 것이다."[36]라고 말하는데, 이것은 곧 맹자의 마음속에 '인성'이 있다는 언급이 본심 속에 '인성'이 있다는 말로 표현될 수 있다는 것을 의미하며, 이러한 본심은 생리적 욕망에 지배받지 않음과 동시에 육체의 지배를 받는 동물적 본능의 마음이 아닌 것이다. 이러한 의미는 본심이 현상계에 근원을 둔 것이 아니라는 것을 의미하며, 또한 후천적으로 생긴 것이 아니기 때문에 이러한 본심은 선천적인 초월경계에 속한다는 것이다. 맹자가 언급한 성선性善은 바로 이러한 초월적 본심 속에 '인성'이 있다는 것을 의미하는데, 이것이 바로 맹자가 견지하는 '인성'에 대한 원칙인 것이다.

4. 맺는 말

맹자는 '인의仁義'가 '인성'에 대하여 선천적이고 내재적으로 갖추어져 있기 때문에 '인성'의 본래 모습은 선하다고 한 것이다. 이러한 견해는 고자와 비교했을 때 상당한 차별성을 갖는다. 즉 고자는 '인성'과 '인의'의 관계를 후천적이며 종합적인 관계로 파악하여 그것들의 연결은 필연성이 없고, 그것들 사이의 관련은 후천적인 노력에 의해 결정된다고 보았다. 고자의 이러한 견해에는 이미 "인성에는 선함도 없고 선하지 않음도 없다."는 의미가 담겨져 있다고 볼 수 있다.

맹자와 고자가 이렇게 서로 다른 견해를 가지게 된 이유는 동일

36) 熊十力, 『明心篇』, 臺北, 學生書局, 1979년, 1쪽 참조.

한 사물을 근본적으로 다른 측면에서 관찰했기 때문이다. 즉 물의 본성과 '인성'에 대하여, 고자는 평면적인 관찰과 이해를 바탕으로 했기 때문에 흐르는 물 자체는 스스로 흐름의 방향을 결정할 수 있는 능력이 없는 것만을 파악하여 '인성'에 대하여서도 도덕적인 가치 판단을 하지 않는 가치중립적인 입장을 견지하나, 맹자는 평면적인 측면에서 만이 아닌 상·하의 수직적인 각도로 관찰하여 흐르는 물이 실제로 낮은 곳으로 흐르는 성질을 파악하여 '인성'에 대해서도 물이 낮은 곳으로 흘러가는 것처럼 '인성'이 선한 방향으로 나가는 것이 본래의 모습이라고 하는 입장을 견지한다.

이상과 같은 논의들을 근거로 해서 볼 때, 우리는 동일한 대상에 대해서도 사물을 보는 관점에 따라 다른 관찰과 이해가 수반된다는 사실을 발견할 수 있을 것이다. 다시 말하자면, 관찰할 때 견지하는 관점과 각도가 다르면 어떤 의미에서는 맹자와 고자 두 사람의 '인성'에 대한 주장이 이미 서로 차이점을 내포하고 있다는 사실을 발견할 수 있게 된다는 것이다.

고자가 말하는 '인성'은 바로 "생리적인 본능을 인성이라고 한다."라는 말로 요약될 수 있는데, 이것은 곧 한 개체의 존재와 그것이 가지고 있는 여러 가지 특성에 대한 언급을 의미하는 것이다. 즉 존재와 특성은 서로 별개의 것이지만 이 둘 사이에는 어떠한 분리도 없는 것으로 혼합되어 있는 것이다. 이와 같이 "생리적 본능을 인성이라고 한다."는 명제 속에서 '인성'의 원칙은 하나의 개체가 존재할 때 본래 가지고 있는 여러 가지의 특성들을 '인성'이라고 한다는 말로 이해될 수 있을 것이다.

그러나 맹자는 '측은·수오·사양·시비'의 마음을 통해서 '성'을 말하고 있는데 이것은 "그 마음을 다하면 곧 그것을 통해서 성을 알게 되는 것이다."라는 말과 같은 의미를 내포하는 것이다. 그러므로 맹자는 마음의 투영을 통해서 본성을 본 것이라고 말할 수 있는 것이며, 이것은 곧 마음속에 '인성'이 있다고 하는 말과 같은 맥락을 형성한다.

참고문헌

朱熹, 『四書章句集注』, 海淵閣明刻本.

徐復觀, 『中國人性論史』, 臺北, 臺灣商務印書館, 1990년.

陳大齊, 『孟子的名理思想及其辯說實況』, 臺北, 臺灣商務印書館, 1983년.

何淑靜, 『孟荀道德實踐理論之研究』, 臺北, 文津出版社, 1988년.

唐君毅, 『中國哲學原論』, 原性篇, 臺北, 學生書局, 1984년.

칸트 著, 藍公武 譯, 『純粹理性批判』, 北京, 商務印書館, 1997년.

牟宗三, 『心體與性體』, 第一册, 臺北, 正中書局, 1989년.

牟宗三, 『心體與性體』, 第二册, 臺北, 正中書局, 1989년.

牟宗三, 『圓善論』, 臺北, 學生書局, 1985년.

牟宗三, 『王陽明致良知教』, 臺北, 中央文物供應社, 1980년.

熊十力, 『明心篇』, 臺北, 學生書局, 1979년.

周群振, 『儒學探源』, 臺北, 鵝湖出版社, 1986년.

제4장

교육론

1. 시작하는 말

맹자의 교육사상은 성선론性善論을 기초로 형성되었다고 할 수 있다. 맹자는 모든 사람은 도덕의 의미와 가치를 발휘할 수 있으며 자아의 이상적인 인격을 완성할 수 있다고 생각했다. 그렇기 때문에 맹자는 교육이란 것은 교육을 받는 사람의 영혼의 인문주의적 관념을 일깨우는 것이라고 생각했다. 이러한 맹자의 교육방법은 전통방식이나 혹은 교육을 받는 사람이 자신을 버리는 방식을 지양하고, 학습자가 배움에 전념할 것을 일깨우는 한편 학습자 자신의 자아수양을 통하는 구체적이고 특수한 방법을 지향하는 비교적 경험주의에 가까운 노선을 채택한다. 즉 맹자의 교육철학은 모든 학습과정 가운데 학습자가 직접 참여하여 체험하고 실행하는 것을 중시하며, 이를 통하여 학습자가 자신을 돌아보게 만들어 자아내적 수양을 할 수 있는 여건을 조성시켜주는데 그 목적이 있다.

위에서 언급한 바와 같은 교육사상의 이상을 실현하기 위하여 맹자는 교육방법의 대부분을 학습자를 중심으로 가르치고 인도하는 것에 초점을 맞추고 있으며, 교육자는 반드시 품성과 언행이 올바른 사람을 선생으로 삼아야만 한다고 했다. 또한 맹자는 교육자가 학습자를 교육할 때 단지 말로만 교육하는 것보다는 몸소 실천함으로써 학습자에게 모범을 보이는 교육이 더욱 중요하다고 주장하는 한편 물론 이러한 교육방법에는 학습자에 대한 애정 어린 관심이 절대적으로 필요하다는 주장도 했다.

맹자는 학습자 자신이 자아수련을 해야 함을 강조하는 것 외에도 교육에 신분의 귀천 등의 차별을 두지 않고 학습자의 능력에 맞게 가르침을 전수하고, 학습과 반성적 사고의 병행을 중시하며 교학문답을 실행하는 것과 대화와 비유법을 통하여 학습자가 자발적으로 교육적 환경 속에서 학습에 매진할 수 있도록 여건을 조성하는 것이 매우 중요하다고 강조 했다. 바로 이러한 방법들이 맹자의 교육이상을 실현할 수 있는 가장 주요한 교육방법이라고 할 수 있는 것이다.

이상과 같은 맹자의 교육사상에 대하여 본문에서는 다양한 교육환경의 조성에 초점을 맞춰 양질의 환경 조성, 가정과 학교 및 사회교육 여건의 조성을 중심으로 논의를 진행해 나갔다.

2. 양질의 환경 조성

맹자의 교육철학은 교육환경이 학습자에 대한 영향을 매우 중시하고 있으며 교육환경에 관한 그의 사상은 '맹모삼천지교孟母三遷之教'

의 영향을 받은 것이라고 생각된다.[1] 모두가 주지하듯이 맹자는 이처럼 교육환경을 중시하는 어머니의 영향아래 성장했던 것이다. 부현傅玄 역시 "붉은 색을 가까이 하면 붉게 되고, 검은 색을 가까이 하면 검게 된다."[2]라고 언급했듯이 교육환경은 확실히 매우 중요하다는 사실을 알 수 있다. 반면 서양의 교육학자들은 학습자의 개성을 과도하게 발휘시키는 것을 비교적 중요하게 생각하지 않는다고 주장한다. 맹자는 이러한 주장들에 대하여 모두 고려해야할 사항이라고 생각했을 것이며, 한걸음 더 나가 성선론을 만들어 교육을 통한 '인의예지仁義禮智'의 덕성과 측은惻隱·수오羞惡·사양辭讓·시비지심是非之心의 선한 마음의 확대 발휘뿐만 아니라 본심을 잃지 않도록 선한 성품을 기르는 공부를 더욱 중시했을 것이다.

> 맹자가 "우산牛山의 나무가 예전에는 아름다웠지만, 큰 도시 외곽에 있어, 도끼와 자귀로 베어가니 아름다울 수가 있겠는가? 그 밤낮으로 자라나는 바와 비·이슬이 적셔주는 바에 새싹이 늘 돋아남이 없지 않건마는, 소와 양을 또 끌어다가 먹이는지라 이로서 저렇듯이 민둥산이 되었다. 사람들은 그 민둥산을 보고 일찍이 바탕이 있지 않았다고 하지마는, 이 어찌 산의 본래 모습이겠느냐? 사람이 보존하고 있는 본성인들 어찌 인의仁義의 옛 마음이 없었겠는가? 그 양심良心을 내버려둔다는 것은 도끼와 자귀로 나무를 날마다 베어냄 같으니, 아름다울 수가 있겠는가? 그 밤 동안 자라나는 바와, 새벽의 기운에 그 좋아함과 싫어함이 남과 서로 같은 것이 없지 않지만, 낮에 하는 소행이 이를 어지럽혀 없어지게 하니, 어지럽히기를 거듭하면 밤사이에 길러지는 깨끗하

---

1) 劉向, 『列女傳』, 「母儀」.

2) 傅玄, 『太子少傅箴』, "近朱則赤, 近墨則黑."

고 조용한 기운을 보존할 수 없게 된다. 밤사이에 길러졌던 깨끗하고 조용한 기운을 보존할 수 없게 되면 짐승과 다름이 없게 된다. 사람들이 그 짐승 같음을 보고서 일찍이 바탕이 있지 않았다고 하나니, 이 어찌 사람의 실상이겠는가? 진실로 그 길러줌을 얻으면 자라지 않을 것이 없고, 진실로 그 길러줌을 잃으면 사라져 없어지지 않을 것이 없으리라. 산의 나무와 사람의 마음이 그 이치가 같다. 공자가 '꼭 잡고 있으면 보존하고, 내버려두면 없어지며, 나가고 들어오는데 때가 없으며, 그 향하는 곳을 알 수 없다'는 것은 오직 마음을 일컫는 것인가?" 라고 말했다.[3)]

맹자는 사람들 모두가 '인의仁義'의 마음을 가지고 있다고 말하며, 만일 이러한 '인의仁義'의 마음을 길러줄 수 있다면 그것은 우산牛山의 나무처럼 밤낮으로 비와 이슬이 적셔주어 왕성하게 생장할 것이며, 만일 그러한 '인의仁義'의 마음을 길러줌을 잃는다면 양심을 내버려 두고 도끼로 나무를 베어내어 사라지지 않을 초목을 사라지게 하는 것과 같은 것이라고 주장하고 있는 것이다. 그러므로 본심을 잃지 않도록 선한 성품을 기르는 공부는 선한 본성을 잘 기르는 공부와 같게 되는 것이다. 아울러서 일체의 악행과 방탕함을 방지하기

---

3) 『孟子』, 「告子上」, "孟子曰: 牛山之木嘗美矣, 以其郊於大國也, 斧斤伐之, 可以爲美乎? 是其日夜之所息, 雨露之所潤, 非無萌蘖之生焉, 牛羊又從而牧之, 是以若彼濯濯也. 人見其濯濯也, 以爲未嘗有材焉, 此豈山之性也哉? 雖存乎人者, 豈無仁義之心哉? 其所以放其良心者, 亦猶斧斤之於木也, 旦旦而伐之, 可以爲美乎? 其日夜之所息, 平旦之氣, 其好惡與人相近也者幾希, 則其旦晝之所爲, 有梏亡之矣. 梏之反覆, 則其夜氣不足以存. 夜氣不足以存, 則其違禽獸不遠矣. 人見其禽獸也, 而以爲未嘗有才焉者, 是豈人之情也哉? 故苟得其養, 無物不長. 苟失其養, 無物不消. 孔子曰: '操則存, 舍則亡. 出入無時, 莫知其鄕. 惟心之謂與?'"

위해서 선천적으로 인식할 수 있는 '인의仁義'의 마음을 발휘하여 양심을 잃어버리지 말도록 해야 함을 주장하는 데, 이는 학습자에게 양질의 환경을 제공해줘야 한다는 것을 말한다. 즉 맹자의 어머니가 맹자에게 학교 주변이라는 환경을 제공해준 것처럼, 학습자가 보고 듣는 것을 통하여 자신에게 내재되어 있는 도덕심성을 잘 길러서 그러한 선한 심성을 외부로 드러낼 수 있도록 해야만 한다는 것이다. 맹자가 언급한 마음은 비록 선하기는 하지만, 만일 그러한 마음에 적합한 환경이 조성되지 않는다면 일반적인 사람들은 그러한 마음의 반성적 사고 기능이 발휘되지 못하여 마음의 자주성을 상실하게 되는 것이다.

> 맹자가 "풍년에는 젊은이들이 많이 온순하고 흉년에는 젊은이들이 많이 포악해진다. 하늘이 사람의 재질을 다르게 내린 것이 아니라, 그 마음을 빠져 들게 하는 것이 그렇게 하는 것이다. 지금 밀과 보리 종자를 뿌리고 흙을 덮어주되, 그 땅이 같고 심은 때도 같으면, 곧 불쑥 싹이 나서 하지 때에 이르면 모두 익는다. 비록 다름이 있는데, 이는 땅에 비옥함과 황폐함의 차이, 비와 이슬의 길러줌과 사람이 들인 노력이 같지 않기 때문이다. 그러므로 무릇 같은 부류의 것은 모두 서로 비슷하니, 어찌 홀로 사람에게 이르러 의심하는가? 성인도 나와 더불어 같은 부류의 사람이다. 그러므로 용자龍子도 '발의 크기를 모르고 신을 삼아도 삼태기처럼 크게 만들지 않음을 나는 아노라'고 했다. 신이 서로 비슷한 것은 천하 사람들의 발이 같기 때문이다. 입이 맛을 알되 다 같이 좋아하는 것이 있다. 역아易牙는 먼저 우리 입이 좋아하는 것을 알아낸 사람이다. 만약 맛을 아는 입의 본성이 개와 말이 우리와 같은 종류가 아닌 것처럼 사람마다 다르다면 천하의 사람들이 어찌하

> 여 역아의 입맛을 따르겠느냐? 입맛에 이르러서는 천하 사람들이 역아에게 기대하는데, 그것은 온 천하 사람들의 입맛이 비슷하기 때문이다. 귀도 역시 마찬가지다. 소리에 이르러는 온 천하가 사광師曠에게 기대하는데, 그것은 천하 사람들의 귀가 서로 비슷하기 때문이다. 눈도 역시 마찬가지다. 자도子都에 이르러는 천하 사람들이 모두 그 아름다움을 알고 있다. 자도의 아름다움을 모르는 사람은 눈이 없는 사람이다. 그러므로 입으로 맛보는 맛은 누구나 같으며, 귀로 듣는 소리도 누구나 같으며, 눈으로 보는 아름다움도 누구나 같은 것이다. 그런데 유독 마음에 있어서만 다 같이 옳다고 여기는 바가 없겠는가? 마음이 한가지로 옳다고 여기는 바의 것은 무엇인가? 이른바 리理이고, 의義이다. 성인은 먼저 우리 마음이 한가지로 옳다고 여기는 바를 얻으셨으니, 그러므로 리와 의가 우리 마음을 기쁘게 해 줌이 마치 쇠고기와 돼지고기가 우리 입을 즐겁게 해 줌과 같다."고 말했다.[4)]

맹자는 사람의 마음은 모두 같은 것이라고 생각했지만, 성인聖人은 자기 자신의 도덕심을 먼저 인식한 사람이라고 생각했다. 맹자는

---

4) 『孟子』, 「告子上」, "孟子曰: 富歲, 子弟多賴. 凶歲, 子弟多暴, 非天之降才爾殊也, 其所以陷溺其心者然也. 今夫麰麥, 播種而耰之, 其地同, 樹之時又同, 浡然而生, 至於日至之時, 皆熟矣. 雖有不同, 則地有肥磽, 雨露之養, 人事之不齊也. 故凡同類者, 擧相似也, 何獨至於人而疑之? 聖人與我同類者. 故龍子曰: '不知足而爲屨, 我知其不爲蕢也.' 屨之相似, 天下之足同也. 口之於味, 有同耆也. 易牙先得我口之所耆者也. 如使口之於味也, 其性與人殊, 若犬馬之與我不同類也, 則天下何耆 皆從易牙之於味也? 至於味, 天下期於易牙, 是天下之口相似也. 惟耳亦然. 至於聲, 天下期於師曠, 是天下之耳相似也. 惟目亦然. 至於子都, 天下莫不知其姣也. 不知子都之姣者, 無目者也. 故日 口之於味也, 有同耆焉. 耳之於聲也, 有同聽焉. 目之於色也, 有同美焉. 至於心, 獨無所同然乎? 心之所同然者何也? 謂理也, 義也. 聖人先得我心之所同然耳. 故理義之悅我心, 猶芻豢之悅我口."

비록 인간의 본성이 모두 평등하다고 했지만, 각기 개인의 성취가 다르게 나타나는 이유를 각자가 처한 환경의 차이에서 찾았다. 즉 "비록 다름이 있는데, 이는 땅에 비옥함과 황폐함의 차이, 비와 이슬의 길러줌과 사람이 들인 노력이 같지 않기 때문이다."라고 언급한 바와 같이 환경에 따라 결과도 다르게 나온다는 사실을 밀과 보리의 비유로써 인간 본성의 차이에 대하여 설명했다. 다시 말하자면 다 같은 인간의 본성이라고 하더라도 서로 다른 성취가 발생하게 되는 것은 모두 환경적 요인에 기인하는 것이라고 할 수 있는 것이다.

맹자는 인간의 본성이 선하다고 하는데, 그렇다면 인간의 악행惡行은 어디에서 오는 것일까? 이러한 의문에 대한 맹자의 생각을 총괄해보면 다음과 같다. 먼저 감각기관의 욕구에서 비롯된다는 것이다. 즉 눈과 귀는 아름다운 빛과 좋은 소리를 추구하여 그러한 것들에 서로 끌려서 욕구가 극에 달하면 결국에는 선하지 못한 지경에 빠지게 된다는 것이다. 그러므로 맹자는 사람들에게 반성적 사고를 가르치고, 또한 사람들이 그러한 '대체大體'를 먼저 확립시킬 것을 가르쳐야 한다고 했다. 그리고 다른 하나는 열악한 환경에서 비롯된다는 것이다. 즉 사람은 모두가 선한 본성을 가지고는 있지만 반드시 모두가 선한 덕성과 선행을 베풀거나 실천하지는 않는다는 것이다. 보리의 종자처럼 수확량이 다 같지는 않다는 것인데, 그 이유는 "땅에 비옥함과 황폐함의 차이, 비와 이슬의 길러줌과 사람이 들인 노력이 같지 않기 때문이다."와 같기 때문이다. 그러므로 맹자는 사람들에게 우애를 숭상하고 뜻을 숭상하고 의로움과 이익을 변별하고 잃어버린 마음을 찾음으로써 환경적인 요인과 후천적인 제약에서 초탈할 수 있음을 가르치고 있는 것이다.[5]

맹자는 눈과 귀 등의 감각기관의 욕구와 열악한 환경은 교육과 환경의 개선을 통하여 바꾸거나 보충할 수 있는 것이라고 생각하였다. 그렇지만 이러한 것들 보다 더욱 중요한 것은 역시 맹자가 주창한 인간에게는 선천적으로 선한 본심과 선한 본성이 있다고 하는 사실이다. 즉 인간이 비록 눈과 귀를 비롯한 감각기관의 욕망이 있어서 열악한 환경의 영향을 받는다고 할지라도, 인간의 선한 본심은 결코 소멸되어 없어질 수 있는 것이 아니라는 것이다. 예를 들면 순舜임금의 이복동생인 상象이 자신의 형인 순임금을 살해하고자 여러 차례 시도했으나 결국 순임금이 죽지 않고 살아서 돌아오자 동생인 상象은 스스로를 부끄러워했다는 점에서도 인간의 선한 본심은 소멸되어 질 수 있는 것이 아니라는 사실을 충분히 인식할 수 있을 것이다. 이러한 사례는 비록 상象이 불초했지만 선한 본심은 아직 소멸되지 않았음을 표시하는 것으로 볼 수 있다. 그렇다면 상象이 어떻게 스스로가 부끄러움을 느끼게 되었을까? 『대학大學』의 "소인은 한가하게 있을 때 불선한 행위를 하지 않는 것이 없다가 군자를 본 후에 그 불선함을 부끄러워 감추고 선함을 드러낸다."[6]와 같은 언급이 그 대답이 될 수 있을 것이다.

한 사람이 정상적인 환경과 적당한 양질의 교육을 받아서 도덕심을 발휘할 수 있게 된다면 타인에 대하여 애정과 관심을 가지게 되어 사회적 약자나 어려운 처지에 있는 사람을 도울 수 있게 될 것이다. 한 사람의 부모가 된 자 혹은 교육 분야에 종사하는 사람 및

5) 蔡仁厚, 『孔孟荀哲學』, 臺北, 學生書局, 1990년, 197쪽 참조.

6) 『大學』, 「傳六章」, "小人閒居爲不善, 無所不至; 見君子, 而后厭然揜其不善而著其善."

정치를 하는 사람이 맹자가 주장한 양질의 교육여건 조성이라고 하는 교육이상에 적극 동참할 수 있다면 이는 이상적인 사회를 이룩할 수 있는 초석이 될 것이다.

3. 가정과 학교 및 사회교육

가정은 한 개인이 학습을 제일 처음 시작하는 공간이라고 할 수 있는데, 이러한 가정은 부모 형제자매 모두를 포함한 필연적인 존재인 것이다. 가정교육의 터전은 규모와 제도가 갖춰진 학교와는 확연하게 다르다고 할 수 있는데, 가정교육에서 부친은 엄해야하고 모친은 자애로워야 한다는 것이 동양전통의 가정교육관이다. 또한 자식을 서로 바꿔 교육시키는 것이 전통적으로 매우 중요하고 필요한 가치로 인식되어져 왔다.

> 옛날에는 자식을 바꾸어 가르쳤다. 부자 사이에는 선善을 요구하지 않는 것이니, 선을 요구하면 (정이) 떨어지게 된다. (정이) 떨어지게 되면 좋지 않은 것이 이보다 더 큰 것이 없다.[7]

> 선善하게 되기를 요구하는 것은 친구 사이의 도리이니 부자 사이에 선善하게 되기를 요구하는 것은 은혜를 해치는 것 중에서 큰 것이다.[8]

부친과 자식 사이는 혈육의 관계로 이루어졌기 때문에 객관적으

---

7) 『孟子』, 「離婁上」, "古者易子而敎之. 父子之間不責善. 責善則離, 離則不祥莫大焉."

8) 『孟子』, 「離婁下」, "責善, 朋友之道也. 父子責善, 賊恩之大者."

로 교육하고 학습 받는다는 것은 사실상 매우 어렵다. 맹자는 아버지가 자식을 교육할 때 자식에 대한 애정이 앞서 제대로 된 교육이 이루어지기 어렵다고 생각했다. 다만 자연스럽게 부모에게 효도하고 자식을 자애로 보살피는 가운데 부모는 자식이 올바른 길을 갈 수 있도록 인도해야할 책임이 있다고 했다.

> 맹자는 "중용을 실천하는 사람이 중용을 실천하지 못하는 사람을 길러 주며, 재주가 있는 사람이 재주가 없는 사람을 길러 주기 때문에, 사람들은 현명한 부형을 둔 것을 즐거워한다. 만일 중용을 실천하는 사람이 중용을 실천하지 못하는 사람을 버리고, 재주 있는 사람이 재주 없는 사람을 버린다면, 현명한 사람과 어리석은 사람과의 거리는 그 사이를 한 치의 단위로도 잴 수가 없는 것이다."라고 말했다.[9]

위의 인용문은 중용의 도리와 재능으로 젊은이들을 잘 가르치고 길러 주는 사람은 바로 현명한 어른들임을 설명하고 있는 것이다. 이러한 가정의 자녀는 학교에서 반드시 좋은 학생이 된다. 또한 고대 중국의 가정에는 다양한 교육 기능이 있었으며 가정교육의 중요성은 결코 학교 교육에 뒤떨어지지 않았다. 가정에서의 자녀에 대한 교육은 자녀가 정상적인 사람으로서 학문과 예의를 알 수 있는 사람이 될 수 있도록 만드는 것에 중점을 두었으며, 또한 자녀가 어른과 아이를 구별하고 부모에게 효도하고 형제간에 우애가 있고 타인을 대함에 겸양을 할 줄 알도록 가르치는 것 역시 가정에서의 역할이었다.

---

9) 『孟子』, 「離婁下」, "孟子曰: 中也養不中, 才也養不才, 故人樂有賢父兄也. 如中也棄不中, 才也棄不才, 則賢不肖之相去, 其間不能以寸."

이와 같이 한 사람이 가정에서의 교육을 제대로 받은 후에 학교에 들어가거나 사회에 진출하였을 때, 그가 가정에서 받은 교육을 통해서 형성된 올바른 인격은 그 자신을 더욱 발전시킬 수 있으며, 이를 바탕으로 사회적 요구에 충분히 부합할 수 있는 인재로 거듭나게 된다는 것이다. 급속하게 변화하는 현대 사회에서의 가정교육의 기능은 점차 미미해져가고 있는 실정이다. 또한 모든 가치가 효율성과 속도의 논리에 초점이 맞춰져 있는 이 시대에 동아시아 사회의 전통적인 관념인 충직함 · 효도 · 절개 · 정의로움 등의 가치는 이미 찾아보기가 어려운 실정이 되었다고 할 수 있다. 이러한 효율성과 속도의 논리가 지배하는 현대 사회의 제반 문제점들을 보충하기 위해서는 전통적 가치에 기인한 양질의 교육이 뒷받침 되어야 할 것이라고 생각한다.

> 상庠과 서序와 학學과 교校를 세워서 백성을 가르쳤으니, 상은 기른다, 교는 가르친다, 서는 활을 쏜다는 뜻입니다. 하夏나라에서는 교校라 하였으며, 은殷나라에서는 서序라 하였으며, 주周나라에서는 상庠이라 하고 학學은 곧 삼대(하 · 은 · 주)가 공통이었으니, 모두 인륜을 밝히기 위한 것들이었습니다. 인륜이 위에서 밝아야 백성들이 아래서 한마음이 됩니다. 왕업王業을 이룰만한 사람이 있으면 반드시 와서 이러한 것을 취하여 본 뜰 것이니, 이는 왕업王業을 이룰 사람의 스승이 되는 것입니다.[10)]

성곽이 완비되지 못하고 군사가 많지 않은 것이 나라의 재앙이 아니

---

10) 『孟子』, 「滕文公上」, "設爲庠序學校以敎之. 庠者, 養也; 校者, 敎也; 序者, 射也. 夏曰校, 殷曰序, 周曰庠, 學則三代共之, 皆所以明人倫也. 人倫明於上, 小民親於下. 有王者起, 必來取法, 是爲王者師也."

며, 밭과 들이 개간되지 않으며, 재화가 모이지 않는 것이 나라의 해로움이 아니다. 윗사람이 무례하고 아랫사람에게 배움이 없으면, 나라를 해치는 백성들이 일어나 나라가 금방 망할 것이다.[11)]

선정善政은 선교善教가 민심을 얻음만 같지 못하다. 선정은 백성들을 두려워하고, 선교는 백성들을 사랑하니, 선정은 백성들의 재물을 얻고 선교는 백성들의 마음을 얻는다.[12)]

사람은 도道를 가지고 있어야 하는데, 먹는 것을 배불리 하고 입는 것을 따뜻하게 하여 편안히 살면서 가르침이 없으면 곧 짐승에 가까워진다. 성인이 근심하시어 설契로 하여금 사도司徒를 삼아 인륜을 가르치셨으니, 부자 사이에는 친함이 있으며, 군신 사이에는 의가 있으며, 부부 사이에는 남녀분별이 있으며, 어른과 아이 사이에는 서열이 있으며, 친구 사이에는 믿음이 있는 것이다.[13)]

학교 교육은 지향하는 목표와 목적 그리고 조직과 제도가 있는 정규적인 교육을 의미한다. 모든 신념이나 이상은 교육 시스템을 통하여 비교적 쉽게 실현될 수 있기 때문에 교육은 국가경영의 근본이 되는 것이라고 할 수 있다. 위에서 언급한 바와 같은 맹자의 교육이론의 주요한 내용은 모두 도덕교육에 집중되어 있다고 말해질 수 있

11) 『孟子』, 「離婁上」, "城郭不完, 兵甲不多, 非國之災也. 田野不辟, 貨財不聚, 非國之害也. 上無禮, 下無學, 賊民興, 喪無日矣."

12) 『孟子』, 「盡心上」, "善政, 不如善教之得民也. 善政民畏之, 善教民愛之; 善政得民財, 善教得民心."

13) 『孟子』, 「滕文公上」, "人之有道也, 飽食·煖衣·逸居而無教, 則近於禽獸. 聖人有憂之, 使契爲司徒, 教以人倫 父子有親, 君臣有義, 夫婦有別, 長幼有序, 朋友有信."

다. 즉 현대 교육이 정착하기 이전의 전근대 사회의 전통학교에서 진행된 교육은 대부분 도덕교육으로 이는 맹자가 언급한 학교교육에 해당 되는 것이라고 할 수 있다. 또한 이러한 맹자의 도덕교육은 그 자신이 주장한 인의정치仁政 사상 가운데의 도덕교화의 내용과도 일맥상통하는 것이라고 할 수 있다. 이러한 맹자의 학교 교육 이론과 현대의 학교 교육의 내용적 시스템을 비교해보면, 현대의 교육은 대부분 효율성과 실용성 관련 분야에 중점을 두어 이루어지고 있으며 상대적으로 인문학이나 윤리도덕 분야의 교육은 소홀히 하는 추세라고 할 수 있다. 그 결과 인간은 감각적이고 즉흥적인 것에 종속되어 그 존엄성을 상실하게 되고 생명의 의미와 그 가치를 경시하게 되었으며, 도덕적 가치를 경원시하고 또한 예의와 염치를 알지 못하여 이상적인 인격의 완성을 추구하지 못하게 만드는 취생몽사의 교육이 이루어지고 있다고 말할 수 있다.

맹자는 "먹는 것을 배불리 하고 입는 것을 따뜻하게 하여 편안히 살면서 가르침이 없으면 곧 짐승에 가까워진다."라고 언급했는데, 이는 사람이 만약에 식욕과 성욕과 같은 유형의 욕망을 만족시키는 것만을 추구하고 윤리나 도덕교육을 하지 않는다면 부자와 형제 사이에서 먹을 것을 놓고 다투는 문제가 발생할 수 있을 것이며, 그렇게 됐을 때 인간 사회는 문명의 궤도 위에서 정상적인 발전이 불가능할 것이란 점을 상기시키고 있는 것이라고 할 수 있다. 이와 같이 맹자는 어떻게 해야 만이 지속가능한 발전을 할 수 있는지의 문제에 대하여 매우 깊은 관심을 가지고 윤리도덕이 있는 사회를 건설하기 위해 도덕교육의 중요성을 강조했던 것이다.

요순堯舜시대의 도덕교육과 하·상·주夏·商·周 삼대의 학교 교육을 자세하게 살펴본다면 그것들의 공통점이 인륜교육에 치중되어 있는 사실을 발견할 수 있을 것이다. 그렇기 때문에 요순시대에 선양禪讓제도가 있었으며 문왕·무왕·주공에 의한 인문 문화의 출현이 있게 되었던 것이다. 물론 전국시대戰國時代에 이르러서는 이미 주나라의 인문 문화가 피폐된 상태에 처해져, 예의법도가 사라지고 양주楊朱의 '위아주의爲我主義'와 같은 극단적인 개인주의가 출현하고 제후들은 무력에 의한 천하의 패권을 차지하는 것을 지상의 목표로 삼았기 때문에 '인의예지仁義禮智'와 같은 전통의 도덕적 가치들은 외면당해야만 했다. 그러므로 맹자는 사회가 전반적으로 "윗사람이 무례하고 아랫사람에게 배움이 없는"것과 같은 상황에 처하게 되면 결국 이는 사회에 대하여 매우 커다란 위험요소가 될 수 있다는 사실을 강조하였다. 즉 교육이 없게 된다면 '인의仁義'나 도덕과 같은 가치들이 사라지게 되어 인간 사회는 혼란에 빠지게 되고 결국에는 사회 전체를 와해시키는 재앙을 초래하게 될 것이라는 것이다.

맹자가 "군자에게는 세 가지 즐거움이 있는데, 천하의 왕 노릇하는 것은 여기에 들어 있지 않다. 부모가 모두 계시며 형제들이 아무 탈 없음이 첫째 즐거움이요, 우러러 하늘에 부끄럽지 아니하고, 굽어 사람에게 부끄럽지 아니함이 둘째 즐거움이요, 천하의 빼어난 인재를 얻어 교육함이 세 번째 즐거움이다. 군자에게는 세 가지 즐거움이 있는데, 천하의 왕 노릇 하는 것은 여기에 들어 있지 않다."라고 말했다.[14)]

---

14) 『孟子』, 「盡心上」, "孟子曰: 君子有三樂, 而王天下不與存焉. 父母俱存, 兄弟無故, 一樂也. 仰不愧於天, 俯不怍於人, 二樂也. 得天下英才而教育之, 三樂也. 君子有三樂, 而王天下不與存焉."

맹자는 교육이 이루어지고 있는 사회에서의 군자는 '인의仁義'도덕을 갖출 수 있는 존재이기 때문에, 군자 자신의 양심의 각성은 '인의仁義'의 실천에 의해서 이루어지는 것이라고 생각했다. 즉 '인의仁義'의 자각을 통하여 독립적이고 자주적인 인격을 건립하여 매우 자연스럽게 자신과 타인의 생명의 안녕과 조화 및 희열 안락 등을 표출할 수 있다는 것이다. 더나아가 이러한 군자는 인격의 완전한 독립과 자주적인 즐거움을 터득할 수 있다는 것이다. 이러한 종류의 즐거움에는 천하의 왕 노릇하는 것은 포함되지 않는다는 것이다. 맹자는 교육을 통하여 마음을 '인仁'하게 하고 본성을 선善하게 만드는 이상을 실현할 수 있으며, 이러한 '인仁'한 마음과 선善한 본성을 모든 방향으로 확산 시킬 수 있는 것이라고 생각했다. 또한 맹자는 이러한 '인仁'한 마음과 선善한 본성의 확산으로 인하여 이미 형성되어 있는 스승과 제자 사이가 '도道'를 서로 전해주어 종극에는 문화전통을 발현시킬 수 있다고 했다. 이러한 언급은 맹자가 교육이 인간사회의 건강한 발전에 대하여 미치는 영향을 충분히 인식하고 있음을 설명해줌과 동시에 맹자가 교육에 종사하는 것을 지극히 숭고한 사회적 책임으로 간주했음을 의미하는 것이라고 할 수 있다.

손효지孫效智는 학교에서 이루어지는 교육 가운데 만일 '인생관의 성찰'、'가치관의 내재화'、'지식・정서・의지의 전반적인 실행'과 같은 세 종류의 생명교육의 이론 영역에 치중할 수 있고, '다양한 지적능력의 존중'이라는 환경이 더해진다면 학생들은 반드시 이상적인 인격의 건립을 완성할 수 있을 것이라고 주장했다. 이러한 교육은 학생들로 하여금 장래에 권력과 재물에 대한 추구보다는 도덕생명의 아름다운 결실에 대한 체득을 추구하게 만든다는 것이다.15)

이러한 주장은 맹자가 주장했던 학교 교육이 인간에게 내재되어 있는 도덕심을 일깨우는 것이며, 도덕실천에 부합하는 행위를 통하여 '인의仁義'에 입각한 자주적인 인격의 건립을 중요시 한다고 하는 것과 일맥상통하는 것이라고 할 수 있다.

인간사회는 수많은 업종과 다양한 계층들로 구성된 용광로와 같은 곳으로 그 어떠한 것도 포함하지 않는 것이 없다고 할 정도로 다채로운 형태를 띠고 있다. 이러한 사회에는 다양한 형태의 조직적인 사회교육이 이루어지고 있는데, 예를 들면 영리단체의 교육, 비인가 직업학교의 교육, 유사종교단체의 교육 등으로 특별한 인가나 자격이 갖추어지지 않은 비정규 교육이라고 할 수 있다. 이러한 비정규 교육에는 특별한 장점이나 단점 등이 없고, 다만 개인의 양심과 지혜로 도덕적 차원과 관련된 문제들을 어떻게 취사선택해야 할 것인가가 중요한 문제로 취급되어 지고 있는 실정이다. 이러한 형태의 교육은 고정된 장소나 일정한 교과과정 및 교재 또한 특별한 교육방법이 없기 때문에 모든 곳이 교육을 받을 수 있는 장소가 된다고 말할 수 있다. 그렇기 때문에 상대적으로 쉽게 현혹되거나 사기당하여 빠져나오기가 매우 어려울 수 있기 때문에 매우 신중한 태도를 견지해야만 그러한 사기와 속임수로부터 자유로울 수 있다.

맹자는 가장 이상적인 범죄예방 및 불량한 사회풍속을 고칠 수 있는 방법으로 양질의 사회교육의 수립을 제시했다. 즉 모든 사람들이 본래 가지고 있는 도덕심을 일깨우는 것이 가장 근본적인 교육방법이 되고 개선의 동력인이 된다고 보았던 것이다.

---

15) 孫效智, 「生命教育的倫理學基礎」, 『教育資料集刊』, 第二十八輯, 38~39쪽 참조.

대인이라는 것이 있으니, 자기를 바르게 하고 남도 바르게 되도록 하는 자이다.[16]

선정善政은 선교善教가 민심을 얻음만 같지 못하다. 선정은 백성들을 두려워하고, 선교는 백성들을 사랑하니, 선정은 백성들의 재물을 얻고 선교는 백성들의 마음을 얻는다.[17]

맹자가 "자기 스스로가 도道를 실천하지 않는다면, 처자에게도 통하지 않으며, 사람을 부리기를 도로써 하지 않으면, 처자도 따르게 할 수가 없다."라고 말했다.[18]

군자가 지나가는 곳은 바뀌어 지고, 머물러 있는 곳은 신비스러워져서 위아래가 천지天地와 더불어 함께 흐르니, 어찌 약간 돕는 것이라고 하겠는가?[19]

요순堯舜이 천하를 '인仁'으로써 통치하자 모든 백성들이 모두 '예의禮義'를 숭상할 수 있게 되었다. 걸주桀紂가 천하를 포악하게 다스리자 모든 백성들이 그들을 따라서 배신을 자행하고 포악하게 되었다. 윗사람이 좋아하는 것은 아랫사람들이 더욱 좋아하는 것이니, 백성들을 지도하고 이끌어갈 책임이 있는 사람은 만일 자기 자신을

---

16) 『孟子』, 「盡心上」, "有大人者, 正己而物正者也."

17) 『孟子』, 「盡心上」, "善政, 不如善教之得民也. 善政民畏之, 善教民愛之; 善政得民財, 善教得民心."

18) 『孟子』, 「盡心下」, "孟子曰: 身不行道, 不行於妻子. 使人不以道, 不能行於妻子."

19) 『孟子』, 「盡心上」, "夫君子所過者化, 所存者神, 上下與天地同流, 豈曰小補之哉?"

제대로 점검하지 않는다면 아무리 백성들에게 윤리도덕을 제창한다 하더라도 어떠한 효과도 낼 수 없을 뿐만 아니라 심지어 '예의禮義'까지도 유명무실해질 것이다. 또한 백성들의 원성은 갈수록 높아지고 백성들의 풍속은 더욱 나빠지게 될 것이다.[20]

사회교육의 수립은 맹자의 도덕심에 기인한 '의義'를 먼저하고 이익을 뒤로 하는 원칙에 따라 수립해 나가야 하는 것으로, 사람에게 내재되어 있는 '인의仁義'를 우선적으로 고려하여 외재적인 유형의 이익과 유혹을 제거해야 만이 소탐대실의 함정에서 벗어날 수 있는 것이다. 그 다음에는 폭리를 제거하고 부패한 것을 도려내어 노력하지 않고 성과를 가져가는 행태를 사전에 방지하여 사회 전반에 걸쳐 정의로운 기운이 만연할 수 있도록 만들어 선량한 사회 풍속을 구축하게 된다면 모든 백성들이 그러한 풍속을 쉽게 따를 수 있게 된다는 것이다. 또한 맹자가 "인륜이 위에서 밝아지면 백성들이 아래에서 한마음이 됩니다."[21]라고 말한 바와 같이 이러한 사회는 모든 사람들이 조화를 이루고 즐거움을 함께 공유할 수 있는 이상적인 경지에 진입할 수 있는 사회가 될 것이다. 즉 모든 사람들의 삶이 즐겁고 행복하다면 밤에 대문을 닫지 않아도 도둑이 들지 않고 빈곤한 사람들이 길거리에 방치되지 않고 또한 버림받지 않게 되어 종극에는 모든 사람들이 '예의禮義'로써 서로를 대하게 되는 이상적인 사회로 거듭날 수 있게 될 것이다.

---

20) 王支洪, 『孟學的現代意義』, 臺北, 東大圖書公司, 1990년, 160~161쪽 참조.
21) 『孟子』, 「滕文公上」, "人倫明於上, 小民親於下."

4. 맺는 말

이상과 같이 맹자의 교육사상에 대하여 양질의 환경조성과 가정과 학교 및 사회교육 여건의 조성을 중심으로 살펴보았는데, 이를 정리하면 다음과 같다.

맹자는 비록 인간의 본성이 모두 평등하다고 했지만, 각기 개인의 성취가 다르게 나타나는 이유를 각자가 처한 환경의 차이에서 찾았다. 즉 "비록 다름이 있는데, 이는 땅에 비옥함과 황폐함의 차이, 비와 이슬의 길러줌과 사람이 들인 노력이 같지 않기 때문이다."라고 언급한 바와 같이 환경에 따라 결과도 다르게 나온다는 사실을 밀과 보리의 비유로써 인간 본성의 차이에 대하여 설명했다. 다시 말하자면 다 같은 인간의 본성이라고 하더라도 서로 다른 성취가 발생하게 되는 것은 모두 환경적 요인에 기인하는 것이라고 할 수 있는 것이다.

또한 맹자는 눈과 귀 등의 감각기관의 욕구와 열악한 환경은 교육과 환경의 개선을 통하여 바꾸거나 보충할 수 있는 것이라고 생각하였다. 그렇지만 이러한 것들 보다 더욱 중요한 것은 역시 맹자가 주창한 인간에게는 선천적으로 선한 본심과 선한 본성이 있다고 하는 사실이다. 즉 인간이 비록 눈과 귀를 비롯한 감각기관의 욕망이 있어서 열악한 환경의 영향을 받는다고 할지라도, 인간의 선한 본심은 결코 소멸되어 없어질 수 있는 것이 아니라는 것이다.

가정에서의 자녀에 대한 교육은 자녀가 정상적인 사람으로서 학문과 예의를 알 수 있는 사람이 될 수 있도록 만드는 것에 중점을 두었으며, 또한 자녀가 어른과 아이를 구별하고 부모에게 효도하고 형제간에 우애가 있고 타인을 대함에 겸양을 할 줄 알도록 가르치는 것 역시 가정에서의 역할이었다. 이와 같이 한 사람이 가정에서의 교육을 제대로 받은 후에 학교에 들어가거나 사회에 진출하였을 때, 그가 가정에서 받은 교육을 통해서 형성된 올바른 인격은 그 자신을 더욱 발전시킬 수 있으며, 이를 바탕으로 사회적 요구에 충분히 부합할 수 있는 인재로 거듭나게 된다는 것이다.

맹자의 교육이론의 주요한 내용은 모두 도덕교육에 집중되어 있다고 말해질 수 있다. 즉 현대 교육이 정착하기 이전의 전근대 사회의 전통학교에서 진행된 교육은 대부분 도덕교육으로 이는 맹자가 언급한 학교 교육에 해당 되는 것이라고 할 수 있다. 또한 이러한 맹자의 도덕교육은 그 자신이 주장한 '인정仁政'사상 가운데의 도덕교화의 내용과도 일맥상통하는 것이라고 할 수 있다. 맹자는 사람이 만약에 식욕과 성욕과 같은 유형의 욕망을 만족시키는 것만을 추구하고 윤리나 도덕교육을 하지 않는다면 부자와 형제 사이에서 먹을 것을 놓고 다투는 문제가 발생할 수 있을 것이며, 그렇게 됐을 때 인간 사회는 문명의 궤도 위에서 정상적인 발전이 불가능할 것이란 점을 상기시키고 있는 것이다. 이와 같이 맹자는 어떻게 해야 만이 지속가능한 발전을 할 수 있는지의 문제에 대하여 매우 깊은 관심을 가지고 윤리도덕이 있는 사회를 건설하기 위해 도덕교육의 중요성을 강조했던 것이다.

맹자는 가장 이상적인 범죄예방 및 불량한 사회풍속을 고칠 수 있는 방법으로 양질의 사회교육의 수립을 제시했다. 즉 모든 사람들이 본래 가지고 있는 도덕심을 일깨우는 것이 가장 근본적인 교육방법이 되고 개선의 동력인이 된다고 보았던 것이다. 맹자가 제시한 구체적인 사회교육의 수립은 먼저 도덕심에 기인한 '의義'를 앞에 두고 이익을 뒤로 하는 원칙에 따라 수립해 나가야 하는 것으로, 사람에게 내재되어 있는 '인의仁義'를 우선적으로 고려하여 외재적인 유형의 이익과 유혹을 제거해야 만이 소탐대실의 함정에서 벗어날 수 있으며, 그 다음에는 폭리를 제거하고 부패한 것을 도려내어 노력하지 않고 성과를 가져가는 행태를 사전에 방지하여 사회 전반에 걸쳐 정의로운 기운이 만연할 수 있도록 만들어 선량한 사회 풍속을 구축하게 된다면 모든 백성들이 그러한 풍속을 쉽게 따를 수 있게 된다는 것에 있다고 하는 것이다.

참고문헌

趙岐, 『孟子章句』, 『四部叢刊』 本.

朱熹, 『孟子章句集註』, 『海淵閣明刻』 本.

焦循, 『孟子正義』, 『焦氏遺書』 本.

朱熹, 『大學章句集註』, 『海淵閣明刻』 本.

劉向, 『列女傳』.

傅玄, 『太子少傅箴』.

蔡仁厚, 『孔孟荀哲學』, 臺北, 學生書局, 1990년.

王支洪, 『孟學的現代意義』, 臺北, 東大圖書公司, 1990년.

孫效智, 「生命教育的倫理學基礎」, 『教育資料集刊』, 第二十八輯, 2001년.

제5장

성인론

1. 시작하는 말

유가 사상에 있어서 수양론修養論의 최종 목표인 '성인聖人'은 그 함의가 매우 다양하다고 할 수 있다. 공자는 '성인'의 경지를 매우 고차원적인 것으로 보아 일반인들은 그러한 경지에 도달할 수 없다고 생각했다. 그래서 공자는 "요임금 순임금조차도 그러지 못할까 걱정하셨다."[1]라고 언급했던 것이며, 자기 자신 역시 그러한 경지에 도달할 수 없다고 했다. 그러나 맹자는 일찍이 분명하게 "이 세상에 사람이 생겨난 이래로 공자보다 덕이 크신 사람은 있지 않았다."[2]라고 언급하면서, 공자를 여러 '성인'들과 같은 반열에 올려놓는 한편 뭇 '성인'들 가운데 집대성자로 추존했다. 이와 같이 공자와 맹자

1) 『論語』, 「雍也」, "堯舜其猶病諸."

2) 『孟子』, 「公孫丑上」, "自生民以來, 未有盛於孔子也."

의 '성인'에 대한 견해는 확실하게 달랐다고 할 수 있다. 그렇다면 맹자의 관념 속에서의 '성인'이란 어떠한 존재였을까? 또한 어떻게 공자가 언급한 '성인' 관념을 창조적으로 변화 발전시켰을까? 라고 하는 문제가 제기 될 수 있다.

공자가 언급한 '성인'은 '인仁'을 완성한 존재로 '인'의 도리를 실천하는 사람이었다. 반면 맹자는 '성인'을 개인적 성향의 측면에 집중하여 조명했는데, 즉 개인의 성향에 따라 '청淸'·'임任'·'화和'·'시時'로 구별했다. '청'이란 강직하다는 의미이고, '임'이란 사명감이란 의미이며, '화'란 자애로움이라는 의미이고, '시'는 상황에 맞게 행동함을 의미한다. 다시 말하자면 '청'은 정치에서 미련 없이 물러나서 자신을 정결하게 하는 것이고, '임'은 정치에 적극 참여하여 그 과업을 이룩하는 것이며, '화'는 모든 역량을 다 발휘한다는 것이고, '시'는 그 추세에 순응한다는 것이다. 이러한 네 가지 모두는 제각기 장점을 가지고 있으며 어떠한 차등도 존재하지 않는다고 할 수 있다. 맹자는 요堯임금이나 순舜임금 등과 같은 전설속의 군주들이나 주공周公·백이伯夷·이윤伊尹·유하혜柳下惠·공자孔子 등과 같은 옛사람들 모두를 고대의 '성인'으로 여겼다. 그러므로 맹자에게 있어서의 '성인'은 더 이상 신비주의적인 색채를 가지고 있지 않는 한편 매우 명확하고 구체적인 모습으로 전개되어 나온다고 할 수 있다. 이와 같이 '성인'으로 인정되는 사람들 모두는 휘황찬란한 공덕을 세운 것은 아니고, 다만 개별적으로 자신만의 특별한 실천원칙을 가지고 '인덕仁德'을 사회에 구현한 자들이라고 할 수 있다. 또한 이러한 '성인'들은 각기 서로 다른 덕성과 지혜와 공적을 가지고 있었기 때문에 맹자는 '성인'을 다양한 유형으로 구분하는 한편 공자만을 떠나고 머물고 은둔하고 정치에 참여하는 것을 시의 적절하게 할 수 있는 사람으로 보았던 것이다.

공자는 '성인'을 덕성의 수양을 통하여 그것을 사회적으로 구현하는 존재로 보는 반면 맹자는 '성인'의 정형화된 도식의 제거를 통하여 일상생활 속에서의 '성인'의 모습을 구현하려고 했다고 할 수 있다. 이러한 맹자의 '성인관'에 대한 국내에서의 기존의 연구 성과는 전무하다고 할 정도로 매우 미진하다고 할 수 있다. 그렇기 때문에 본문에서는 맹자의 '성인관'에 대하여 '성인'의 내적 수양과 정치·사회적 구현을 중심으로 조명해 보았다.

2. 내적 수양

맹자가 언급한 '성인'은 이상理想 속의 존재가 아닌 현실세계 속에 존재하는 사람이라고 할 수 있다. 그렇다면 '성인'의 '인仁'에 대한 인식은 선천적인 것인가? 아니면 후천적인 것인가? 또한 '성인'의 기상과 일반인의 기상은 어떠한 구별이 있는 것인가? 라고 하는 문제가 제기 될 수 있다.

> 조교가 물었다. "사람은 누구나 요·순이 될 수 있다는데 사실입니까?" 맹자가 말했다. "그렇소."[3]

> 요·순임금은 타고난 본성 그대로 실천하였으며, 탕·무왕은 노력하여 실천하였고, 오패는 그것을 빙자한 것이다. 오랫동안 빙자하고서

---

3) 『孟子』, 「告子下」, "曹交問曰: 人皆可以爲堯舜, 有諸? 孟子曰: 然."

돌려주지 아니하니, 어떻게 그것이 자기가 소유한 것이 아닌 줄을 알겠는가?[4)]

요·순임금님은 본성대로 산 사람이었고, 탕·무왕은 본성을 회복하였다.[5)]

맹자는 모든 인간들이 하나같이 선한 단서善端를 가지고 있는데, 만일 그러한 선한 단서를 확충한다면 모두가 요임금이나 순임금과 같은 '성인'이 될 수 있다고 했다. 그러나 맹자는 자신이 가지고 있는 선한 단서를 확충하기 위해서는 반드시 먼저 이러한 선한 단서에 대한 인식이 필요하다고 했다. 이러한 선한 단서에 대한 인식은 다음과 같은 과정을 통해야만 가능해진다고 할 수 있다. 즉 선천적으로 이러한 선한 단서를 인식하는 것과 후천적인 노력을 통해서 인식한다는 것이 있는데, 이러한 후천적인 노력은 일상생활의 실천을 통하여 점진적으로 선한 단서를 인식하는 것과 빙자한다는 것으로 구분될 수 있는데, 빙자한다는 것은 백성들에게 은택을 베풀어 주는 것이기는 하지만, 결코 진정으로 사회에 그러한 은택을 베풀 수 없기 때문에 많은 부분에 있어서 충돌이 발생하게 되고, 그러한 결과 애초에 인식하고 있었던 선한 단서를 망각하게 되어 결국은 오랫동안 빙자하고서 돌려주지 않게 되는 것이다.

맹자는 '성인'을 선천적인 것과 후천적인 것으로 구분하여, 태어나면서부터 선한 단서를 인식하는 사람과 배워서 선한 단서를 인식한

4) 『孟子』, 「盡心上」, "堯舜, 性之也. 湯武, 身之也. 五霸, 假之也. 久假而不歸, 惡知其非有也."

5) 『孟子』, 「盡心下」, "堯舜, 性者也. 湯武, 反之也."

다고 하는 사람이 모두 '성인'이라고 하는 사실을 분명하게 긍정한다. 그렇기 때문에 맹자는 요・순임금을 태어나면서부터 선한 단서를 인식한 '성인'으로, 탕・무왕을 배워서 선한 단서를 인식한 '성인'으로 묘사한 것이다. 다시 말하자면 맹자는 요・순임금이 선천적인 '성인'임을 긍정하는 한편 모든 사람이 요・순임금과 같은 '성인'이 될 수 있다는 가능성을 긍정했다. 이러한 둘 사이의 연결고리에 대하여 맹자는 내재되어 있는 도덕가치의 근원에 대한 인식을 통하여 진일보한 설명을 한다.

> 풍년에는 젊은이들에 많이 온순해지고 흉년에는 젊은이들에 많이 포악해진다. 하늘이 사람의 본바탕을 내리는 것이 그렇게 다른 것이 아니지만, 그 마음을 빠져 들게 하는 것이 그렇게 만드는 것이다. 지금 보리를 파종하여 씨앗을 덮으면, 그 땅이 같고 심는 시기도 같을 경우, 곧 쑥쑥 자라나서 하지 때에 이르러 모두 익는 것이니, 비록 같지 아니한 것이 있다 하더라도 그것은 곧 땅에 비옥하고 척박함이 있으며, 비나 이슬의 길러줌과 사람이 들인 노력이 같지 않기 때문이다. 그러므로 무릇 같은 부류의 것은 모두 서로 비슷하니, 어찌 사람의 경우에 이르러서만이 그것을 의심하겠는가? 성인도 나와 같은 부류의 사람이다.……그런데 유독 마음에 있어서만 다 같이 옳다고 여기는 바가 없겠는가? 마음이 다 같이 그렇게 여기는 것은 무엇인가? 리理와 의義라 한다. 성인은 먼저 자기의 마음이 남과 다 같이 그렇게 여기는 것을 터득한 것이다. 그러므로 리와 의가 우리 마음을 기쁘게 하는 것이 마치 고기가 내 입을 즐겁게 하는 것과 같다.[6]

6) 『孟子』, 「告子下」, "富歲, 子弟多賴. 凶歲, 子弟多暴, 非天之降才爾殊也, 其所以陷溺其心者然也. 今夫麰麥, 播種而耰之, 其地同, 樹之時又同, 浡然而生, 至於日至之時, 皆熟矣. 雖有不同, 則地有肥磽, 雨露之養, 人事之

맹자는 공자가 강조한 '인仁'을 계승 발전시켜 '성선설性善說'을 주장한다. 위의 인용문에서 볼 수 있는 '부류'라고 하는 관념은 '성인'과 내가 모두 같은 인간이라는 사실을 강조하는 것이며, 같은 인간이기 때문에 태어나면서부터 '측은 · 수오 · 사양 · 시비'라고 하는 선한 단서를 갖추고 있다는 것이다. 그렇기 때문에 누구라도 자신의 선한 본성을 확충하고 선한 단서를 펼칠 수가 있다면 바로 요 · 순임금과 같은 '성인'의 경지에 도달할 수 있다는 것이다. 요 · 순임금이 일반 사람들과 다른 점은 선천적으로 완벽한 사람인 반면 일반 사람은 노력을 통해서야 만이 그러한 경지에 도달 할 수 있다는 점에 있다. 그러나 현실 속에서는 일반 사람이 '성인'의 경지에 도달하기란 극히 힘든데, 이는 품성의 문제가 아니고 스스로 포기하는 것에 그러한 문제가 있는 것이라고 할 수 있는 것이다.

공자에서부터 맹자에 이르기까지 '성인'의 형상은 추상적인 모습에서 구체적인 모습으로, 감히 오르지 못할 고차원적인 곳에서 인간들의 평범한 삶 속으로 이동하는 모습으로 묘사되고 있다고 할 수 있다. 맹자는 비록 모든 사람들이 요 · 순임금과 같은 '성인'의 경지에 도달할 수 있다는 가능성을 가지고는 있지만, '성인'의 경지는 자신의 노력 여하에 따라 이룩되어질 수 있다고 생각했다. 그래서 그는 "순은 어떠한 사람이며 나는 어떠한 사람인가? 도道를 이룸이 있는 자는 또한 이러한 순임금과 같다."[7]라고 언급한 것이다. 그렇다

不齊也. 故凡同類者, 擧相似也, 何獨至於人而疑之? 聖人與我同類者.…… 至於心, 獨無所同然乎? 心之所同然者何也? 謂理也, 義也. 聖人先得我心之所同然耳. 故理義之悅我心, 猶芻豢之悅我口."

7) 『孟子』, 「滕文公上」, "舜何人也? 予何人也? 有爲者亦若是."

면 맹자가 언급하는 '성인'의 경지란 어떤 것일까? 또한 어떠한 과정을 거쳐야 비로소 도달할 수 있는 것일까?

> 순수한 본마음이 하고자 하는 것을 선善이라 하고, 선을 자기에게 지속적으로 가지고 있는 것을 신信이라 하고, 선이 자신 속에 가득 차는 것을 미美라 하고, 가득 차서 빛을 발함이 있는 것을 대大라 하고, 대의 상태가 되어서 스스로를 탈바꿈하는 것을 성聖이라 하고, 성의 상태가 되어서 남들이 그것을 알 수 없게 된 것을 신神이라 한다.[8)]

덕성을 이루는 길의 시작은 의로움을 보고 '선善'함을 택해야 하는 것에 있다고 할 수 있다. 인간의 심성心性 속에는 '인의仁義'가 충만되어 있을 뿐만 아니라, 그것을 실천할 수 있는 능력까지도 구비되어져 있다고 할 수 있다. 그러므로 이러한 덕성의 광채가 외부에 드러나 다른 사람들에게 비춰져 백성들을 교화시키게 되는 것이다. 이는 자신의 덕성과 백성들의 덕성이 서로 감응하여 소통하게 되는 경지니 이것이 바로 '성인'이다. 또한 "성聖의 상태가 되어서 남들이 그것을 알 수 없게 된 것을 신神이라 한다."는 언급은 '성인'의 상위 단계에 신神이 있다는 의미가 아니라 '성인'의 감화능력을 예측할 수 없다고 하는 의미인 것이다. 그래서 '성인'에게 내재되어 있는 덕성은 심연과 같아서 측정할 수 없는 것일 뿐만 아니라 그가 외부로 표출하는 감화능력 역시 헤아릴 수 없다는 것이다.[9)]

---

8) 『孟子』, 「盡心下」, "可欲之謂善, 有諸己之謂信. 充實之謂美, 充實而有光輝之謂大, 大而化之之謂聖, 聖而不可知之之謂神."

9) 唐君毅, 『中國哲學原論』 原道篇 卷一, 臺北, 學生書局, 1992년, 242~243쪽 참조.

맹자는 인간의 본성은 본래적으로 '선'하다고 생각하여 모든 인간이 요·순임금과 같은 '성인'이 될 수 있다고 보았다. 또한 '측은惻隱·수오羞惡·사양辭讓·시비是非'라고 하는 네 가지의 마음이 바로 인간이 본래 구비한 선한 단서라고 했다. 그렇다면 과연 어떻게 모든 인간이 선한 단서를 구비하고 있다는 것을 알 수 있는 것일까? 이러한 선한 단서는 이론적인 설정이 아니라 실천적인 발견이라고 할 수 있다. 그렇기 때문에 사람들 가운데 만일 어떤 불특정한 사람이 모종의 사실(인간이 선한 단서를 구비한 사실)을 발견할 수 있는 것이라면, 모든 사람들도 그것을 발견할 수 있는 것이다. 그렇다면 어떤 불특정한 사람이 그러한 사실을 어떻게 발견할 수 있었던 것일까? 그것은 바로 선천적으로 혹은 반성적 사고를 통해서 터득이 가능 했던 것이다. 이러한 선한 단서는 맹자가 "외부로부터 나에게 녹아져 스며들어온 것이 아니고, 내게 본래부터 갖춰져 있는 것이다."[10]라고 언급한 바와 같이 내재적인 것이며, 모든 사람에게 구비되어 있는 것이고 또한 모든 사람의 마음에 그렇게 여기는 것이 있는 것처럼 보편성을 갖추고 있는 것이다.

인간이 '선'하지 않은 행위를 하게 되는 주요한 요인으로는 외부환경의 영향과 본심이 나락에 빠지는 것이라고 할 수 있다. 반성적 사고를 하지 않은 상태에서 외부사물을 접하게 되면 그것에 쉽게 미혹 되어서 결국은 본심을 잃어버리게 되어, 다시는 그러한 본심을 보존하지 못하게 되어 결국에는 불선한 행위를 하게 되는 것이다. 그러한 결과로 자포자기의 상태에 빠져서 불선不善에서 헤어나지 못

10) 『孟子』, 「告子上」, "非由外鑠我也, 我固有之也."

하는 지경에 이르게 된다는 것이다. 그렇기 때문에 '성인'의 경지에 이르는 방법론에는 본심을 보존하는 것이 있는데, 즉 본심을 '인仁'과 '예禮'로써 보존하는 것이다. 또 한편으로는 본심을 잘 길러야하는 것인데, 그것은 물질적 욕망에 의해서 본심이 해침을 당하지 않도록 하는 것이다. 그래서 맹자는 "붙잡으면 보존되고, 내버려두면 없어진다."[11]고 언급한 것이다. 그렇다면 이러한 본심의 보존과 양성에 대한 구체적인 방법에는 어떠한 것들이 있는 것일까?

맹자는 본심의 보존과 양성에 관한 구체적인 방법론으로 '과욕寡欲'을 제시한다. 즉 "마음을 기르는 것에는 욕구를 줄이는 것보다 좋은 것이 없다. 그 사람됨이 욕구를 적게 가지면 비록 본심이 보존되지 아니한 것이 있다 하더라도 적을 것이고, 그 사람됨이 욕구가 많으면 비록 본심이 보존된 것이 있다 하더라도 적을 것이다."[12] 그렇다면 욕구란 무엇일까? 주자朱子는 욕구를 "욕구라는 것은 이목구비와 사지의 욕구와 같은 것이다."라고 해석했다. 욕구와 본심은 서로가 소실과 생장의 관계에 있는 것으로, 욕구가 많아지면 '양지良知'는 감춰지게 되고 반대로 욕구가 적어지면 '양지'가 드러나게 되는 것이다. 즉 도덕실천을 통하여 욕구를 감소시킨다면 마음은 욕망의 지배를 받지 않게 되어 본심을 쉽게 드러낼 수 있게 된다는 것이다. 그렇기 때문에 본성에 내재되어 있는 선한 단서는 바로 이러한 '과욕'을 실천하는 상황 속에서 외부로 드러나게 되는 것이다. '성인'의 경지에 도달하기 위해서는 욕구를 줄이는 것 이외에도 '양지'가 욕망에

11) 『孟子』, 「告子上」, "操則存, 舍則亡."

12) 『孟子』, 「盡心下」, "養心莫善於寡欲. 其爲人也寡欲, 雖有不存焉者, 寡矣. 其爲人也多欲, 雖有存焉者, 寡矣."

의해서 가리어지지 않게 해야 하며 더 나가 적극적으로 '양지'를 양성하여 욕구를 소멸시켜야 하는 것이다.

서복관徐復觀같은 경우는 '양성'을 수양하는 과정으로 보고 '보존'을 '양성'의 결과로 보아서 맹자가 언급한 "본심을 보존함"과 연결을 시킨다.[13] 이러한 서복관의 주장은 어떻게 해야만 선한 단서를 양성시킬 수 있는 것일까? 라고 하는 문제에 당면하게 된다고 본다. 이러한 문제에 대하여 모종삼牟宗三은 반성적 사고를 통하여 본심을 인식한다고 하는 구체적인 방법론을 제시한다. 즉 '양지' 본체는 비록 쉽게 드러나지 않는다고 해도 항상 그 단서를 드러내고 있으며, 드러나는 순간에 그것을 파악할 수 있는 것이기 때문에 '양지'를 반성적으로 사고할 수 있음과 동시에 보존할 수 있게 되는 것이라고 했다.[14]

> 무릇 나에게 있는 이 사단四端을 모두 넓혀 채울 줄 안다면, 불이 처음 타오르고, 샘물이 처음 솟아오르는 것과 같을 것이다. 만일 채울 수 있다면 온 천하를 편안하게 하기에 충분하고, 그것을 채우지 못한다면 제 부모조차도 섬기지 못할 것이다.[15]

위의 인용문에서 "넓힘"이라는 것은 넓혀가는 수양과정을 의미한다고 할 수 있다. 본심의 측면에서 본다면 인간은 비록 선한 본성을 갖고는 있지만 감각적인 욕구에 의해서 쉽게 미혹될 수 있기에 그러

---

13) 徐復觀, 『中國人性論史』 先秦篇, 臺北, 臺灣商務印書館, 1990년, 70쪽 참조.

14) 牟宗三, 『從陸象山到劉蕺山』, 臺北, 學生書局, 1990년, 126쪽 참조.

15) 『孟子』, 「公孫丑上」, "凡有四端於我者, 知皆擴而充之矣, 若火之始然, 泉之始達. 苟能充之, 足以保四海, 苟不充之, 不足以事父母."

한 선한 본성을 분명하게 드러낼 수 없게 되는 것이다. 그러므로 이러한 '확충擴充'의 수양과정을 통하여 순간에 드러나는 선한 단서를 잠시라도 멈추지 않게 밝혀야만 한다는 것이다. 서복관은 이러한 '확충'의 의미를 한 점의 선한 단서에서 완전한 모양새를 갖추어 결국에는 본심 전체에 충만 되어가는 과정으로 생각했다.[16] 또한 작용이라고 하는 측면에서 본다면 '확충'은 정신의 경지일 뿐만 아니라 일상생활 가운데서의 실천 속에서 발견되어 질 수 있는 것이라고 할 수 있다.[17]라고 한 것이다. 그래서 맹자는 "내 어버이를 받드는 마음을 미루어 남의 어버이에게까지 미치고, 나의 어린애들을 아끼고 기르는 마음을 미루어 남의 어린아이에게까지 미치면, 천하를 손바닥에서 움직일 수 있을 것입니다."[18]라고 했는데, 이와 같은 타인에 대한 배려의 마음을 양성하는 방법론은 바로 나 자신과 타인 사이의 차별을 없애고 사물과 나 자신과의 괴리를 없앨 수 있는 첩경이라고 할 수 있는 것이다. 이러한 것은 『논어論語』에서 말하는 "내가 서고자 하면 타인을 먼저 세우고, 내가 도달하고자 하면 타인을 먼저 도달하게 해라."라고 하는 '성인'의 정서와도 일맥상통하는 부분이 있다고 할 수 있다.

맹자는 '남의 말 파악하기知言'란 매우 어렵다고 생각했다. 그러나 맹자는 자기 자신이 '지언知言'과 '호연지기를 기름養氣'을 할 수 있다

16) 徐復觀, 『中國人性論史』 先秦篇, 臺北, 臺灣商務印書館, 1990년, 179쪽 참조.

17) 徐復觀, 『中國人性論史』 先秦篇, 臺北, 臺灣商務印書館, 1990년, 180쪽 참조.

18) 『孟子』, 「梁惠王上」, "老吾老, 以及人之老. 幼吾幼, 以及人之幼. 天下可運於掌."

고 했는데, 이는 덕행을 함께 갖추었기 때문이며 그렇기 때문에 공손추公孫丑가 "선생님께서는 이미 성인이시다."라고 말했던 것이다. 오직 '성인'만이 타인들의 '편파적인 말詖'·'근거 없는 말淫'·'사특한 말邪'·'둘러대는 말遁'들 가운데서 그 말들이 편파적이고·근거 없고·사특하고·둘러댄다는 사실을 파악할 수 있는 것이며, 그러한 말을 하는 사람들의 마음상태가 '어디에 가려져 있는지蔽'·'어디에 빠져 있는지陷'·'정도에서 얼마나 멀리 있는지離'·'어떠한 궁지에 빠져 있는지窮' 등의 곤경에 처한 상황 역시 알 수가 있다는 것이다.

인간에게 있어서 마음은 주체가 되는 것이고, 육체는 인간을 구성하는 물질적 형체이며, '기氣'는 인간의 생명력을 유지시켜주는 동력인이 되는 것으로 인간의 육체에 충만 되어져 있다고 할 수 있다. 이러한 마음·육체·기氣 세 부분은 모두가 인간 자신에게 소속되어져 있는 것이라고 할 수 있으며, 또한 인간이 자신의 의지를 외부적으로 내보이는 것은 언어를 통해서라고 말할 수 있는 것이다. 그러므로 마음 → 기 → 육체 → 언어는 결국은 마음이 외부로 통하는 통로가 된다고 할 수 있다.[19] 마음이 주재가 되며 '기'는 마음에 의해서 유지되고 언어는 마음에 의해서 나오게 되는 것인데, 이 가운데 언어와 '기' 사이에는 어떠한 관련이 있는 것일까?

인간의 정서는 언어 속에 함축되어 있는 것으로 '성인'의 경지에 이르기 위해서는 모종의 능력을 배양하여 타인의 말을 파악할 수 있어야 하는 것이며, 또한 상대방의 말에 의해서 마음이 움직여서는

19) 許宗興,『孟子的哲學』, 臺北, 臺灣商務印書館, 1989년, 169쪽 참조.

안 되는 것이다. 이러한 능력은 자신에게 도덕적 용기가 충만 되어져 있을 때 생기는 것으로 이를 '호연지기浩然之氣'라고 한다. '양기養氣'는 의지에 의해서 주관되는 것으로 마음으로 '기'를 제어하고 유도하여 도덕적인 방향성을 잃지 않도록 해야 하는 것을 의미하는 것이다.[20] 또한 '의가 쌓임集義'을 위해서는 끊임없이 '양지'의 선함을 모든 사물에 실현해야만 한다. 이러한 '호연지기'가 육체에 길러지게 되면 도덕적 용기와 지혜가 생기고 강렬한 소통능력을 갖추게 되어 타인의 말 배후에 담긴 의미를 알 수 있게 된다는 것이다. 맹자는 심성心性 수양의 지고한 경지를 '부동심不動心'으로 보았는데, 이는 마음에 일말의 미혹됨이 없을 때 자신의 가치판단이 제대로 서게 되어 모든 일에 대한 시비是非와 선악善惡을 정확하게 파악할 수 있기 때문이라고 생각했다. 이러한 '부동심'에 이르는 길은 바로 '지언知言'과 '양기養氣'에 있는 것이라고 맹자는 주장했다.

'지언'은 타인의 말 배후에 담긴 의미를 알 수 있게 된다는 것을 의미하는데, 그렇다면 타인과의 관계에서 과연 어떻게 언어를 소통하는 과정 속에서 상대방의 말이 편파적이고 · 근거 없고 · 둘러댄다는 것이 라는 것을 파악할 수 있는 것일까? 이러한 것은 결국 자기 성찰의 수양에 의지할 수밖에 없는 영역에 속하는 것이라고 할 수 있다. 맹자는 도덕생명의 가치에 대한 자각을 강조함과 동시에 이러한 자각심의 작용을 통하여 각종의 덕성을 이루고자 했다. 인간의 본성 즉 인성의 한 단계 업그레이드는 선한 단서의 확충 이외에 그것의 보존과 육성을 위해서 끊임없는 노력을 통하여 선한 단서를 마

20) 이혜경, 『맹자, 진정한 보수주의자의 길』, 서울, 그린비, 2008년, 116쪽 참조.

음이 잃지 않게 만들어야 하는 것이다. 한 걸음 더 나가 그러한 것들을 사람들 가운데서 실천해야 하며, 외부환경의 시련을 통하여 항상 자신의 언행거지를 관조하는 가운데 마음의 본체가 내외합일 할 수 있게 만들어야 하는 것이다.

그렇기 때문에 내가 타인을 사랑해도 그가 친하게 여기지 않는다면 자신의 '인仁'에 결함이 없는가를 돌이켜 반성해보아야 하는 것이며, 타인을 다스리려 해도 다스려 지지 않는다면 자신의 지혜가 부족하지 않는가를 돌이켜 반성해보아야 하는 것이며, 타인을 '예禮'로써 대해도 상대방이 응대하지 않는다면 자신의 태도에 상대방에 대한 공경심이 부족하지 않았는가를 돌이켜 반성해보아야 하는 섯이다. 외부환경을 거울삼아서 자기 자신을 성찰함과 동시에 마음속의 욕망에 의해서 가려지게 된 것을 제거한다면 인륜관계의 조화를 이룰 수 있을 것이다.

일반적인 사람들이 비록 '성인'이 될 수 있는 본성을 가지고는 있다고 하나, '성인'의 경지에 이르기 위한 과정 속에서 항상 된 도덕성을 유지하지는 못한다. 그렇기 때문에 반드시 자신을 돌이켜 반성하는 도덕실천의 수양이 필요한 것이다. 이러한 수양이 바로 맹자가 언급한 '사성思誠'이다. 자신을 돌이켜 반성하게 되면 진실하지 않은 것이 진실한 것으로 귀결되는데 이러한 것을 사람의 도道라고 하는 것이다. 인간이 만일 선함을 택하여 그것을 굳건하게 지키고 실천한다면 진실함은 자연히 수반되는 것이다. 이러한 인간의 내적 진실함이 외부로 발현되면 인간과 사물이 서로 교감하고 소통하게 되는 것이다.[21]

---

21) 蔡仁厚, 『孔孟荀哲學』, 臺北, 學生書局, 1991년, 257쪽 참조.

3. 정치 · 사회적 구현

맹자는 '성선설'을 주장하여 인간이 태어날 때부터 '인仁 · 의義 · 예禮 · 지智'라고 하는 '사단四端'을 갖추고 있다고 했는데, 그 가운데 '인仁'을 근본으로 '의義'를 실천으로 '예禮'를 규범으로 '지智'를 가치 판단의 기준으로 삼았다. 이러한 네 가지는 모두 선천적인 것으로 외부의 훈육이 필요치 않은 것이다. 맹자는 이러한 '불인인지심不忍人之心'[22]을 기반으로 하여 이를 정치적인 부분에 확대 적용하여 '인정仁政'사상을 도출해낸다.

맹자는 '왕도王道'를 선왕의 도道라고 여겼기 때문에 정치이상에 대하여 언급할 때마다 자주 주나라 문왕文王의 치적을 인용하여 '왕도'의 의미를 설명하곤 한다.

> 옛날에 문왕이 기산岐山지역을 다스릴 적에 경작하는 자들에게 정전제로 세금을 받았으며, 관리들에게는 대대로 녹봉을 주었으며, 관문과 시장에서는 사정을 살피기만 하고 세금을 걷지 않았으며, 물고기 잡는 것을 금지시키지 않았고, 죄인의 처자에게까지 처벌이 미치지 않게 했습니다. 늙어서 아내가 없으면 홀아비 라하고, 늙어서 남편이 없으면 과부라고 하고, 늙어서 자식이 없으면 무의탁자라 하고, 어려서 부모가 없으면 고아라고 합니다. 이 네 종류의 사람들은 이 세상에서 가장 곤궁한 백성들로서 하소연할 곳이 없는 사람들입니다. 문왕은 정치를 펴고 인仁을 베풂에 반드시 이 네 부류의 사람들을 먼저 돌보았습니다.[23]

---

22) 타인의 불행을 보고 참지 못하는 마음.

23) 『孟子』, 「梁惠王下」, "昔者文王之治岐也, 耕者九一, 仕者世祿, 關市譏而不征, 澤梁無禁, 罪人不孥. 老而無妻曰鰥. 老而無夫曰寡. 老而無子曰獨. 幼而無父曰孤. 此四者, 天下之窮民而無告者. 文王發政施仁, 必先斯四者."

존재가치의 측면에서 본다면 백성들이 있어야 만이 국가가 성립될 수 있는 것이기 때문에 백성들의 가치 및 존재감은 국가 보다 더 우위에 있는 것이라고 할 수 있다. 군주는 국가 운영의 필요에 의해서 존재하는 것이기 때문에 군주의 존재감은 국가와 백성들에 비하여 그 우위성이 떨어질 수밖에 없는 것이다.[24] 그렇기 때문에 백성은 귀한 존재라고 하는 관념은 고대로부터 전승되어져 왔던 것인데, 예를 들자면 "하늘은 우리 백성들로부터 통하여 보시고, 하늘은 우리 백성들로부터 통하여 들으신다."[25], "위대한 상제께서는 백성들에게 충심을 내리셨다."[26] 등이 그러한 것이다. 맹자는 좀 더 구체적으로 "백성이 가장 귀중하고, 국가가 그 다음이며, 임금은 가벼운 존재이다."[27]라고 하는 가치 관념을 제시한다. 민심의 향배에 의해서 국가의 흥망성쇠가 결정되기 때문에 천하를 얻는 길은 백성들의 지지를 획득하는데 있는 것이다. 이러한 백성들의 지지를 획득하기 위해서는 민심의 '호오好惡'를 장악하는 것이 중요하다고 할 수 있다. 군주가 정치를 시행하는 과정 속에서 매사를 백성들에게 유리하게 하고 백성들이 갈망하는 바를 베풀어 준다면 백성들은 반드시 그를 지지할 것이며, 백성들에게 해악을 입히면 백성들은 그를 증오하게 될 것이다. 그렇기 때문에 군주는 인재를 등용할 때에 마땅히 백성들의 여론을 참고해야만 하는 것이며, 그러한 여론을 토대로 등용할 인재에 대한 심도 있는 검증을 해야만 하는 것이다. 그러므로

---

24) 高柏園, 『孟子哲學與先秦思想』, 臺北, 文津出版社, 1996년, 92쪽 참조.

25) 『尙書』, 「泰誓」, "天視自我民視, 天聽自我民聽."

26) 『尙書』, 「湯誥」, "惟皇上帝, 降衷于下民."

27) 『孟子』, 「盡心下」, "民爲貴, 社稷次之, 君爲輕."

이상적인 정치는 백성들의 정서를 정확하게 파악하여 백성들이 진정으로 원하는 바에 부합할 수 있는 정치라고 할 수 있는 것이다.

왕도정치의 또 다른 관념은 덕성으로 '인정仁政'을 실천하는 것인데, 이는 덕치德治의 방식을 통하여 민심을 끌어안는 한편 이를 토대로 천하를 평정한다는 것이다. 이와 같이 백성들이 마음속으로부터 진정으로 기뻐하면서 군주를 신뢰하는 방식은 무력으로 '인仁'을 가장하는 패도覇道정치 방식과는 확연한 차이를 보이고 있다고 할 수 있는 것이다.

'왕도'관념의 제기는 맹자의 인성론에 기인한 점 외에도 당시의 시대적 상황과도 유기적으로 맞물려 있다고 할 수 있다. 즉 당시의 제후들은 천하의 쟁패를 위하여 경쟁적으로 자신의 이익에 힘쓰고 있었으며, 신하된 사람들은 자신의 이익을 염두에 두고 군주를 섬겼으며, 자식 된 사람들 역시 자신의 이익을 위하여 부모를 섬기는 등의 모든 사회가 눈앞의 성공과 이익에 급급한 행태를 보이고 있는 상황이었다. 맹자는 군주가 자신의 이익을 위해서 정치를 시행하게 되면 이는 모든 동란의 근원이 된다는 사실을 심도 있게 인식하고, 각국의 제후들에게 '의義'로 이익을 대체할 것과 '왕도'를 드높이고 '패도'를 내칠 것을 역설하면서, 천하의 혼란을 종식시키고자 하였다. 이와 동시에 군주들의 부단한 패업覇業 추구는 결국 백성들의 고통으로 직결된다고 하는 사실을 직시한 맹자는 백성들이 필요한 부분에 정치권력을 적절하게 운용해야한다고 강조했다.

또한 당시는 예악禮樂제도가 철저하게 붕괴되었던 시기였기 때문에 맹자는 더 이상 공자처럼 주周왕조의 문화를 존숭하지 않았으며, 덕성의 회복을 통하여 예악제도를 재건시키고자 하지도 않았다. 다만 그는 각 제후국의 군주들 가운데 '인정仁政'을 실행하는 군주만이 주周왕조를 대신하여 천하를 하나로 통일하여 안정시킬 수 있다고 생각했다. 그래서 제선왕齊宣王이나 양혜왕梁惠王 등의 군주들에게 탕왕이나 문왕의 치적을 본받아 실천할 것을 역설한다. 맹자가 그들에게 그러한 사실을 역설한 이유는 바로 탕왕은 칠십 리의 영토를 또한 문왕은 백리의 영토를 가지고서 '인정仁政'을 실행했기 때문에 결과적으로 천하를 통일하여 안정시킬 수 있었다는 사실을 일깨워주기 위해서였다.

맹자가 살았던 시대의 상황은 제후들 간의 영토 확장 경쟁이 매우 격렬했던 시기로 각국의 제후는 저마다 자신이 천하를 통일시킬 수 있기를 염원했으며, 자국의 세력을 끊임없이 확장하고자 했다. 그렇기 때문에 모든 정치적 조치는 모두 패권추구라고 하는 목적에 맞춰져 있었다. 이러한 시대적 상황 속에서 덕성으로 백성을 감화시키고 군주의 권력을 제한하고 백성을 존귀하게 여긴다고 하는 정치적 조치들은, 각국 군주들의 전쟁을 통한 천하통일이라고 하는 절박한 심정에는 부합하기 어려웠기 때문에 그 결실을 보기는 어려웠던 것이다. 적정진翟廷晉과 같은 경우 "맹자의 인정仁政방안은 봉건통치를 견고하게 하기 위한 조치로서 확실히 완벽한 것이라고 할 수 있다. 그러나 그것의 진정한 실행은 반드시 통일된 봉건제국이 건립된 뒤에야 만이 가능하며, 그 전에는 불가능하다고 할 수 있다."[28]라는 견해를 피력하고 있다. 그렇기 때문에 이러한 왕도정치관념은 현실적 요소와 이상적 요소를 동시에 구비하고 있었지만 당시의 제후들

---

28) 翟廷晉, 『孟子思想評析與探源』, 上海, 上海社會科學院出版社, 1992년, 12쪽 참조.

에게는 수용되지 못했던 것이다.

전국시대 말기에 이르러 토지겸병과 집중 현상은 매우 심각한 지경에 도달해 있었기 때문에 정전제도는 급격하게 와해되고, 그러한 시스템 속에 편입되어 있던 대다수의 농민들은 의탁할 곳을 상실하게 된다. 또한 당시 사회는 교육이 광범위하게 보급되지 못했기 때문에 사람들의 도덕실천의 확산 역시 제한적일 수밖에 없었다. 그래서 맹자는 "일정한 재산이 없으면서도 항상 일정한 마음을 가지고 있는 자는 선비만이 그러할 수 있습니다. 일반백성과 같은 경우에는 일정한 재산이 없으면 항상 일정한 마음이 없어집니다."[29]라고 하는 주장을 제기하며 우선적으로 백성들의 경제적 곤궁을 해결할 조치를 취할 것을 강조한다. 즉 일반적으로 지식인은 평소 수양공부를 통하여 생리적 욕구를 절제할 수 있는 능력을 갖추었으나, 일반인들은 대부분 생리적 욕구에 지배당하기 때문에, 기본적으로 생리적 욕구가 충족 된 뒤에야 비로소 도덕실천의 단계에 진입할 수 있다는 것이다. 다시 말하자면 경제문제가 해결될 때만이 도덕문제 역시 해결될 수가 있다는 것이다.[30] 그렇기 때문에 맹자는 성왕聖王의 통치는 백성들을 보호하고 사랑한다고 하는 '왕도정치' 이외에도 토지분배・사회보장・과세・산업 등과 같은 상호 관련 있는 제도에서부터 착수하여 그들의 생리적 욕구를 충족시켜주는 것도 포함된다고 생각했던 것이다.

경제정책에 있어서 맹자는 정전제도의 실시야말로 가장 이상적인

29) 『孟子』, 「梁惠王上」, "無恒産而有恒心者, 惟士爲能. 若民, 則無恒産, 因無恒心."

30) 許宗興, 『孟子的哲學』, 臺北, 臺灣商務印書館, 1989년, 256~257쪽 참조.

정책이라고 생각했다. 즉 백성들이 자신들의 사유지 경작을 통하여 생계를 유지하고, 공유지 경작을 통해서 얻어진 수익을 세금으로 충당한다면 국가의 재정 수입은 증가될 수밖에 없게 된다. 또한 이러한 정전제도의 특징은 토지소유자와 토지구획이 분명하다는 데에 있다. 이러한 시스템이 견고하게 구축 되면 당시에 갈수록 심각해졌던 토지겸병 현상을 제어할 수 있게 되어 백성들의 수익원을 보장할 수 있게 됨과 동시에 경작하는 사람들 모두는 자신의 경작지를 소유하게 된다고 하는 궁극적인 목표를 달성할 수 있게 된다. 이러한 정전제도의 구체적인 청사진은 다음과 같다.

다섯 무五畝의 집 가장자리에 뽕나무를 심으면 쉰 살이 된 노인이 비단옷을 입을 것이며, 닭이나 돼지, 개와 같은 가축들의 번식 시기를 놓치지 않게 하면 일흔 살이 된 노인이 고기를 먹을 것이며, 백 무百畝의 밭에 그 농사지을 시기를 빼앗지 아니하면 여덟 식구의 집안이 굶주리지 않을 것입니다.[31]

경작하는 농민이 분배받는 토지는, 한 가장이 백 무百畝인데 경작의 정도에 따라서 제일 부지런한 농부는 9명의 가족을 먹여 살릴 수 있고, 제일 부지런한 농부 다음가는 사람은 8명의 가족을 먹여 살릴 수 있고, 조금 부지런한 농부는 7명의 가족을 먹여 살릴 수 있고, 조금 부지런한 농부 다음가는 사람은 6명의 가족을 먹여 살릴 수 있고, 덜 부지런한 농부는 5명의 가족을 먹여 살릴 수 있다.[32]

31) 『孟子』, 「梁惠王上」, "五畝之宅, 樹之以桑, 五十者可以衣帛矣. 鷄豚狗彘之畜, 無失其時, 七十者可以食肉矣. 百畝之田, 勿奪其時, 八口之家可以無飢矣."

32) 『孟子』, 「萬章下」, "耕者之所獲, 一夫百畝. 百畝之糞, 上農夫食九人, 上次

토지는 백성들의 생계유지 수단인데, 이러한 자원의 보전 이외에 여타의 다른 자원들의 적절한 배분과 적시적인 운용을 통하여 백성들의 생산력을 신장시킬 것을 맹자는 극력 주장한다. 예를 들면 농업분야에서는 농사지을 시기를 빼앗지 않는 것이며, 임업분야에서는 벌목시기를 정하여 산림자원의 황폐화를 막는 것이고, 목축업분야에서는 가축들이 번식할 시기를 놓치지 않게 하는 것이며, 어업분야에서는 그물코 크기를 정해서 어족자원의 고갈을 막는 등의 조치를 취하는 것이었다. 이와 같이 농업 목축업 어업 등의 자원에 대한 적절하고 적시적인 운용과 제어를 실시한다면 백성들의 삶은 윤택해질 것이라고 맹자는 생각했다.

조세정책에 있어서 맹자는 춘추春秋시대 이전에 시행되었던 '십일조'제도를 적극적으로 찬동하는 태도를 견지한다. 맹자는 이러한 조세제도가 백성들의 부담을 경감시켜주는 한편 정부의 재정운용에도 합리적이고 적합한 소스를 제공해줄 수 있을 것이라고 생각했기 때문에 적극적으로 시행할 것을 촉구했던 것이다. 이러한 시스템 속에서는 조세로 거둬들이는 항목들 즉 베·곡식·노역에 대하여 그 가운데서 하나만을 징수했으며, 또한 상인들에게는 시장에서 다만 자릿세만 거둘 뿐 상품에 대한 세금은 부과하지 않고, 성곽의 관문에서는 통관세를 받지 않고, 농민들에게는 공전公田을 경작케 하여 그 생산물을 징수했을 뿐 그들의 사전私田에서 수확한 곡식에 대해서는 징세하지 않았던 것이다. 이와 같은 맹자의 이상적인 조치는 농민과 상인들의 적극적인 지지를 받기는 했지만, 부국강병을 제일의 화두

食八人, 中食七人, 中次食六人, 下食五人."

로 생각하고 있었던 각국의 제후들에게는 어떤 형태의 주목도 받지 못했었다. 통관세를 예로 들자면, 전국시대 이전에는 각 성곽의 관문에서 도적이나 타국사람의 출입에 대한 검사만이 이루어졌을 뿐 통관세의 징수는 아직까지는 없었다. 그러나 전국시대에 들어와서는 상공업의 발전과 교통의 발달로 인하여 외국과의 교역이 빈번해지자 통관세는 매우 중요한 세수로 자리매김하게 된다.[33] 그렇기 때문에 맹자의 조세정책은 제후들로부터 환영을 받지 못했던 것이다.

도덕교육 측면에 있어서 맹자는 '성인'이 천하를 다스림에는 백성들의 생리적 욕구를 만족시켜주고 안락한 삶의 여건을 마련해주는 것 이외에도 도덕교육에 힘써야 한다고 강조했다. 맹자는 도덕교육을 통하여 백성들의 행동과 관념이 도덕적으로 일정한 정도에 이를 수 있도록 해야 한다고 생각했다. 그래서 맹자는 "먹는 것을 배불리 하며 입는 것을 따뜻하게 하여 편안히 살면서 가르침이 없으면, 곧 짐승에 가까워진다."[34]라고 했던 것이다. 그렇기 때문에 고대사회에서는 상庠·서序·교校를 설립하여 백성들을 도덕적으로 교화시켰던 것이다. 그렇다면 이러한 도덕적 교화의 구체적인 내용에는 과연 어떠한 것들이 있을까?

> 요임금 때에는 천하가 아직 안정되지 못하여 홍수가 나서 온 천하에 범람하였다.……성인聖人이 근심하시어 설契을 사도로 삼아 인륜을 가르치게 하셨으니, 부자 사이에는 친애함이 있으며, 군신 사이에는 의리

---

33) 周金聲, 『中國經濟史』 卷二, 臺北, 環宇, 1973년, 267~269쪽 참조.

34) 『孟子』, 「滕文公上」, "飽食、煖衣、逸居而無敎, 則近於禽獸."

가 있으며, 부부 사이에는 구별함이 있으며, 장유 사이에는 서열이 있으며, 붕우 사이에는 믿음이 있는 것이다.[35]

오륜五倫의 내함에는 사람들 사이에서 서로 지켜야할 도리를 강조하는 것이 있는데, 그 가운데 군신과 붕우 사이의 윤리는 사회윤리에 속하고 부자와 부부 및 형제 사이의 윤리는 가정윤리에 속하는 것이다. 오륜의 규범을 통하여 완전한 인격을 양성하고 가정을 유지시켜 조화로운 사회를 만들 수 있는 것이다. 이러한 도덕교화는 바로 학교를 통해서 시행되는 것이라고 할 수 있다. 맹자는 학교가 고대부터 교육을 담당해온 곳이라고 했으며, 이러한 학교는 통치자가 설립하여 백성들에 대한 도덕교육을 보편적이고 전면적으로 시행해야만 하는 것이라고 강조했다.

실천하여서 얻지 못함이 있으면 모두 돌이켜 자기 자신에게서 찾아야 하니, 자기 한 몸이 올바르면 천하가 돌아온다.[36]

군주가 인仁하면, 불인不仁이 없으며, 군주가 의義로우면 불의不義가 없으며, 군주가 바르면 바르지 않음이 없을 것이다. 한번 군주의 마음을 바르게 하면 나라가 안정安定하리라.[37]

인언仁言은 인성仁聲이 사람들에게 깊이 들어가는 것만 못하고, 선정

---

35) 『孟子』, 「滕文公上」, "當堯之時, 天下猶未平, 洪水橫流, 氾濫於天下……聖人有憂之, 使契爲司徒, 教以人倫 父子有親, 君臣有義, 夫婦有別, 長幼有序, 朋友有信."

36) 『孟子』, 「離婁上」, "行有不得者, 皆反求諸己, 其身正而天下歸之."

37) 『孟子』, 「離婁上」, "君仁莫不仁, 君義莫不義, 君正莫不正. 一正君而國定矣."

> 善政은 선교善教가 민심을 얻는 것만 못하다. 선정은 백성들이 두려워하고, 선교는 백성들이 사랑하니, 선정은 백성들의 재물을 얻고 선교는 백성들의 마음을 얻는다.[38]

위의 인용문에서와 같이 맹자는 '성선론'을 기초로 모든 사람들이 모두 선한 단서를 가지고 있다고 하는 전제하에, 군주가 먼저 자신을 바르게 하여 천하의 모든 사람들의 모범이 된다면 백성들은 자연히 군주를 본받게 되는 것이고, 또한 그들이 선한 본성의 확충을 통하여 윤리도덕을 실천할 수 있게 되어 부모에게 효도를 할 수 있게 된다고 생각했다. 이와 같이 왕도정치의 이상은 일반백성들에 대한 보민保民·양민養民·위민爲民정책 시스템의 구축과 도덕교육에 있는 것이며, 좀 더 구체적으로는 사회적 약자에 대한 관심과 구제활동을 통하여 전체 사회 구성원들이 노인은 천수를 다 누리고 젊은이들은 적합한 일을 하고 홀아비·과부·고아·무의탁자·장애인 등과 같은 이들이 사회적 배려를 받는 것이 바로 유가에서 창조하고 추구하려 하는 이상적인 사회의 모식인 것이다.

4. 맺는 말

이상과 같은 맹자의 '성인관'에 대하여 '성인'의 내적 수양과 정치·사회적 구현을 중심으로 조명해보았는데, 이를 정리하면 다음과 같다.

---

38) 『孟子』, 「盡心上」, "仁言, 不如仁聲之入人深也. 善政, 不如善教之得民也. 善政民畏之, 善教民愛之; 善政得民財, 善教得民心."

맹자가 언급한 '성인'은 이상 속의 존재가 아닌 현실세계 속에 존재하는 사람이라고 할 수 있다. 맹자는 모든 인간들은 하나같이 선한 단서를 가지고 있는데, 만일 그러한 선한 단서를 확충한다면 모두가 요임금이나 순임금과 같은 '성인'이 될 수 있다고 생각했다. 또한 이러한 선한 단서를 확충하기 위해서는 반드시 먼저 선한 단서에 대한 인식이 필요하며, 그것에 대한 인식은 선천적으로 인식하는 것과 후천적인 노력을 통하여 점진적으로 인식하는 것이 있다. 맹자는 '성인'을 선천적인 것과 후천적인 것으로 구분하여, 태어나면서부터 선한 단서를 인식하는 것과 배워서 선한 단서를 인식한다고 하는 것이 모두 '성인'이라고 하는 사실을 분명하게 긍정한다.

맹자는 인간의 '측은 · 수오 · 사양 · 시비'라고 하는 네 가지의 마음이 바로 인간이 본래 구비한 선한 단서라고 했다. 이러한 선한 단서는 이론적으로 설정한 것이 아닌 실천적인 발견인 것이다. 또한 이와 같은 실천적인 발견은 선천적으로 혹은 반성적 사고를 통해서만이 가능했던 것이다. 이러한 선한 단서는 맹자가 "외부로부터 나에게 녹아져 스며들어온 것이 아니고, 내게 본래부터 갖춰져 있는 것이다."라고 언급한 바와 같이 내재적인 것이며, 모든 사람에게 구비되어 있는 것이고 또한 모든 사람의 마음에 그렇게 여기는 것이 있는 것처럼 보편성을 갖추고 있는 것이다.

맹자는 '성인'의 경지에 이르는 방법론으로 본심의 보존을 제시하고 있는데, 그것의 구체적인 보존 방법은 '인仁'과 '예禮'로써 보존하는 것이라고 했다. 또한 이러한 본심을 잘 길러야한다는 것 역시 강조했는데, 그것의 구체적인 양성방법은 물질적 욕망에 의해서 본심이 해침을 당하지 않도록 하는 것이라고 했다. 또한 일반적인 사람들이 비록 '성인'이 될 수 있는 본성을 가고는 있다고 하나, '성인'의 경지에 이르기 위한 과정 속에서 항상 된 도덕성을 유지하지는 못한다. 그렇기 때문에 반드시 자신을 돌이켜 반성하는 도덕실천의 수양이 필요한 것이다. 이러한 수양이 바로 맹자가 언급한 '사성思誠'이다. 자신을 돌이켜 반성하게 되면 진실하지 않은 것이 진실한 것으로 귀결되는 것이며 이러한 것을 사람의 도道라고 하는 것이다. 인간이 만일 선함을 택하여 그것을 굳건하게 지키고 실천한다면 진실함은 자연히 수반되는 것이다. 이러한 인간의 내적 진실함이 외부로 발현되면 인간과 사물이 서로 교감하고 소통하게 되는 것이다.

맹자는 '불인인지심不忍人之心'을 기반으로 하여 이를 정치적인 부분에 확대 적용하여 '인정仁政'사상을 도출해낸다. 이러한 '왕도정치' 사상의 제기는 맹자의 인성론에 기인한 점 외에도 당시의 시대적 상황과도 유기적으로 맞물려 있다고 할 수 있는데, 즉 당시의 제후들은 천하의 쟁패를 위하여 경쟁적으로 자신의 이익에 힘쓰고 있었으며, 신하된 사람들은 자신의 이익을 염두에 두고 군주를 섬겼으며, 자식 된 사람들 역시 자신의 이익을 위하여 부모를 섬기는 등의 모든 사회가 눈앞의 성공과 이익에 급급한 행태를 보이고 있는 상황이었다. 그렇기 때문에 맹자는 군주가 자신의 이익을 위해서 정치를 시행하게 되면 이는 모든 동란의 근원이 된다는 사실을 심도 있게 인식하고 각국의 제후들에게 '의義'로 이익을 대체할 것과 '왕도'를 드높이고 '패도'를 내칠 것을 역설하면서 천하의 혼란을 종식시키고자 하였다. 이와 동시에 군주들의 그침 없는 패업 추구는 결국 백성들의 고통으로 직결된다고 하는 사실을 직시한 맹자는 백성들이 필요한 부분에 정치권력을 적절하게 운용해야한다고 강조했다.

맹자는 백성들의 경제문제가 해결될 때만이 도덕문제 역시 해결될 수 있다고 생각했다. 그렇기 때문에 그는 성왕의 통치는 백성들을 보호하고 사랑한다고 하는 '왕도정치' 이외에도 토지분배 · 사회보장 · 과세 · 산업 등과 같은 상호 관련 있는 제도에서부터 착수하여 그들의 생리적 욕구를 충족 시켜주는 것도 포함된다고 주장했던 것이다. 맹자는 이와 같은 백성들의 경제적 문제가 선결된 후에 도덕교육에 힘써야 한다고 강조했다. 즉 맹자는 도덕교육을 통하여 백성들의 행동과 관념이 도덕적으로 일정한 정도에 이를 수 있도록 해야 한다고 생각했다. 이러한 도덕교육을 통하여 사회적 약자에 대한 관심과 구제활동을 전개하여 결국에는 모든 사회 구성원들이 노인은 천수를 다 누리고 젊은이들은 적합한 일을 하고 홀아비 · 과부 · 고아 · 무의탁자 · 장애인 등과 같은 이들이 사회적 배려를 받는 것이 바로 맹자가 추구했던 이상적인 사회의 모식인 것이다.

참고문헌

孫星衍, 『尙書今古文注疏』, 『平津館叢書』 本.
劉寶楠, 『論語正義』, 『續皇淸經解』 本.
焦循, 『孟子正義』, 『焦氏遺書』 本.
許宗興, 『孟子的哲學』, 臺北, 臺灣商務印書館, 1989년.
高柏園, 『孟子哲學與先秦思想』, 臺北, 文津出版社, 1996년.
翟廷晉, 『孟子思想評析與探源』, 上海, 上海社會科學院出版社, 1992년.
蔡仁厚, 『孔孟荀哲學』, 臺北, 學生書局, 1991년.

牟宗三,『從陸象山到劉蕺山』, 臺北, 學生書局, 1990년.
徐復觀,『中國人性論史』 先秦篇, 臺北, 臺灣商務印書館, 1990년.
唐君毅,『中國哲學原論』 原道篇 卷一, 臺北, 學生書局, 1992년.
周金聲,『中國經濟史』 卷二, 臺北, 環宇, 1973년.
이혜경,『맹자, 진정한 보수주의자의 길』, 서울, 그린비, 2008년.

제6장
경제론

1. 시작하는 말

맹자는 공자의 철학사상을 계승하여 발전시켰다고 할 수 있다. 맹자의 경제사상은 농민과 수공업자 등을 포함한 기층의 생산자 계층의 요구를 대표한다고 할 수 있다. 맹자는 분업과 가격 및 농단 등의 개념에서 기본적이고 정확한 자신의 견해를 제기했다. 맹자의 이론이 반영하는 계층은 비교적 복잡하기 때문에, 그의 경제관점에는 마음을 쓰는 것과 육체의 힘을 쓴다고 하는 관점이 존재하고 있으며, 또한 농민들에게 토지를 제공해야 한다고 하는 관점이 담겨져 있고, 농민들을 행복하게 만들고자 하는 관점 역시 포함되어 있는데, 예를 들자면 정전제도井田制度가 바로 그러한 것이라고 할 수 있는 것이다. 그러나 어떤 측면의 문제에 있어서는 맹자가 백성들의 이익을 위해서 변호한다고들 하고는 있지만, 한편으로는 민중들을 대표하는 학파에 대하여 공격적인 태도를 취하기도 한다. 예를 들면 묵가와 농가에 대한 비판이 그것이다.

현대의 일부 학자들은 맹자가 어떤 때에는 자신의 주장을 강력하게 강조하기 위하여 다른 사람들의 학설에 대하여 신랄하게 공격함으로써 자신의 이론을 증명하려 했다고 주장하고 있기도 하다.[1] 예를 들자면 맹자가 주장한 홀아비와 과부 및 고아와 외로운 사람 등의 구제는 왕도정치의 시작인데, 자산子產의 "자신의 수레에 사람들을 태워 진수・유수를 건너게 해주었다"[2]는 것과 같은 구제행위에 대하여 비토를 한 것이 그것이다. 또한 어떤 사람은 맹자가 생산을 장려했기 때문에 구제정책에 반대했다고도 한다. 맹자가 생산을 장려한 것은 정확한 사실이지만, 곤경 속에서 신음하고 있는 백성 한 사람을 구제 하는데 그치거나 혹은 한 사람 한 사람을 기쁘게 하는데 그치는 것이 아니라, 그들의 근본적인 삶을 보장할 수 있는 기반을 마련해주는 정책이 바로 맹자의 왕도정치 정신이 추구하는 가치라고 할 수 있는 것이다.

맹자의 경제사상은 긍정적으로 평가받을 만한 부분이 매우 많다고 판단된다. 특히 정교하게 주장한 사회적인 분업의 이론 같은 경우와 '농단'관념과 실질적으로 경제의 기본정신을 중시한 점들은 정당한 평가를 받을 만한 가치가 있다고 생각된다.

본문에서는 맹자의 경제사상에 대하여 조세이론과 분업이론 그리고 물가정책 이론을 중심으로 논의를 진행했다.

---

1) 陳紹聞, 『中國經濟思想簡史』, 上海, 上海人民出版社, 1978년, 95쪽 참조.

2) 『孟子』, 「離婁下」, "以其乘輿濟人於溱洧."

2. 조세이론

맹자의 재정관련 사상은 그의 왕도정치사상의 기초가 된다고 할 수 있으며, 한편으로는 왕도정치를 실행하기 위해서는 충분한 재정 수입이 없이는 불가능했다.

> 일 아닌 것이 없어서 봄이면 경작하는 것을 살펴 부족한 것을 보충해주고, 가을이면 거두는 것을 살펴서 모자라는 것을 돕습니다.[3)]

> 천하를 얻는 것에 도가 있으니, 그 백성을 얻으면 곧 천하를 얻을 것이다. 그 백성을 얻는 것에 도가 있으니 그 마음을 얻으면 곧 백성을 얻을 것이다. 그 마음을 얻는데 도가 있으니, 바라는 것을 그들을 위해 모아주고, 싫어하는 것을 해주지 않는 것이다.[4)]

> 군주가 도를 지향하지 않고 인에 뜻을 두지 않는데, 그를 부유하게 함을 구하면 이는 걸을 부유하게 하는 것이다.[5)]

> 이와 같이 본다면 군주가 인정을 행하지 않는데도 부유하게 한다면 모두 공자에게 버림받을 자이다.[6)]

위의 인용문에서와 같이 볼 수 있듯이 맹자는 국가의 조세정책은

---

3) 『孟子』, 「梁惠王下」, "無非事者, 春省耕而補不足, 秋省斂而助不給."

4) 『孟子』, 「離婁下」, "得天下有道 得其民, 斯得天下矣. 得其民有道 得其心, 斯得民矣. 得其心有道 所欲與之聚之, 所惡勿施爾也.."

5) 『孟子』, 「告子下」, "君不鄕道, 不志於仁, 而求富之, 是富桀也."

6) 『孟子』, 「離婁上」, "由此觀之, 君不行仁政而富之, 皆棄於孔子者也."

백성들에게 유리하게 시행하는 것을 원칙으로 해야 한다고 생각했으며, 만일 그것이 백성들에게 불리하게 적용된다면 조세를 증세시켜서는 안 된다고 주장했다. 즉 맹자는 조세를 징수하거나 증세하는 것의 기준은 백성들에게 유리한지의 여부에 따라서 결정되어져야 한다고 주장했던 것이다. 호기창胡寄窗은 맹자가 말하는 백성이란 곧 피통치자계층의 사람들을 지칭하는 것으로 신흥지주계층의 사람들 역시 그 속에 포함된다고 하였으며, 조세를 징수하는 국가의 군주는 당시의 봉건영주를 지칭한다고 했다. 즉 맹자는 피통치자계층의 사람들을 대표하여 재정 부담과 조세의 징수를 백성들에게 유리하도록 경감시켜줘야 한다고 주장했다. 맹자의 관념 속에서의 주요한 납세자는 바로 신흥지주와 농민과 공인 등과 같은 생산업에 종사하는 사람들이었다. 맹자는 만일 군주가 "도를 지향하지 않음", "인에 뜻을 두지 않음", "인정을 행하지 않음"과 같은 상태에 있음에도 불구하고 그에게 납세를 한다면, 이는 무도한 군주에게 더 힘을 실어주거나 혹은 백성들에게 폐해를 증가시키는 것과 같은 것이라고 생각했다. 그러므로 맹자의 기본정신은 정치의 좋고 나쁨이 백성들의 납세여부의 조건이 된다고 하는 것에 있다.[7]

맹자는 단일 농업세라고 하는 조세제도를 시행할 것을 주장했는데,[8] 이는 그것의 시행이 상당히 어려운 제도라고 할 수 있다. 왜냐하면 이러한 제도의 시행과 유사한 주장이 서양에서는 18세기에 이르러 비로소 중농주의학파에 의해서 제기되었기 때문이다.

---

7) 胡寄窗, 『中國經濟思想史』, 上海, 上海人民出版社, 1983년, 247쪽 참조.

8) 葉龍, 『歷代人物經濟故事』, 香港, 壹出版有限公司, 1996년, 31쪽.

> 시장에서 자릿세만 받고 상품 거래세는 받지 않거나, 법으로 다스리기만 하고 자릿세도 받지 않으면 천하의 장사하는 사람이 다 기뻐하여 그 나라의 시장에 상품을 두고 팔기를 바랄 것이다. 관문에서는 살피기는 하되 세금을 받지 아니하면, 천하의 나그네가 다 기뻐하여 그 나라의 길에 나서기를 바랄 것이다. 농부에게는 공전을 경작하게 할 뿐 다른 세금을 받지 아니하면 천하의 농사짓는 자가 다 기뻐하여 그 나라의 땅에서 농사짓기를 바랄 것이다. 거주하는 주택에 인두세와 가구세가 없으면 천하의 백성이 다 기뻐하여 그 고장의 주민이 되기를 바랄 것이다.[9)]

시장에 있는 상점에게 징세하지 않고 상품을 규정된 법에 의해서 사고팔게 할 뿐 상품 거래세를 징수하지 않으며, 관문에서 여행객들을 검문만 할 뿐 통행세를 징수하지 않으며, 택지에서 생산된 작물이 없으면 토지세를 징수하지 않고, 직업이 없는 사람들에게 인두세를 매기지 않는다고 하는 맹자의 조세정책은 국가의 재정수입을 주로 농업생산의 세금으로 충당하는 것으로 볼 수 있다.

맹자는 송나라의 대부였던 대영지戴盈之가 주장한 관문세나 시장세의 점진적인 철폐에 대하여 즉시 철폐하고 농업생산에 대한 세금만을 징수할 것을 주장한다. 농업생산세의 징수에 대하여 맹자는 "공전을 경작하게 할 뿐 다른 세금을 받지 않음"을 주장하는데, 이는 곧 국가가 대지주가 되어 백성들에게 공전公田을 경작케 하여 그

9) 『孟子』, 「公孫丑上」, "市, 廛而不征, 法而不廛, 則天下之商皆悅, 而願藏於其市矣. 關, 譏而不征, 則天下之旅皆悅, 而願出於其路矣. 耕者, 助而不稅, 則天下之農皆悅, 而願耕於其野矣. 廛, 無夫里之布, 則天下之民皆悅, 而願爲之氓矣."

생산물로 세금을 충당케 한다는 것이다. 이러한 "공전을 경작하게 할 뿐 다른 세금을 받지 않음"은 맹자의 이상적인 조세정책이었던 것이다. 맹자가 생존했던 시대의 조세징수 방법은 크게 구분하면 두 가지(현물과 노동) 형식으로 시행되었을 것이다. 즉 맹자가 "직물과 명주로 받는 징수, 곡식으로 받는 징수, 노동력으로 받는 징수가 있다"[10]라고 언급한 것이 그것이다. 고대 중국 사회에서 시행된 세금 징수는 직물로 하는 과세와 곡식으로 하는 과세와 노동력으로 하는 과세의 세 종류가 있었다. 맹자는 군주가 국가를 통치함에 세 종류의 과세 가운데 하나만을 징수해야 한다고 생각했는데, 만일 두 가지를 징수한다면 백성들은 굶주리게 될 것이며, 세 가지 모두를 징수 한다면 결국에는 백성들은 온 가족이 해체되고 국가질서는 무너지게 될 것이라고 생각했다.

조세제도에서 단일 과세제를 주장한 것 이외에 맹자는 과세방식에 대해서도 매우 정밀한 분석을 내놓는다. 즉 맹자는 용자龍子의 의견에 동조하여 공납방식이 최악이고 공전을 경작케 하여 그 생산물로 세금을 충당하는 것을 최선으로 보았다. 공납은 그 액수의 많고 적음을 파악하기 위해서는 반드시 사전에 계산을 하여야만 하는데, 그 계산방법은 경작지의 몇 년간의 수확량을 평균으로 삼아서 산정한다. 즉 "공은 여러 해를 비교해서 그 중간치를 표준으로 삼는다."[11] 다시 말하면 납세를 해야 하는 백성들의 공물 수량은 이러한 계산의 평균액을 기준으로 하여 결정되는 것이라고 할 수 있다.

---

10) 『孟子』, 「盡心下」, "有布縷之征, 粟米之征, 力役之征."

11) 『孟子』, 「滕文公上」, "貢者校數歲之中以爲常."

> 풍년이 든 해에는 쌀이 넘칠 정도로 흔하여 세금으로 많이 가져가도 가혹하지 않는데 적게 가져가고, 흉년에는 생산이 그 밭의 비료 값도 안 되는데 반드시 가득하게 가져가니, 백성의 부모가 되어서 백성들이 원망을 품게 하고, 일 년 내내 일을 하고도 그 부모를 봉양하지 못하게 하고, 또 빚으로 보태어 세금을 내게 하여 이자를 더 받아서, 늙은이와 어린이들이 개천과 구덩이 속에 굴러 죽게 하면 어디에 그 백성의 부모 됨이 있는가?[12)]

이와 같이 볼 때, 공납방식을 채용하게 된다면 많은 사회적 문제들이 야기될 수 있다. 즉 공납금액이 한번 결정된 이후에는 융통성과 신축성이 부족할 수밖에 없기 때문에, 백성들의 입장에서는 풍년이 든 해에는 다소 많은 양을 징수한다고 해도 가혹하다고 생각하지 않지만, 한번 정헤진 공납금액은 바꿀 수 없기 때문에 더 많은 양을 징수할 수 없는 것이다. 또한 흉년이 든 해에는 비료대기도 부족한데도 불구하고 공납금액 맞춰 징수해가니 백성들은 과도한 부담을 질 수밖에 없는 것이다. 공전을 경작케 하여 그 생산물로 세금을 충당하는 방법은 백성들이 노동력을 제공하여 공전에서 생산된 수확물로서 세금을 대납하게 하는 것이기 때문에 풍년이나 흉년에 구애받지 않고 안정적으로 세금을 납부할 수 있게 되는 것이다. 그러므로 맹자는 이러한 세금부과 방식이야말로 가장 이상적인 제도라고 생각했던 것이다.[13)]

---

12) 『孟子』, 「滕文公上」, "樂歲, 粒米狼戾, 多取之而不爲虐, 則寡取之. 凶年, 糞其田而不足, 則必取盈焉. 爲民父母, 使民盻盻然, 將終歲勤動, 不得以養其父母, 又稱貸而益之. 使老稚轉乎溝壑, 惡在其爲民父母也?"

13) 葉龍, 『歷代人物經濟故事』, 香港, 壹出版有限公司, 1996년, 32쪽.

기본적으로 맹자는 수확량의 십분의 일을 농업세로 징수할 것을 주장했는데, 그가 이러한 주장을 한 근거는 바로 하夏・상商・주周 삼대의 "그 실상은 모두 십일조 세 이다"[14]세율에 의거한 것이라고 할 수 있다. 또한 송나라 대부 대영지戴盈之가 제기했던 "십일조 세와 관문・시장의 세금 철폐"[15]의 세제에 의거했다고 할 수 있다.

백규가 "나는 이십분의 일만을 세금으로 받고자 하는데 어떻겠습니까?"라고 말하자, 맹자가 "그대의 도는 맥족의 도이다. 일만 호가 사는 나라에 한 사람이 질그릇을 만든다면 되겠는가?"라고 물었다. 백규가 "안 됩니다. 그릇이 쓰기에 족하지 않습니다."라고 대답했다. "맥족의 나라는 곡식이 나지 못하고 오직 기장만 나니, 성곽이며 궁실이며 종묘에서 제사하는 예가 없으며, 제후의 폐백이며 손님 접대가 없으며, 백관이며 실무관리가 없는지라 그러므로 이십에서 일을 취하여도 충분하다. 지금 중원에 살면서 인륜을 버리고 군자를 없이하면 어찌 옳겠는가. 질그릇 굽는 사람이 적을지라도 또한 나라를 위하여 옳지 않은데 하물며 군자가 없다니! 요순의 도보다 가볍게 하고자 하는 자는 대맥이거나 소맥이요, 요순의 도보다 무겁게 하고자 하는 자는 대걸 이거나 소걸이다."[16]

---

14) 『孟子』, 「滕文公上」, "其實皆什一也."

15) 『孟子』, 「滕文公下」, "什一, 去關市之征."

16) 『孟子』, 「告子下」, "白圭曰: '吾欲二十而取一, 何如?' 孟子曰: '子之道, 貉道也. 萬室之國, 一人陶, 則可乎?' 曰: '不可, 器不足用也.' 曰: '夫貉, 五穀不生, 惟黍生之. 無城郭宮室宗廟祭祀之禮, 無諸侯幣帛饔飧, 無百官有司, 故二十取一而足也. 今居中國, 去人倫, 無君子, 如之何其可也? 陶以寡, 且不可以爲國, 況無君子乎? 欲輕之於堯舜之道者, 大貉小貉也. 欲重之於堯舜之道者, 大桀小桀也.'"

백규白圭는 전국시대의 재벌로서 이십분의 일의 세금만을 걷을 것을 주장했는데, 이렇게 할 경우 반드시 농업세 이외의 기타 세수로서 부족분을 충당해야만 하는 상황이 발생할 수 있다. 맹자는 단일 농업세로부터 충분한 국가재정의 확충 문제까지 고려했기 때문에 백규의 징세방식에 대하여 반대를 했던 것이다. 이와 같이 볼 때 맹자는 과중한 세금징수에 반대했을 뿐만 아니라 국가재정을 부족하게 만들 수 있는 과도한 감세정책 역시 반대했다고 할 수 있다.

3. 분업이론

분업이론은 맹자 경제사상의 핵심이라고 할 수 있는데, 그는 분업의 필요성과 분업의 효용성에 대하여 명확한 인식과 함께 매우 정밀한 이론체계를 수립했다. 호기창胡寄窗은 맹자가 인식하고 이론체계를 수립한 분업이론은 고대의 학자들 가운데서도 매우 찾아보기 드문 경우라고 주장했다.17)

맹자의 분업 필요성에 관한 사상은 허행許行의 자급자족이론에 대한 반대의 입장표명에서 찾아볼 수 있다.

> 맹자가 "허행이라는 사람은 반드시 곡식을 심은 뒤에 먹는가?"라고 묻자, 진상이 "그렇습니다."라고 대답했다. "허행이라는 사람은 반드시 베를 짠 뒤에 옷을 입는가?"라고 묻자, 진상이 "아닙니다. 허행은 갈옷을 입습니다."라고 했다. "허행은 갓을 쓰느냐?" "갓을 씁니다." "무슨 갓을 쓰느냐?" "흰 갓을 씁니다." "스스로 짜느냐?" "아닙니다. 곡식과

17) 胡寄窗, 『中國經濟思想史』, 上海, 上海人民出版社, 1983년, 238쪽 참조.

바꿉니다.” “허행은 어찌 스스로 짜지 않는가?” “농사를 짓는데 방해가 되기 때문입니다.” “허행은 솥과 시루에 불 때어 밥 지으며, 쇠 쟁기로 밭을 가느냐?” “그렇습니다.” “스스로 만드느냐?” “아닙니다. 곡식으로 바꿉니다.” “곡식으로 기물을 바꾸는 것은 대장장이를 괴롭히는 것이 되지 않으니, 대장장이가 또한 기물로 곡식을 바꾸는 것이 어찌 농부를 괴롭히는 것이 되느냐? 또 허행은 어찌 대장장이를 하여, 모두 그 집안에서 내어다가 취하여 쓰지 않는가? 어찌 어수선하게 온갖 장인으로 더불어 교역을 하는가? 어찌 허행은 번거로움을 거부하지 않는가?” “온갖 장인의 일은 본디 밭을 갈면서 같이 하지 못할 노릇입니다.” “그러면 천하를 다스리는 것만은 농사를 지으면서도 또한 같이 할 수 있다는 것이냐? 대인의 일이 있고 소인의 일이 있다. 또 한 사람의 몸에 온갖 장인이 하는 일을 갖추었어도, 만일 반드시 자기가 만든 뒤에 쓴다면 이것은 천하 사람들을 거느리고 분주하게 오가느라 쉴 새가 없는 것이다.”[18)]

맹자와 진상陳相의 대화 속에서 맹자가 치국의 도리로써 허행許行의 군주 자급설의 이론을 반박하는 것을 볼 수 있다. 맹자의 분업이론은 매우 명료하고 실제상황과 결합되어 있기 때문에 그 누가 본다고 해도 바로 명확하고 쉽게 사회적 분업의 중요성을 알 수 있게

18) 『孟子』, 「滕文公上」, “孟子曰: 許子必種粟而後食乎? 曰: 然. 許子必織布而後衣乎? 曰: 否. 許子衣褐. 許子冠乎? 曰: 冠. 曰: 奚冠? 曰: 冠素. 曰: 自織之與? 曰: 否. 以粟易之. 曰: 許子奚爲不自織? 曰: 害於耕. 曰: 許子以釜甑爨, 以鐵耕乎? 曰: 然. 自爲之與? 曰: 否. 以粟易之. 以粟易械器者, 不爲厲陶冶. 陶冶亦以其械器易粟者, 豈爲厲農夫哉? 且許子何不爲陶冶. 舍皆取諸其宮中而用之? 何爲紛紛然與百工交易? 何許子之不憚煩? 曰: 百工之事, 固不可耕且爲也. 然則治天下獨可耕且爲與? 有大人之事, 有小人之事. 且一人之身, 而百工之所爲備. 如必自爲而後用之, 是率天下而路也.”

만든다. 맹자는 곡식으로 기물을 교환하는 행위가 장인에게 해를 끼치는 것이 아니고, 또한 기물로 곡식을 교환하는 것이 농부에게 해를 끼치는 것이 아니라고 역설한다. 이것뿐만 아니라 한 개인이 사용해야할 일용품들은 모두 장인들에 의한 제작 생산이 필요한 것으로, 만일 그렇지 않고 자신이 이용할 일용품을 스스로 제작해서 사용해야만 한다면 모든 사람들은 결국 생업의 포기나 혹은 일용품 생산의 포기라는 극단적인 선택을 강요받게 될 것이라고 했다.

> 그대가 공들인 내용을 서로 소통시키고 일하여 만든 물건을 서로 바꾸게 하여 남는 것을 가지고 모자라는 것을 보충하지 않는다면, 농부에게는 곡식이 남아돌고, 여자에게는 삼베가 남아 돌 것이다. 그러나 그대가 만일 이것을 서로 융통한다면 목수와 수레를 만드는 공인이 모두 그대에게서 먹을 것을 얻을 것이다.[19]

위의 인용문에서 볼 수 있듯이 맹자는 분업의 필요성에 대하여 언급했을 뿐만 아니라, 분업의 장점에 대해서도 이미 숙지하고 있었다. "공들인 내용을 서로 소통시키고 일하여 만든 물건을 서로 바꾸는 것"이라고 하는 말은 사람들이 생산한 제품을 융통성 있게 서로 교환하여 사용한다는 것을 의미한다. 즉 사람들이 제각기 지니고 있는 고유한 업무를 통하여 생산한 물품을 서로가 필요한 사람들끼리 교환해서 사용한다는 것이다. 이러한 주장은 물물교환의 효용성뿐만 아니라 사회적 분업의 좋은 효과까지 설명하고 있는 것이라고 할

19) 『孟子』, 「滕文公下」, "子不通功易事, 以羨補不足, 則農有餘粟, 女有餘布. 子如通之, 則梓匠輪輿皆得食於子."

수 있다. "공들인 내용을 서로 소통시키고 일하여 만든 물건을 서로 바꾸는 것"은 장인이나 농민을 막론하고 모두에게 유익하다고 할 수 있는데, 만일 이러한 물물교환이 없다고 한다면 농민들은 매년 수확한 곡식들 가운데 식량으로 소비하는 것 외에 잉여분을 팔 수 없게 되는 현실에 직면하게 된다. 또한 농가에서 부녀자들이 생산해낸 직물 역시 다른 물품과 교환이 불가능해진다. 마찬가지로 수공업 분야에서도 물물교환이 불가능해질 경우 장인들은 자신들이 생산한 제품으로 곡식과 직물을 교환하는 일이 불가능해지게 된다. 장인과 농민이 분업을 통하여 피차 모두가 필요한 물품을 확보하게 되는 것이니 이는 그들 모두에게 유익한 것이 되는 셈이다. 구체적으로 말하자면 장인은 자신의 수공업에만 전념하면 될 뿐 구태여 농업이나 직물 생산에 종사할 필요가 없는 것이며, 농민 역시 농업에만 전념하면 된다는 것이다.

맹자는 분업의 개념을 한 단계 더 발전시켜 정신적인 노동과 육체적인 노동에까지 응용하는데 다음과 같다.

> 어떤 이는 마음으로 힘쓰고, 어떤 이는 육체로 힘쓰는 것이니, 마음으로 힘을 쓰는 자는 다른 사람을 다스리고, 육체로 힘쓰는 자는 다른 사람에게 다스림을 받는다고 하니, 다른 사람에게 다스림을 받는 자는 남을 먹이고, 다른 사람을 다스리는 자는 남에 의해서 먹는 것이 천하에 통용되는 도리이다.[20]

맹자는 천하를 다스리는 일은 군자의 업무라고 생각하였으며, 이

---

20) 『孟子』, 「滕文公上」, "或勞心, 或勞力. 勞心者治人, 勞力者治於人; 治於人者食人, 治人者食於人, 天下之通義也."

는 마음을 쓰는 일이라고 보았다. 또한 수공업이나 농경은 소인들의 업무라고 생각하였으며, 이는 육체로 힘쓰는 일이라고 생각했다. 마음을 쓰는 자는 다른 사람들을 통치하는 사람이고 육체로 힘쓰는 자는 다른 사람에게 통치를 받는 사람에 해당된다. 이러한 맹자의 주장에 대하여 학자들 간에 다양한 견해들이 존재하는데, 여홍뇌黎紅雷 같은 경우 "유가의 입장에서 볼 때, 관리라고 하는 것은 사람에 대한 관리로 통치행위가 된다.……정신적인 노동을 하는 사람은 관리를 하고 육체적인 노동을 하는 사람은 관리를 받는다."[21]라고 주장하기도 한다.

맹자가 언급한 "마음으로 힘쓰고, 육체로 힘쓰는 일"이론의 논증에 대해서는 다음과 같은 두 가지 측면에서 접근해볼 수 있다. 즉 분업의 필요성 측면과 노동성과물의 교환에 대한 필요성 측면이라고 할 수 있다. 현대적인 관점에서 보았을 때, 맹자의 "마음으로 힘쓰고, 육체로 힘쓰는 일"이론에는 분업의 필요성과 합리성에 대하여 인정하고 있음과 동시에 그것에 대한 체계적인 관리를 긍정하고 있음을 내포하고 있다고 할 수 있다. 고대 사회에서의 관리계층의 형성은 바로 이러한 사회적 분업 시스템의 결과물이라고 할 수 있으며, 또한 이러한 사회계층의 출현이 인류문명의 발전사에 끼친 영향은 상당히 지대하다고 말할 수 있다. 맹자가 언급한 "마음으로 힘쓰고, 육체로 힘쓰는 일"이론은 관리자가 마음으로 힘쓴다는 것을 강조하는 하는 한편, 관리자의 두뇌 노동 및 그 성과의 사회발전에 대한 커다란 작용을 긍정한 것이라고 할 수 있다.

---

21) 黎紅雷, 『現代管理與儒家知慧』, 臺北, 天地圖書出版有限公司, 1992년, 15쪽 참조.

진소문陳紹聞과 같은 경우 역시 맹자의 분업 필요성에 대하여 다음과 같은 설명을 한다. 즉 그는 물건교환의 유용성과 장점에 대하여 매우 명확한 인식을 가지고 있는데, 특히 맹자의 "공들인 내용을 서로 소통시키고 일하여 만든 물건을 서로 바꾸는 것"이란 각 개인들이 한 가지 일에만 종사하여 자신의 노동으로 생산한 물품으로 타인이 생산한 다른 물품과 상호 교환한다고 하는 것을 의미한다고 했다. 또한 그는 만일 물품교환 행위가 없다면 사회적 생산은 지속적으로 진행 될 수 없다고 주장하기도 한다.[22]

맹자는 군자의 책무란 국가를 안정시키고 부유하게 만들어야 하는 것으로서, 그 지위의 존귀함과 책무 때문에 많은 사람들의 추앙을 받고 있다고 생각했다. 또한 맹자는 이러한 군자의 생산 활동이라는 것이 직접 농토에 나가서 경작을 하여 수확하는 것을 의미하는 것은 아니라고 생각했다. 이러한 관념은 현대 경제학의 노무제공의 개념과 매우 유사한 부분을 갖고 있다고 할 수 있다.

4. 물가정책 이론

맹자는 상품 가격의 비싸거나 저렴함은 상품 자체의 품질에 의해 결정되는 것이라고 생각했다. 또한 그는 각종 상품들 자체의 품질이 제각기 다르기 때문에 상품의 가격 역시 천차만별인 것으로 보았다. 맹자는 허행許行의 개별상품의 수량 관계에 따라 가격을 결정한다고 하는 이론에 대하여 반대의 입장을 취한다.

---

22) 陳紹聞, 『中國古代經濟文選』, 上海, 上海人民出版社, 1983년, 79쪽 참조.

베와 비단의 길이가 같으면 값이 서로 같으며, 베와 명주 그리고 실과 솜이 무게가 같으면 값이 서로 같으며, 오곡의 양이 같으면 값이 서로 같으며, 신의 크기가 같으면 값이 서로 같습니다.[23)]

위의 인용문을 통하여 허행이 상품의 가격이나 가치의 문제를 고려할 때, 단지 무게와 수량 크기 및 길이 등의 관계에만 치중하고 있음을 파악할 수 있다. 즉 허행의 논리대로라면 수량이 같을 경우 가격 역시 같게 된다는 것이다.

물건의 가격이 같지 아니한 것은 물건의 실제정황이니, 어떤 것은 두 배도 되고 다섯 배도되며, 어떤 것은 열배 백배도 되며, 어떤 것은 천배 만배가 되거늘, 그대는 이것을 좇아서 같다 하니, 이것은 천하를 어지럽게 함이로다. 큰 신과 작은 신의 값이 같으면 사람이 어찌 이것(큰 것, 좋은 것)을 만들겠느냐? 허자의 도리를 따르면 서로 거짓을 하는 것이 되니, 어찌 국가를 다스릴 수가 있겠는가?[24)]

맹자는 허행이 제기한 같은 종류의 상품이 수량만 동일하다면 같은 가격으로 팔수 있다는 주장에 반대의 입장을 표방한다. 즉 맹자는 개별상품의 품질에 제각기 큰 차별이 있다는 점에 착안하였기 때문에, 품질이 좋은 신발과 품질이 떨어지는 신발이 모두 일률적으로 같은 가격에 거래되는 것에 대하여 반대를 한다. 다시 말하자면, 만

---

23) 『孟子』, 「滕文公上」, "布帛長短同, 則賈相若. 麻縷絲絮輕重同, 則賈相若. 五穀多寡同, 則賈相若. 屨大小同, 則賈相若."

24) 『孟子』, 「滕文公上」, "夫物之不齊, 物之情也. 或相倍蓰, 或相什伯, 或相千萬. 子比而同之, 是亂天下也. 巨屨小屨同賈, 人豈爲之哉? 從許子之道, 相率而爲僞者也, 惡能治國家?"

일 하등품이나 상등품이 같은 가격에 거래된다면 과연 어떤 수공업자가 상등품의 물건을 생산하려 하겠는가? 라는 의문이 제기될 수 있다는 것이다.

맹자의 상품가격 개념에 대한 다른 특징은 춘추시대의 자공子貢이나 범려范蠡와 전혀 다른 모습을 보이고 있는데, 맹자는 상품의 수요와 공급의 관계에만 한정하여 상품가격을 결정하지 않고, 상품 자체의 품질과 효용가치까지 포함하여 상품가격을 결정했다는데 그 차이점이 있다고 할 수 있다.25) 이와는 반대로 허행은 상품의 품질과 같은 요인을 고려하지 않았기 때문에 이론적으로 보았을 때 결점을 가질 수밖에 없었다. 맹자가 언급한 "물건의 가격이 같지 아니한 것은 물건의 실제정황이다"에서의 "실제정황"은 표면적으로는 일반적인 도리인 것처럼 보이지만, 실제로는 그것이 물건의 품질을 의미하는 것인지에 대한 단정은 좀 더 연구가 필요한 부분이라는 판단이 든다.

요명춘廖名春과 같은 경우 진상陳相이 높게 사고 있는 허행의 다른 상품가격 관점에 대한 맹자의 신랄한 비판을 긍정적인 시각으로 본다. 만일 상품의 품질에 관계없이 오직 한 가지 가격만이 존재할 경우 사람들은 경쟁적으로 서로를 기만하려 할 것이며, 그 결과는 반드시 당시의 상품교환 경제 시스템을 훼손했을 것이다. 이러할 경우 국가가 커다란 혼란에 빠지게 되는 것은 자명한 사실이라고 할 수 있다. 맹자의 이러한 관점은 상품가치에 대한 실질적인 인식이 이미 있었기 때문에 가능했던 것이라고 할 수 있다.26) 맹자는 각종의 다

---

25) 胡寄窗, 『中國經濟思想史』, 上海, 上海人民出版社, 1983년, 244쪽 참조.
26) 廖名春, 『孟子的知慧』, 臺北, 漢藝色研文化事業有限公司, 1984년, 129쪽

른 상품들의 가격이 서로 차이가 두 배가 되기도 하고 열배 심지어는 천배나 되는 것에는 "물건의 실제정황"이라는 요인이 자리 잡고 있기 때문이라고 생각했다. 즉 상품 자체의 품질에 의해서 가격이 결정된다고 하는 것이다. 이렇듯이 상품가격을 결정하는 품질은 곧 그 상품의 가치가 되는 것이다.

요명춘은 "맹자와 비슷한 시기의 고대 그리스의 철학자 아리스토텔레스는 상호 교환되는 상품은 질적인 면에서의 동등성으로 인하여 서로 통할 수 있는 양적인 교환관계가 발생한다고 하였다."[27]라고 하여, 맹자와 아리스토텔레스의 상품 가치이론이 매우 유사한 것으로 보았다. 또한 후가구侯家駒는 맹자의 "공들인 내용을 서로 소통시키고 일하여 만든 물건을 서로 바꾸는 것"을 교환관계로 보았으며, 이러한 교환관계에는 반드시 가격이 발생한다고 생각했다. 아울러 그는 만일 허행의 이론대로 동일한 가격전략을 구사한다면, 판매자는 생산원가도 뽑아내기 힘들 것이며 구매자 역시 상품의 효용성을 극대화 시키지 못하게 될 것이라고 하였다. 그렇기 때문에 수요와 공급의 균형이 깨지게 되어 가격의 기능을 발휘할 수 없게 되는 상황이 발생하게 된다고 보았다.[28]

일반적으로 상품의 가격결정 요인은 주관적인 측면과 객관적인 측면으로 구분할 수 있는데, 상품의 효용성과 구매자의 구매능력과 판매자의 할인의도와 같은 쌍방의 심리상태 등은 주관적인 요인에

참조.

27) 廖名春, 『孟子的知慧』, 臺北, 漢藝色研文化事業有限公司, 1984년, 130쪽 참조.

28) 侯家駒, 『先秦儒家自由經濟思想』, 臺北, 聯經出版事業公司, 1985년, 115쪽 참조.

해당되고, 상품 자체의 생산가 등은 객관적인 요인에 해당된다고 볼 수 있다. 결국 맹자는 사회경제적 각도에서 시장경제에 관한 이론적 토대를 마련했으며, 이러한 주장은 인지상정의 도리에도 부합된다고 할 수 있는 것이다.[29)]

호기창胡寄窗은 '농단壟斷'이라고 하는 개념에 대하여 "맹자가 가리키는 경제행위에서 볼 때, 농단이라고 하는 개념은 맹자가 가장 먼저 제기했다."[30)]라고 주장한다. 비록 서주시대 말기에 예량부芮良父가 영이공榮夷公의 이익을 독점하는 사안에 대하여 반대했지만, 그 당시의 이익 독점은 통치자가 정치권력을 이용하여 행한 영리활동들을 의미하는 것이라고 할 수 있다. 이러한 행위가 비록 '농단'의 범위에 들어가기는 하지만, 결국은 정치적 특권을 통하여 누리는 '농단'이라고 할 수 있다. 그러나 맹자가 지적한 '농단'은 앞에서 언급한 정치권력을 이용한 '농단'이 아닌 시장에서 상인이 전횡하는 '농단'에 해당한 것이라고 할 수 있다.

> 예전의 시장거래는 자기가 가진 것과 자기가 없는 것을 바꾸는 것으로, 관리는 세금을 걷지 않고 분쟁을 다스릴 따름이었다. 그런데 어떤 비열한 사람이 있어, 반드시 우뚝한 높은 언덕에 올라가서는 좌우를 둘러보면서 시장의 이익을 모두 거둬들였다. 세상 사람들이 모두 그를 비열하다고 여겼다. 그리하여 그런 행위에 따라서 세금을 부과하게 되었다. 상인에게 세금을 물게 하는 것이 이러한 비열한 사람으로부터 비롯하게 되었다.[31)]

---

29) 錢公博, 『經濟思想論集』, 臺北, 學生書局, 1975년, 45쪽 참조.

30) 胡寄窗, 『中國經濟思想史』, 上海, 上海人民出版社, 1983년, 244쪽 참조.

31) 『孟子』, 「公孫丑下」, "古之爲市者, 以其所有易其所無者, 有司者治之耳.

고대사회의 시장에서 교역에 종사하는 상인들은 모두가 자신들이 가진 것으로써 부족한 것을 교환했으며, 시장의 교역을 관리하는 정부의 관리들은 시장의 질서를 유지하는 직무만을 수행했었다. 그러나 후대에 비열한 사람이 출현하여 높은 곳에 자리를 차지하고 시장 전체의 동태를 파악한 뒤 그러한 정보를 바탕으로 시장의 이익을 독점 즉 '농단'하게 되는 상황이 발생하게 되었다. 사람들은 모두가 이러한 행위를 비열하고 불공평한 것이라고 생각하였기 때문에, 시장의 교역을 관리하던 정부 관리들이 이런 비열한 사람들에게 세금을 징수하게 되었던 것이다. 상인들에게 세금을 징수하는 제도는 바로 이러한 비열한 사람들 때문에 시작되었던 것이다.

맹자는 상업 활동에 있어서의 이익의 독점 즉 '농단'에 대하여 반대를 했는데, 그 이유는 비열한 사람들만이 이러한 활동에 종사한다고 생각했기 때문이며, 상업 활동에 부과되는 세금 역시 이러한 비열한 사람들 때문에 발생했다고 생각했다. 또한 맹자가 시장의 상거래 질서를 어지럽히는 비열한 사람들의 '농단'에 반대한 것에 대하여 요명춘 같은 경우 "맹자의 이러한 언급을 일반적으로 말하자면, 맹자는 상업세를 받지 않을 것과 상업 활동을 보호할 것을 주장하였지만, 비열한 상인에 대해서는 엄하게 징벌하고 그들에게서 세금을 받는 것은 동의했음을 알 수 있다. 시장의 이익을 독점하는 비열한 상인들에 대해 엄격하게 징벌하는 목적은 대다수 상인들의 이익을 보호하고 상업을 발전시키기 위한 것이다. 이런 측면에서 볼 때, 맹자는 상업을 억누를 것을 주장한 사람이 아닌 상업을 중시한 사람이었

有賤丈夫焉, 必求龍斷而登之, 以左右望而罔市利. 人皆以爲賤, 故從而征之. 征商, 自此賤丈夫始矣."

다."[32]라고 분석하고 있다.

이상과 같이 맹자는 시장의 상거래 질서를 어지럽히며 시장의 이익을 독점하는 행위에 대하여 분노했을 뿐만 아니라 한걸음 더 나가 반독점의 방법으로서 이익 독점행위에 대하여 세금을 부과 할 것을 제일 처음 제기했다고 할 수 있다.[33] 또한 맹자는 비열한 상인들이 자행하는 부당한 이익의 독점에 대하여 세금을 부과하는 방식을 통하여 시장에서의 자유경쟁 시스템을 유지하려고 했다고 할 수도 있다.

5. 맺는 말

이상과 같이 맹자의 경제사상에 대하여 조세이론과 분업이론 및 시장물가 이론을 중심으로 살펴보았는데, 이를 정리하면 다음과 같다.

맹자는 국가의 조세정책은 백성들에게 유리하게 시행하는 것을 원칙으로 해야 한다고 생각했으며, 만일 그것이 백성들에게 불리하게 적용된다면 조세를 증세시켜서는 안 된다고 했다. 즉 맹자는 조세를 징수하거나 증세하는 것의 기준은 백성들에게 유리한지의 여부에 따라서 결정되어져야 한다고 주장했던 것이다. 또한 맹자는 농업생산에 대한 세금만을 징수할 것을 주장한다. 농업생산세의 징수에 대하여 맹자는 "공전을 경작하게 할 뿐 다른 세금을 받지 않음"

32) 廖名春, 『孟子的知慧』, 臺北, 漢藝色研文化事業有限公司, 1984년, 131쪽 참조.

33) 侯家駒, 『先秦儒家自由經濟思想』, 臺北, 聯經出版事業公司, 1985년, 82쪽 참조.

을 주장하는데, 이는 곧 국가가 대지주가 되어 백성들에게 공전公田을 경작케 하여 그 생산물로 세금을 충당케 한다는 것이다. 이러한 "공전을 경작하게 할 뿐 다른 세금을 받지 않음"은 맹자의 이상적인 조세정책이었던 것이다. 그리고 맹자는 과중한 세금징수에 반대했을 뿐만 아니라 국가재정을 부족하게 만들 수 있는 과도한 감세정책 역시 반대했다.

분업이론은 맹자 경제사상의 핵심이라고 할 수 있는데, 그는 분업의 필요성과 분업의 효용성에 대하여 명확한 인식과 함께 매우 정밀한 이론체계를 수립했다고 할 수 있다. 이러한 맹자의 분업이론은 매우 명료하고 실제상황과 결합되어 있기 때문에 그 누가 본다고 해도 바로 명확하고 쉽게 사회적 분업의 중요성을 알 수 있게 만든다. 구체적으로 맹자는 허행의 자급자족 이론에 반대하여 곡식으로 기물을 교환하는 행위가 장인에게 해를 끼치는 것이 아니고, 또한 기물로 곡식을 교환하는 것이 농부에게 해를 끼치는 것이 아니라고 역설한다. 다시 말하자면 사람들이 제각기 지니고 있는 고유한 업무를 통하여 생산한 물품을 서로가 필요한 사람들끼리 교환해서 사용한다는 것이다. 이러한 맹자의 주장은 물물교환의 효용성뿐만 아니라 사회적 분업의 좋은 효과까지 설명하고 있는 것이라고 할 수 있다. 또한 맹자는 분업의 개념을 한 단계 더 발전시켜 정신적인 노동과 육체적인 노동에까지 응용한다. 맹자의 "마음으로 힘쓰고, 육체로 힘쓰는 일"이론에는 분업의 필요성과 합리성에 대하여 인정하고 있음과 동시에 그것에 대한 체계적인 관리를 긍정하고 있음을 내포하고 있다고 할 수 있다. 맹자가 언급한 "마음으로 힘쓰고, 육체로 힘쓰는 일"이론은 관리자가 마음으로 힘쓴다는 것을 강조하는 하는 한편, 관리자의 두뇌 노동 및 그 성과의 사회발전에 대한 커다란 작용을 긍정한 것이라고 할 수 있다.

맹자는 상품 가격의 비싸거나 저렴함은 상품 자체의 품질에 의해 결정되는 것이라고 생각했다. 또한 그는 각종 상품들 자체의 품질이 제각기 다르기 때문에 상품의 가격 역시 천차만별인 것으로 보았다. 그래서 맹자는 허행의 개별상품의 수량 관계에 따라 가격을 결정한다고 하는 이론에 대하여 반대의 입장을 취한다. 일반적으로 상품의 가격결정 요인은 주관적인 측면과 객관적인 측면으로 구분할 수 있는데, 상품의 효용성과 구매자의 구매능력과 판매자의 할인의도와 같은 쌍방의 심리상태 등은 주관적인 요인에 해당되고, 상품 자체의 생산가격 등은 객관적인 요인에 해당된다고 볼 수 있다. 이렇게 볼 때, 맹자는 사회경제적 각도에서 시장경제에 관한 이론적 토대를 마련했다고 할 수 있는 것이다. 또한 맹자는 시장의 상거래 질서를 어지럽히며 시장의 이익을 독점하는 행위에 대하여 분노했을 뿐만 아니라 한걸음 더 나가 반독점의 방법으로서 이익 독점행위에 대하여 세금을 부과 할 것을 제일 처음 제기했다고 할 수 있다. 맹자는 비열한 상인들이 자행하는 부당한 이익의 독점에 대하여 세금을 부과하는 방식을 통하여 시장에서의 자유경쟁 시스템을 유지하려고 했다고 할 수도 있다.

참고문헌

趙岐, 『孟子章句』, 『四部叢刊』 本.

朱熹, 『孟子章句集註』, 『海淵閣明刻』 本.

焦循, 『孟子正義』, 『焦氏遺書』 本.

廖名春, 『孟子的知慧』, 臺北, 漢藝色研文化事業有限公司, 1984년.

侯家駒, 『先秦儒家自由經濟思想』, 臺北, 聯經出版事業公司, 1985년.

陳紹聞, 『中國經濟思想簡史』, 上海, 上海人民出版社, 1978년.

陳紹聞, 『中國古代經濟文選』, 上海, 上海人民出版社, 1983년

胡寄窗, 『中國經濟思想史』, 上海, 上海人民出版社, 1983년.

葉龍, 『歷代人物經濟故事』, 香港, 壹出版有限公司, 1996년.

錢公博, 『經濟思想論集』, 臺北, 學生書局, 1975년.

黎紅雷, 『現代管理與儒家知慧』, 臺北, 天地圖書出版有限公司, 1992년.

제7장

정치론

1. 시작하는 말

유가儒家정치사상의 가장 이상적인 형태는 군주가 '인의仁義'에 기초한 '인정仁政'을 시행하는 것이다. 이러한 인정사상은 공자로부터 그 연원을 찾을 수 있으나 보다 완성된 형태는 맹자에 이르러 정립된다. 맹자의 이상적인 정치형태는 왕도정치라고 할 수 있는데, 이는 곧 군주가 '인仁'한 마음을 바탕으로 천하의 백성들에게 '인정仁政'을 베푼다는 정치형태를 말하는 것이다. 이러한 맹자의 왕도정치사상은 역대로 유가의 정치사상에 있어서 가장 이상적인 전범으로 자리 잡아 왔다.

물론 유가의 정치이상은 공자의 정치사상이 그 근원이 된다고 할 수 있지만 공자의 정치사상은 완성된 형태의 정치사상이라고 언급하기에는 많은 부분에 있어서 보충해야할 요소들이 산재해 있다. 특히 구체적인 민생民生정책에 대한 방안 및 혼란한 당시의 상황을 종식시킬 수 있는 정책 대안 등이 미비한 점이라고 말할 수 있는 것이다. 맹자는 이러한 공자 정치사상의 미비점들을 보완하여 좀 더 구체적인 정치사상을 전개해 나간다. 이러한 맹자의 정치사상은 중국역사에 있어서 지난 이천여 년의 시간들 속에서 유가를 대표하는 정치사상으로 인식되어져 왔다.

맹자가 기획한 왕도정치사상의 이상은 천하를 안정시키는 것인데, 천하를 안정시키고자하는 군주는 먼저 백성들의 생명을 소중히 여기고 그들의 생활기반을 보장한 후에 도덕교육을 실시해야만 한다. 맹자는 이러한 정책을 시행한 군주를 '왕자王者'의 자격을 갖춘 것으로 보았다. 그러나 한 국가 내에서만 '인정仁政'을 실행해서는 왕도정치의 이상을 실현할 수는 없다고 보았는데, 이는 '왕자王者'의 사명은 학정虐政 속에서 고통 받고 있는 천하의 백성들을 해방시키는 것에 있기 때문이다. 맹자는 백성들을 학정에서 해방시키는 것이 진정한 왕도정치의 이상이라고 보았다.

유가의 정치이상이라고 할 수 있는 왕도정치사상에 관해서는 지난 시간들 속에서 많은 학자들에 의해서 연구되어져 왔다. 그러나 대부분의 연구업적들이 맹자의 입장에서 당시의 시대상황 분석을 통해서 그가 현실의 정치문제를 개선하려고 내놓은 개혁방안에 대한 연구를 간과한 경향이 있다고 할 수 있다. 그래서 본문에서는 먼저 맹자의 입장에서 당시의 시대상황을 조명하고, 또한 맹자가 당시의 현실정치문제를 개선하려고 내놓은 개혁방안을 핵심개념들을 분석하는 방법으로 그 구체적인 사상내용을 재조명하였다.

2. 정치사상의 핵심개념

먼저 유가정치사상의 핵심이라 할 수 있는 맹자 왕도정치사상의 핵심개념을 살펴보겠다. 왕도정치의 핵심개념은 '왕도王道'인데, 이 개념은 '패도覇道'와 대칭 되는 개념으로의 '왕도' 그리고 '천자'와 대칭(혹은 동일)되는 개념으로의 '왕자王者'로 나눌 수 있다. 구체적으로 말해서 맹자에 있어서의 '왕王'은 어떤 의미를 함유하고 있는 것인가? 또한 맹자가 생각한 '왕'은 어떤 자격을 갖추어야 하는 것인가?

'왕'자는 맹자 이전의 문헌 속에서는 과연 어떠한 형태로 나타났을까? 먼저 『상서』 속에 "비뚤어지거나 그릇됨이 없이 왕王이 정한 법을 따를 것이며, 사사로이 좋아하는 바가 없이 왕이 정한 도리를 따를 것이며 사사로이 싫어하는 바가 없이 왕이 정한 길을 따를 지어다. …… 왕의 길은 평탄할 수 있으며, …… 왕의 길은 평온한 것."[1]이라는 것과 『논어』 속에 "공자가 말하기를, 만일 왕자가 있다 하더라도 반드시 한 세대가 지난 뒤에야 백성들이 인仁해질 것이다."[2]는 용법이 있다. 이러한 용례에 근거해서 '왕'의 개념이 맹자 이전에 이미 존재했음을 알 수 있다. 그렇지만 맹자에게 있어서의 '왕'개념은 기본적으로 춘추시대 이래의 '왕'개념을 계승하여 통치자에게 있어서의 도덕과 행동상의 최고경계였다.[3] 이러한 각도에서 본다면 맹자의 '왕'은 곧 일종의 맹자 사유의 결과라고 할 수 있다.

---

1) 『尙書』, 「洪範」, "無偏無陂, 遵王之義, 無有作好, 遵王之道, 無有作惡, 遵王之路. …… 王道 蕩蕩, …… 王道平平."

2) 『論語』, 「子路」, "子曰: 如有王者, 必世而後仁."

3) 唐迪風, 『孟子大義』, 北京, 北平直隸書局, 1931년, 2쪽 참조.

쿠라다 노부야스倉田信靖의 분류에 의하면『맹자』속에 언급된 '왕'의 용법은 여덟 종류로 나누어 질 수 있다.

① 왕자王者의 조건은 인仁이다.
② 왕자는 순수巡守와 술직述職을 실행한다.
③ 왕자는 다른 제후諸侯를 죽일 수 있다.
④ 왕자는 오백 년에 한번 나타난다.
⑤ 왕자는 선善을 행한다.
⑥ 왕자는 덕德을 기원한다.
⑦ 왕자는 인륜人倫을 존중한다.
⑧ 맹자는 자신이 살던 시대에 왕자가 존재하지 않는다고 생각했다.[4)]

또한 맹자는 이러한 '왕王'이 갖추어야할 세 가지의 특질이 있다고 생각하였는데, 그것은 첫째 혼란한 시대에 태어나야 하고, 둘째 인정仁政을 실시하여 백성들로부터 압도적인 지지를 받아야 하며, 셋째 무도한 군주를 죽임으로써 천하를 평정해야 한다는 것이다.[5)]

왕자가 나타나지 않은 것이 이때보다 더 드물었던 적이 없었으며, 백성들이 학정에 시달려 초췌해진 것이 이 때 보다 더 심한 적이 없었다. …… 지금과 같은 때에 만승萬乘의 나라가 인정仁政을 시행한다면

---

4) 倉田信靖,「『孟子』の"春秋天子之事也"に就いて」,『日本中國學會報』8, 日本中國學會, 1986년, 20~22쪽 참조.

5) 倉田信靖,「『孟子』の"春秋天子之事也"に就いて」,『日本中國學會報』38, 日本中國學會, 1986년 18~20쪽 참조.

백성들이 거꾸로 매달린 것에서 벗어난 것과 같이 기뻐할 것이다. 그러므로 노력은 옛 사람 보다 적게 하고 결과가 배가되는 것은 오직 이 때가 그러할 것이다.[6]

여기에서 우리는 맹자가 주周왕실을 존중하지 않은 문제에 대해서 결코 언급을 회피할 수는 없을 것이다. 사실 중국에서 전제정권이 성립된 이래 맹자가 주나라 왕실을 존중하지 않은 문제는 자주 큰 논란을 불러 일으켰다.[7] 맹자에게 있어서 주나라 왕실은 과연 마땅히 제거해야할 대상이었는가?

비록 『맹자』 속에서 맹자가 주나라 천자를 죽일 것을 권하는 기록은 보이시 않지만, 『맹자』 전체의 내용으로 보면 맹자는 주나라 천자가 자신의 이상 속에 있는 '왕'의 특질과 조건을 갖추었다고는 생각하지 않았다. 특히 주의해야할 점은, 맹자의 생각 속에 있는 '왕'의 자격은 매우 실제적이라는 것이다.

첫째 맹자가 "만승萬乘의 나라가 인정仁政을 시행한다면 백성들이 거꾸로 매달린 것에서 벗어난 것과 같이 기뻐할 것이다."라고 한 말은 강대국이 '왕자'가 되는 것은 비교적 쉬운 일이라는 것을 뜻한다. 그래서 맹자는 "제나라로써 왕도정치를 한다는 것은 손을 뒤집는 것과 같다."라고 언급했던 것이다. 그러나 약소국이 '인정仁政'을 힘써

6) 『孟子』, 「公孫丑上」, "王者之不作, 未有疎於此時也; 民之憔悴於虐政, 未有甚於此時者也. …… 當今之時, 萬乘之國行仁政, 民之悅之猶解倒懸也. 故事半古之人, 功必倍之, 惟此時爲然."

7) 近藤正則은 이러한 문제에 대해 매우 상세한 연구를 했다. 近藤正則, 「『讀余隱之尊孟辨』に見える朱子の孟子不尊周への對應」, 『日本中國學會報』 33, 日本中國學會, 1981년, 101~115쪽 참조.

시행해도 '왕자'의 목표를 달성 할 수 있다는 것은 강대국에 비해 성공확률이 매우 희박한 것이 당시의 현실이었다고 할 수 있다.

> 진실로 선한 일을 하면 후세의 자손 중에 반드시 왕자가 있을 것이니, 군자가 왕업을 창시하여 전통을 드리우는 까닭은 이어받을 수 있도록 하기 때문입니다. 공들인 것을 이루는 것과 같은 것은 하늘에 달려있는 것이니, 군주가 저들을 어떻게 하겠습니까? 힘써서 선을 해야 할 따름입니다.[8)]

둘째 그렇다면 '만승萬乘'의 군주는 이미 '왕자'가 될 자격을 갖추었다는 말인가? 맹자와 제나라 선왕齊宣王의 대화에서 보면 맹자는 제선왕이 충분히 '왕자'의 자격을 갖추었다고 인정한다. 특히 맹자가 제선왕에게 명당을 헐지 말 것을 건의하며 제선왕을 '왕'이라 불렀다.

이와 같이 볼 때 맹자는 주나라 천자를 제거할 것을 건의하지는 않았으나, 그의 생각 속에는 당시 '만승'의 주나라 군주가 '왕자'의 자격을 갖추지 못했음을 알 수 있다. 그러나 이와 같다고 하더라도 우리는 역대 '왕권지상주의자'들의 지적처럼 맹자가 주나라 왕실을 존중하지 않았다고 보아서는 안 되며,[9)] 당시의 시대적 추세의 관점에서 보아야 하는데 당시의 주 왕조는 실제적인 힘뿐만 아니라 정신적인 역량에서도 제후들에 대한 통제력을 상실한 상태였다. 가장 중

8) 『孟子』, 「梁惠王下」, "苟爲善, 後世子孫必有王者矣. 君子創垂統, 爲可繼也. 若夫成功, 則天也. 君如彼何哉? 强爲善而已矣."

9) 黃俊傑 主編, 『孟子思想的歷史發展』, 臺北, 中央硏究院 中國文哲硏究所籌備處, 1995년, 56~57쪽 참조.

요한 점은 맹자가 말한 제거해야 할 대상은 곧 백성들을 학정에 빠지게 하는 모든 제후들을 의미한다는 데 있는 것이다.

'왕자'와 '패자'사이에는 어떤 차이가 존재하는가? 맹자의 '왕패지변王霸之辨'문제에 관한 저작은 매우 많아서 일일이 다 열거할 수는 없지만, 굳이 이 문제에 대해 언급하자면 맹자는 난세에는 반드시 '왕자'가 나타날 것이라고 생각하였으나 제환공齊桓公・진문공晉文公 등 '패자'의 출현에 대하여는 문제를 삼을만한 것이 못되는 역사사실일뿐이라고 생각했다. 바꿔 말하면 맹자는 "힘으로써 남을 복종시키는 자에게는 마음으로 복종하지 않는다."[10]는 사실을 믿었기 때문에 "힘으로써 인仁을 표방하는"[11] '패자'는 천하를 통일할 수 없다고 하였다. 그래서 맹자의 '일치일난一治一亂'의 순환적인 역사관에[12] 비춰보면 천하가 태평한 시기에서 난세로 전환되는 추세 속에서는 '힘으로써 인仁을 표방하는' 패도정치가 흥성하게 되어 시대는 더욱 혼란하게 되는 것이다. 그러므로 맹자는 '패자'를 '삼왕의 죄인三王之罪人'으로 폄하하는 것이다. 결국 맹자의 논리에 비춰보면 '패자'는 비록 "그러므로 노력은 옛사람에 비해 절반만 들이고도 효과는 반드시 배를 얻는" 시대에 출현하지만 맹자가 말한 '왕도정치'의 위업을 달성할 수 없었기에 '죄인'이라고 한 것이다.

10) 『孟子』, 「公孫丑上」, "以力服人者, 非心服也."

11) 『孟子』, 「公孫丑上」, "以力假仁."

12) 譚宇權, 『孟子學術思想評論』, 臺北, 文津出版社, 1995년, 20쪽 참조.

3. 현실문제에 대한 분석

여기에서 분석할 문제는, 바로 맹자가 목격한 당시의 사회에는 어떠한 문제들이 발생한 것인가? 이러한 문제들의 원인은 무엇에 기인하는가? 또한 해결방법은 어떠한 것들이 있나? 등에 관한 것들이다.

먼저 맹자의 시야를 통해서 전국시대 중기 일반백성들의 생활 상태를 분석해보겠다.

> 개와 돼지가 사람이 먹을 양식을 먹어도 단속 할 줄 모르며, 길에 굶어죽은 시체가 있어도 창고를 열 줄 모른다.[13)]

> 백성들은 굶주린 기색이 있고, 들에는 굶어죽은 시체가 있다.[14)]

> 저들이 백성들의 농사철을 빼앗아 백성들로 하여금 밭 갈고 김매어 그 부모를 봉양하지 못하게 하면 부모가 얼고 굶주리며, 형제와 처자가 헤어져 흩어질 것입니다. 저들이 그 백성을 도탄에 빠뜨린다.[15)]

> 어찌 우리들로 하여금 이렇게 곤궁한 지경에 이르게 하는가? 부자간에 서로 보지 못하며 형제처자가 헤어져 흩어지게 되는구나.[16)]

> 사슴을 죽인 자의 죄가 사람을 죽인 죄와 같다고 하니 이는 사방

13) 『孟子』, 「梁惠王上」, "狗彘食人食而不知檢, 塗有餓莩而不知發."

14) 『孟子』, 「梁惠王上」, "民有飢色, 野有餓莩."

15) 『孟子』, 「梁惠王上」, "彼奪其民時, 使不得耕耨以養其父母, 父母凍餓, 兄弟妻子離散. 彼陷溺其民."

16) 『孟子』, 「梁惠王下」, "夫何使我至於此極也. 父子不相見, 兄弟妻子離散."

40 리로 나라 한가운데 함정을 만든 것이니, 백성들이 크다고 여기는 것이 또한 마땅치 않습니까?[17]

흉년이 들거나 굶주린 해에 군주의 백성들이 노약자들은 사체가 도랑과 골짜기에 뒹굴고 장성한자들은 흩어져서 사방으로 간자가 몇 천 명이나 된다.[18]

백성들이 학정에 시달려 초췌해진 것이 이때보다 더 심한 적이 있지 않았다.[19]

이상의 인용문을 통해서 우리는 전국시대의 기층촌락이 붕괴의 위기에 처한 상황 속에서, 특히 흉년이 들었을 때에 백성들의 생활이 부자지간에 서로 보지도 못하고 형제처자가 헤어져 흩어지고 노약자의 시체가 구덩이에 뒹굴고 장성한 자들이 흩어지고 백성들을 해치는 풍조가 만연했음을 발견할 수 있다.

그렇다면 이러한 공동체붕괴를 발생시키는 까닭은 무엇인가? 맹자는 백성들에 대한 과중한 세금과 노역·전쟁에의 동원 그리고 제후들의 산림과 호수의 자연자원의 독점 때문이라고 하였다. 각 제후들의 이러한 학정은 제후들이 자신의 사리사욕을 추구한 결과로서,[20] 만일 "토지를 개척하여 진나라와 초나라에 조회를 받고 중원

17) 『孟子』, 「梁惠王下」, "殺其麋鹿者如殺人之罪. 則是方四十里, 爲阱於國中. 民以爲大, 不亦宜乎."

18) 『孟子』, 「梁惠王下」, "凶年饑歲, 君之民老弱轉乎溝壑, 壯者散而之四方者, 幾千人矣."

19) 『孟子』, 「公孫丑上」, "民之憔悴於虐政, 未有甚於此時者也."

20) 葉經柱, 『孟子之民本主義』, 臺北, 正中書局, 1990년, 38쪽 참조.

에 군림하여 사방의 오랑캐를 어루만지는"[21]등의 큰 야망을 가진 제후일 경우 백성들에 대한 착취의 정도는 "집의 높이가 몇 길이나 되고 서까래 머리가 몇 자되고……음식이 사방한길 정도로 진열되며 시중드는 사람이 수백 명"[22]인 경지에 이르렀다.

맹자는 각 국의 제후들이 자행한 '학정'이 두 가지의 결과를 초래한다고 생각했다. 첫째 맹자는 이러한 제후들이 백성들을 희생시켜 만든 번영은 매우 취약한 것이라고 날카롭게 지적했다. 맹자는 추목공鄒穆公에게 다음과 같이 경고한다.

> 흉년이 들거나 기근이 든 해에 임금의 백성들이 노약자들은 도랑과 골짜기에 뒹굴고 장성한자들은 흩어져서 사방으로 간자가 몇 천 명이나 되는데도 임금님의 창고는 차있으며 재화를 넣어두는 창고는 가득하니 관리 가운데 그 사실을 보고한 자가 없었으니, 이는 윗사람들이 태만해서 아랫사람들을 해친 것입니다. 증자는 "경계하고 경계하라! 너에게서 나온 것은 너에게로 돌아간다." 하였으니 대저 백성들은 지금 이후에야 갚을 수 있었습니다.[23]

또한 맹자는 백성들을 잔인하게 학대하는 국가 역시 멸망하게 된다고 한다.

> 자신의 백성에게 난폭하게 하는 것이 심하면 자신이 시해 당하고 나

21) 『孟子』, 「梁惠王上」, "欲辟土地, 朝秦楚, 莅中國而撫四夷."

22) 『孟子』, 「盡心下」, "堂高數仞, 榱題數尺, …… 食前方丈, 侍妾數百人."

23) 『孟子』, 「梁惠王下」, "凶年飢歲, 君之民, 老弱轉乎溝壑, 壯者散而之四方者, 幾千人矣. 而君之倉廩實, 府庫充, 有司莫以告, 是上慢而殘下也. 曾子曰: '戒之! 戒之! 出乎爾者, 反乎爾者也.' 夫民今而後得反之也."

라가 망하며, 심하지 아니하면 자신이 위태롭게 되고 나라가 축소된다. 이름 붙이기를 유幽나 여厲라고 하게 되면 비록 효자와 자손이라도 영원히 고칠 수 없다. 『시경』에 "은나라가 거울삼아야할 것은 멀리 있지 않다. 하나라 시대에 있는 것이다."하였으니, 이것을 말한 것이다.[24]

이렇게 백성들이 안심하고 살 수 없는 세태 속에서 맹자는 '왕자'가 곧 나타날 것이라고 확신을 한다.

맹자의 역사관은 왕자王者 → 천자天子 → 폭군暴君으로, 그리고 다시 폭군에서 왕자로 돌아가는 순환적인 구조를 가지고 있다. 맹자는 이러한 순환 속에서 왕자王者의 역할을 발휘하는 사람은 오백년 만에 한번 출현한다고 생각했는데, 이를테면 요堯·순舜·탕湯·문文·무武를 들었다.

요순堯舜으로부터 탕왕湯王에 이르기까지가 오백여 년이니, 우禹와 고요皐陶는 직접 보고서 그 도道를 알았고, 탕은 들어서 알았다. 탕으로부터 문왕에 이르기까지가 오백여 년이니, 이윤伊尹과 내주萊朱는 직접 보고서 알았고, 문왕은 들어서 알았다, 문왕으로부터 공자에 이르기까지가 오백여 년이니, 태공망太公望과 산의생散宜生은 직접 보고서 알았고, 공자는 들어서 알았다. 공자로부터 그 이래로 오늘에 이르기까지가 백여 년이니, 성인聖人의 세대와의 거리가 이와 같이 멀지 않으며, 성인聖人이 거주한 곳과 가까운 것이 이와 같이 심하되, 그런데도 아무것도 없으니, 그렇다면 또한 아무것도 없을 것인가![25]

---

24) 『孟子』, 「離婁上」, "暴其民甚, 則身弑國亡. 不甚, 則身危國削. 名之曰: '幽厲'. 雖孝子慈孫, 百世不能改也. 詩云: '殷鑑不遠, 在夏后之世.' 此之謂也."

25) 『孟子』, 「盡心下」, "由堯舜至於湯, 五百有餘歲. 若禹皐陶則見而知之, 湯

요순이 이미 별세하시니, 성인의 도가 쇠하여 폭군이 대대로 나와서 백성들의 집을 헐어서 웅덩이와 연못을 만들었으므로 백성들이 편안히 쉴 곳이 없었고, 밭을 버려 동산을 만들어 백성들로 하여금 입고 먹을 수 없게 만들었으며, 비뚤어진 학설과 포악한 행동이 또 일어나고, 동산·웅덩이·못·늪 등이 많아져서 짐승이 이르게 되어, 주紂의 시대에 이르러서는 천하가 또 크게 어지러워 졌다.[26]

맹자가 여기에서 묘사한 상대商代말기의 시대상황과 맹자가 직접 목격한 당시의 상황은 거의 비슷하며, 정도가 더 심한 경우에 대해 맹자는 다음과 같이 말했다.

주공周公이 무왕을 도와 주紂를 죽이고 엄奄나라를 정벌한지 3년 만에 그 군주를 죽이고 비렴飛廉을 바다 모퉁이로 몰아내어 죽이니, 멸망시킨 나라가 50개였고, 범·표범·코뿔소·코끼리를 몰아내어 벌리 쫓으니, 천하가 크게 기뻐하였다.[27]

맹자가 언급한 바에 의하면 주공과 무왕이 멸망시킨 나라는 상나라뿐만 아니라 50개국이 더 있었다. 그러므로 맹자의 입장에서 보

則聞而知之. 由湯至於文王, 五百有餘歲. 若伊尹萊朱, 則見而知之, 若文王則聞而知之. 由文王至於孔子, 五百有餘歲. 若太公望散宜生, 則見而知之, 若孔子則聞而知之. 由孔子而來至於今, 百有餘歲, 去聖人之世若此其未遠也, 近聖人之居若此其甚也. 然而無有乎爾! 則亦無有乎爾!"

26) 『孟子』, 「滕文公下」, "堯舜旣沒, 聖人之道衰. 暴君代作, 壞宮室以爲汙池, 民無所安息; 棄田以爲園囿, 使民不得衣食. 邪說暴行又作, 園囿汙池, 沛澤多而禽獸至. 及紂之身, 天下又大亂."

27) 『孟子』, 「滕文公下」, "周公相武王, 誅紂伐奄, 三年討其君, 驅飛廉於海隅而戮之, 滅國者五十; 驅虎豹犀象而遠之, 天下大悅."

면 백성들을 학대하는 정치를 하고 천하를 큰 혼란 속으로 빠뜨리는 제후·대부大夫들은 모두 반드시 '왕자'에 의해서 소멸될 대상들이었다.

그렇다면 과연 누가 '왕자'가 될 자격이 있는 것인가? 바꿔 말하면 어떠한 정치를 실행해야만 비로소 '왕자'가 될 수 있는 것인가. 이러한 물음에 대해 맹자의 대답은 매우 간단하다. 즉 왕도정치를 실행하는 자이다. 왕도정치는 '인정仁政'이라고 말할 수 있다. 그럼 도대체 맹자가 제창하는 '인정'이란 과연 어떠한 정치형태를 의미하는 것인가?

4. 구체적인 개혁방안

맹자의 정책 시행에 관한 청사진은 「양혜왕」·「공손추」 등 여러 곳에서 찾아볼 수 있는데, 맹자와 양혜왕·제선왕의 대화 속에서 다음의 세 가지 방향으로 귀납할 수 있다.

> 제선왕이 맹자에게 "제환공과 진문공의 일을 들을 수 있겠습니까?"라고 묻자, 맹자가 "중니의 제자들은 제환공과 진문공의 일을 언급하지 않습니다. 이 때문에 후세에 전해지는 것이 없으니, 소신이 아직 듣지 못했습니다. 그만두지 말라고 하신다면 왕도를 말하겠습니다."라고 대답했다. 다시 제선왕이 "덕이 어떠하면 왕도를 실행할 수 있습니까?"라고 묻자, 맹자가 "백성을 보호하고 왕도를 실행한다면 이를 막을 수 있는 사람이 없습니다."라고 대답했다.[28]

---

28) 『孟子』, 「梁惠王上」, "齊宣王問曰: 齊桓晉文之事, 可得聞乎? 孟子對曰: 仲尼之徒, 無道桓文之事者, 是以後世無傳焉, 臣未之聞也. 無以, 則王乎.

농사철을 어기지 않게 하면 곡식을 이루 다 먹을 수 없으며, 촘촘한 그물을 웅덩이와 연못에 넣지 않으면 물고기와 자라를 모두 다 먹을 수 없으며, 도끼를 알맞은 때에 산림山林에 들여놓으면 재목을 모두 다 쓸 수 없을 것입니다. 곡식과 물고기와 자라를 모두 다 먹을 수 없으며, 재목을 모두 다 쓸 수 없으면 이는 백성으로 하여금 산사람을 봉양하고 죽은 사람을 장사 지내는데 유감이 없게 하는 것이니, 산사람을 봉양하고 죽은 사람을 장사 지내는데 유감이 없도록 하는 것이 왕도의 시작입니다.[29]

집 주변 다섯 무의 토지에 뽕나무를 심으면 50세 된 자가 비단옷을 입을 수 있으며, 닭・돼지・개・큰 돼지를 기르는데 번식시기를 놓치지 않으면 70세 된 자가 고기를 먹을 수 있으며, 백무의 밭에 농사지을 시기를 빼앗지 아니하면 몇 식구의 집안이 굶주림을 피할 수 있으며, 상서庠序의 가르침을 신중히 하고, 거듭하기를 효제孝悌의 도리로써 한다면, 머리가 반백이 된 자가 도로에서 지거나 이지 않을 것입니다. 70세 된 자가 비단옷을 입고 고기를 먹으며, 일반백성들이 굶주리지 않고 춥지 않게 되고서도 왕도정치를 하지 못하는 자는 있지 않습니다.[30]

위에 서술된 내용의 핵심은 다음과 같다.

曰: 德何如, 則可以王矣? 曰: 保民而王, 莫之能禦也."

29) 『孟子』, 「梁惠王上」, "不違農時, 穀不可勝食也; 數罟不入洿池, 魚鼈不可勝食也; 斧斤以時入山林, 材木不可勝用也. 穀與魚鼈不可勝食, 材木不可勝用, 是使民養生喪死無憾也. 養生喪死無憾, 王道之始也."

30) 『孟子』, 「梁惠王上」, "五畝之宅, 樹之以桑; 五十者可以衣帛矣; 雞豚狗彘之畜, 無失其時, 七十者可以食肉矣; 百畝之田, 勿奪其時, 數口之家, 可以無飢矣. 謹庠序之教, 申之以孝悌之義, 頒白者不負戴於道路矣. 老者衣帛食肉, 黎民不飢不寒, 然而不王者, 未之有也."

① 전쟁의 재해로부터 백성들을 보호함. (保民)[31]

② 백성들의 삶을 보장하여 촌락공동체를 재생시킴. (養民)[32]

③ 백성들을 교화시켜 이상적인 공동체를 창조함. (敎民)[33]

먼저, '보민保民'에 대하여 살펴보도록 하겠다.

맹자는 당시의 제후들이 일으킨 전쟁에 의해 죽은 백성들에 대해 매우 동정적인 태도를 갖는다. 그래서 그는 제후들에게 경고를 할 뿐만 아니라 학정 속에서 신음하고 있는 백성들에게 제후들에 대하여 반항할 수 있는 가능성을 언급함과 동시에 "타인의 불행을 보고 참지 못하는 마음不忍人之心"을 새롭게 정의하는 것으로부터 즉 '인仁'의 관점으로부터 제후들에게 생명의 소중함을 일깨운다.

> 양혜왕이 "과인은 마음을 편안히 해서 가르침을 받들기를 원합니다."라고 하자, 맹자가 "사람을 죽임에 몽둥이와 칼날을 사용하는 것이 차이가 있습니까?"라고 물었다. 양혜왕이 "차이가 없습니다."라고 대답했다. 다시 맹자가 "사람 죽이기를 칼과 정치를 가지고 하는 것에 차이가 있습니까?"라고 묻자, 양혜왕이 "차이가 없습니다."라고 대답했다. 그러자 맹자가 "(왕의)푸줏간에는 살진 고기가 있고, 마구간에는 살찐 말이 있으면서, 백성들은 굶주린 기색이 있고 들에는 굶어 죽은 시체가 있다면, 이것은 짐승을 몰아서 사람을 잡아먹게 한 것입니다. 짐승끼리 서로 잡아먹는 것도 사람들은 미워하는데, 백성들의 부모가 되어 정치를 행하되 짐승을 몰아서 사람을 잡아먹게 하는 것에서 벗어나지

31) 劉鄂培, 『孟子大傳』, 北京, 清華大學出版社, 1998년, 202쪽 참조.

32) 蔡仁厚, 『孔孟荀哲學』, 臺北, 學生書局, 1990년, 313~314쪽 참조.

33) 許宗興, 『孟子的哲學』, 臺北, 臺灣商務印書館, 1989년, 268쪽 참조.

> 못한다면 백성들의 부모라고 할 수 있겠습니까? 중니仲尼께서 말씀하시기를 처음으로 토용俑을 만든 자는 후손이 없을 것이다. 하셨으니, 사람을 본떠서 사용하였기 때문입니다. 그런데 도대체 무엇 때문에 백성들을 굶어 죽게 만듭니까?"라고 했다.[34]

맹자는 제선왕이 희생에 쓰일 소를 동정하는 것을 찬양하며 "소신은 본래 왕이 차마 그렇게 하지 못한 것을 알고 있습니다."라고 언급한 후에, 다시 제선왕을 일깨워 "지금 은혜가 금수에게까지 미치지만 그 효과가 백성에게 이르지 아니하는 것은 도대체 무슨 이유때문입니까?"[35] 라고 했다. 또한 양혜왕의 '불인不仁'에 대해서 맹자는 매서운 비판을 한다.

> 불인不仁하도다 양혜왕이여! 인자仁者는 그 사랑하는 것으로써 그 사랑하지 아니하는 것에까지 파급시키고, 불인한 사람은 그 사랑하지 아니하는 것으로써 그 사랑하는 것에까지 파급시킨다. 공손추가 "무슨 말씀이십니까?"라고 묻자, 맹자가 "양혜왕이 토지 때문에 그 백성을 썩어문드러지게 하면서 싸우게 하였다가 크게 패하고는, 곧 복수하려고 하되, 이기지 못할까 두려워하였기 때문에 그 사랑하는 자제를 전쟁터로 내몰아서 죽게 했으니, 이것을 그 사랑하지 아니하는 것으로써 그 사랑하는 것에까지 파급시킨다고 하는 것이다."라고 대답했다.[36]

---

34) 『孟子』, 「梁惠王上」, 梁惠王曰: 寡人願安承敎. 孟子對曰: 殺人以挺與刃, 有以異乎? 曰: 無以異也. 以刃與政, 有以異乎? 曰: 無以異也. 曰: 庖有肥肉, 廏有肥馬; 民有飢色, 野有餓莩; 此率獸而食人也! 獸相食, 且人惡之; 爲民父母行政, 不免於率獸而食人, 惡在其爲民父母也? 仲尼曰: '始作俑者, 其無後乎!' 爲其象人而用之也. 如之何其使斯民飢而死也?

35) 『孟子』, 「梁惠王上」, "今恩足以及禽獸, 而功不至於百姓者, 獨何與?"

36) 『孟子』, 「盡心下」, "不仁哉, 梁惠王也! 仁者以其所愛, 及其所不愛; 不仁

맹자는 진일보하여 제후들에게 임의로 전쟁을 일으키지 말 것을 호소하는데, 그는 양혜왕의 "천하가 어떠한 상태에서 안정되겠습니까?"라는 질문에 대해 "사람 죽이기를 좋아하지 아니하는 자가 하나로 통일할 수 있을 것입니다." 라고 대답하며, 또한 「고자하」, 「이루상」의 두 곳에서 말하기를 "백성을 가르치지 아니 하고서 (전쟁에)쓰는 것을 백성에게 재앙을 입히는 것이라고 한다.", "땅을 다투어 싸워서 사람들을 들에 가득하게 죽이며, 성을 다투어 싸워서 사람을 성에 가득하게 죽이는 것에 있어 서랴! 이는 이른바 토지를 거느려 사람의 고기를 먹게 하는 것이다." 즉 맹자는 양나라와 제나라를 '전국칠웅戰國七雄'중의 강대국으로 여기고 양혜왕 및 제선왕에게 주동적으로 전쟁을 일으키지 말 것을 권고하여 천하에 평화가 회복되는 가운데 '보민保民'의 목적을 이룰 수 있다고 보았다.[37)]

그렇다면 약소국의 상황은 어떠한가? 그들이 주동적으로 전쟁을 일으키지 않는다고 하여도 늘 임전태세를 갖추어야 하는데 그것은 강대국이 수시로 약소국을 침략할 가능성이 있기 때문이니, 송나라・등나라 등의 약소국의 우려는 바로 이점에 있었다. 이러한 약소국 제후들의 우려에 대해 맹자는 세 가지의 처방을 내놓는다. 이때 우리는 이러한 처방들 사이에 첨예한 긴장관계가 존재함을 발견할 수 있다.

첫째는 왕도정치를 지속적으로 펴나가는 것이다. 우리는 잠시 맹

者以其所不愛, 及所愛. 公孫丑曰: 何謂也? 梁惠王以土地之故, 糜爛其民而戰之, 大敗, 將復之, 恐不能勝, 故驅其所愛子弟以殉之. 是之謂以其所不愛, 及其所愛也."

37) 郎擎霄, 『孟子學案』, 上海, 商務印書館, 1928년, 98쪽 참조.

자와 만장萬章의 대화를 살펴보지 않을 수 없다. 만장이 "송나라는 약소국입니다. 이제 장차 왕도정치를 행하려하니, 제나라와 초나라가 그것을 싫어하여 공격하면 어떻게 합니까?"[38]라고 한 질문은 매우 당연한 문제 제기였다. 이에 대하여 맹자는 우선 탕왕이 갈백葛伯을 정벌한 이야기를 인용한 후에 충만한 자신감으로 다음과 같이 말한다.

> 왕도정치를 하지 않는 다고 하면 그 뿐이거니와, 진실로 왕도정치를 행한다면 사해四海 안의 모든 사람들이 머리를 들고 우러러 볼 것이며 군주를 삼고자 할 것이니, 제나라와 초나라가 비록 크지만 무엇을 두려워하겠는가![39]

위의 인용문을 통해서 알 수 있듯이 맹자는 만장의 질문에 정면으로 대답하지 않는다. 만장이 한 질문의 핵심은 "만약 제나라와 초나라가 송나라를 공격한다면 어떻게 합니까?"에 있었으며, 맹자의 대답은 "왕도정치를 실행하기만 한다면 제나라와 초나라의 공격을 두려워 할 필요가 없다"는 것이었다. 이러한 맹자의 대답은 양혜왕과 제선왕에게 말한 것과 같은 맥락으로 매우 낙관적인 가설에 기초한 것으로 약소국이 처한 곤경을 직시한 것이 아니라고 할 수 있는 것이다.

둘째는 왕도정치를 시행하면서 한편으로는 강대국에 순종하는 것이다.

---

38) 『孟子』, 「滕文公下」, "宋, 小國也. 今將行王政, 齊楚惡而伐之, 則如之何?"
39) 『孟子』, 「滕文公下」, "不行王政云爾. 苟行王政, 四海之內, 皆擧首而望之, 欲以爲君; 齊楚雖大, 何畏也!"

천하에 도道가 있을 때는 덕이 작은 사람이 덕이 큰 사람에게 부림을 받고 조금 현명한 사람이 크게 현명한 사람에게 부림을 받는다. 천하에 도가 없을 때는 작은 사람이 큰 사람에게 부림을 받고 힘이 약한 사람이 센 사람에게 부림을 받는다. 이 두 가지는 하늘天이니, 하늘을 따르는 자는 살고 하늘을 거스르는 자는 죽는다. 제경공이 말하기를 "이미 명령할 수 없으니, 또한 명령을 받지 아니하면 이는 남과의 관계를 끊는 것이다."하고는 눈물을 흘리면서 오나라에 딸을 시집보냈다. 지금 약소국이 강대국의 소행을 본받으면서 명령받는 것을 부끄러워하니, 이는 제자이면서 스승에게 명령받는 것을 부끄러워하는 것과 같다. 만일 그것을 부끄러워한다면 문왕을 본받는 것만 못하니, 큰 나라는 5년, 작은 나라는 7년이면 반드시 천하에서 다스리게 될 것이다.[40]

위의 인용문에서 맹자가 언급한 "문왕의 정치文王之政"를 "약소국이 강대국에게 순종하는 한편, 다른 한편으로는 왕도정치를 실행하면 7년 후에는 천하에서 호령할 수 있다."로 해석할 수 있는데, 이는 왕도정치를 시행하고 다시 강대국에게 복종한다는 것이기 때문에, 이러한 정책의 청사진은 첫 번째 청사진과 비교 할 때 약간은 실제적인 요소가 있다고 할 수 있다. 그러나 "왕도정치를 시행하는 한편 강대국에게 복종한다."면 과연 강대국의 침략을 피할 수 있는 것인가? 등문공은 왕도정치를 시행해야 하는 한편 강대국에게 복종해야만 하는 어려움 속에서 어쩔 수 없음을 통감하면서, 맹자에게 "등나

40) 『孟子』, 「梁惠王下」, "天下有道, 小德役大德, 小賢役大賢; 天下無道, 小役大, 弱役强, 斯二者, 天也. 順天者存, 逆天者亡. 齊景公曰: '旣不能令, 又不受命, 是絕物也.' 涕出而女於吳. 今也, 小國師大國, 而恥受命焉, 是猶弟子而恥受命於先師也. 如恥之, 莫若師文王. 師文王, 大國五年, 小國七年, 必爲政於天下矣."

라는 약소국입니다. 힘써 강대국을 섬기지만 침략을 면할 수 없으니, 어떻게 해야 합니까?"[41]라고 묻자, 맹자는 즉시 영토를 버리고 도주하라고 대답했다.

> 적인狄人들이 원하는 것은 우리의 토지다. 내가 들으니 군자는 사람을 기르기 위한 것을 가지고 사람을 해치지는 아니한다고 하였다. 여러분들은 임금이 없다고 무슨 걱정이겠는가? 나는 장차 떠나리라.[42]

셋째로 맹자는 등문공에게 무력으로서 강대국의 침략에 대항할 것을 건의한다. 위의 인용문에 이어서 맹자는 다음과 같이 말했다.

> 어떤 이는 말하기를, "대대로 지켜오는 것이므로 자신이 마음대로 할 수 있는 것이 아니니, 죽음을 바치더라도 떠나지 말라." 하니, 임금께서는 이 두 가지 중에서 선택하소서.[43]

위의 인용문에서 "죽음을 바치더라도 떠나지 말라"에 관해서 맹자는 그 구체적인 내용을 설명한다.

> 등문공이 물었다. "등나라는 작은 나라로 제나라와 초나라 사이에 끼여 있으니, 제나라를 섬길까요? 초나라를 섬길까요?" 맹자께서 대답

---

41) 『孟子』, 「梁惠王下」, "滕, 小國也. 竭力以事大國, 則不得免焉. 如之何則可?"

42) 『孟子』, 「梁惠王下」, "狄人之所欲者, 吾土地也. 吾聞之也, 君子不以其所以養人者害人, 二三子何患無君, 我將去之."

43) 『孟子』, 「梁惠王上」, "或曰: '世守也, 非身之所能爲也, 效死勿去.' 君請擇於斯二者."

했다. "이러한 계책은 내가 미칠 수 있는 바가 아닙니다. 그만두지 말라고 한다면 하나의 방법이 있으니, 성벽 주위에 해자를 파고 성벽을 높게 쌓아 백성과 함께 지켜서 죽음을 바치더라도 백성들이 떠나가지 않는다면 이는 해볼 만합니다.[44]

결국 강대국의 침략을 방어하기 위해서 약소국의 제후는 반드시 백성을 동원하여 국가를 방위해야만 하는 까닭에 백성들은 역시 전쟁터로 내몰려 죽게 된다. 비록 이러한 것이 맹자가 지적한 '침략전쟁'은 아닐 지라도, 우리가 '보민保民'의 관점을 고려한다면 맹자의 왕도정치사상 중에 있어서 '보민'이상은 곧 중대한 딜레마에 빠지게 된다. 맹자의 '보민'이상의 딜레마는 이곳에만 있는 것은 아니다. 우리는 맹자가 철저한 '반전주의자'가 아니라는 사실을 주의해야만 한다. 즉 맹자는 상나라 탕왕·주나라 무왕의 정복전쟁을 적극적으로 긍정했다는 것이다. 다시 말하면 맹자가 주공周公이 50개국을 멸망시킨 정복전쟁을 "천하가 크게 기뻐했다"고 찬양한 사실이 그것이다. 그러나 물론 전쟁을 일으킨 대의大義가 어떠하던 지간에 이러한 큰 전쟁이 발생한다면, 결국은 맹자가 제창한 '보민'은 하나의 공허한 구호에 불과한 것으로 변하게 된다.

맹자의 '양민養民'이상의 구체적인 내용은 다음과 같이 세 가지로 나누어볼 수 있다. 즉 토지제도의 확립과 산림·호수자원의 개방 및 상업의 진작과 교통의 활성화이다.

---

44) 『孟子』, 「梁惠王下」, "滕文公問曰: 滕, 小國也, 間於齊楚. 事齊乎? 事楚乎? 孟子對曰: 是謀非吾所能及也. 無已, 則有一焉: 鑿斯池也, 築斯城也, 與民守之, 效死而民弗去, 則是可爲也."

일반적으로 맹자의 토지정책은 맹자의 '양민'이상의 핵심부분일 뿐만 아니라 전체 유가정치사상의 정화로 이해되어진다. 특히 그 정책의 청사진을 '정전제도井田制度'라고 부르는데 이후의 역대왕조의 정책 가운데 영원히 실현되지 않은 이상 속의 토지제도로 되었다.

춘추시대이전의 맹자가 언급한 정전제도의 존재여부 문제에 관해서는 일찍이 많은 학자들이 언급 하였으나 현재에 이르기까지 아직 정론이 없는 상황이다. 이러한 문제에 대한 학자들의 견해는 대략 세 가지로 귀납될 수 있는데, 하나는 맹자가 언급한 정전제도가 맹자 이전에 확실히 존재했었다는 견해(전목錢穆·양관楊寬)이고, 다른 하나는 일정한 조건 속에서 정전제도는 이미 존재할 수 있었다고 하는 견해(후가구侯家駒)이고, 또 다른 하나는 정전제도의 대부분은 맹자 자신이 구상한 것이라는 견해(제사화齊思和)이다.[45] 여기에서는 맹자 이전에 정전제도가 존재했었는지의 문제에 대해서는 서주시대 전체의 토지제도를 어떻게 평가해야 하는 것에 관련된 큰 문제이기 때문에 언급을 피하겠으며, 다만 정전제도의 주요한 내용인 '양민'이상이 어떻게 당시의 사회문제에 반영되는지, 그리고 맹자가 내놓은 이러한 이상의 목적이 어떤 것인가의 문제에 관해서만 논급하겠다.

정전제도는 맹자가 등문공이 한 '위국爲國'의 질문에 대한 대답으로 내놓은 정책의 청사진이다. 당시 맹자가 이러한 정책의 청사진을 내놓은 목적은 첫째 "일정한 재산을 가지지 아니한 자는 일정한 마

---

45) 錢穆, 『國史大綱』, 卷上, 臺北, 臺灣商務印書館, 1991년, 58~65쪽; 楊寬, 『古史新探』, 北京, 中華書局, 1965년, 111~134쪽; 侯家駒, 「井田叢考」, 『大陸雜誌』, 卷67, 第3期, 臺北, 1972년 11~30쪽; 齊思和, 『中國史探研』, 臺北, 弘文館, 1985년 169~183쪽 참조.

음을 갖지 못하는 것이니, 진실로 일정한 마음을 갖지 못하면, 방자함 · 편벽됨 · 사악함 · 호화스러움을 하지 아니하는 것이 없다."[46]와 둘째 "폭군과 더러운 관리들은 반드시 그 경계를 다스리는 일을 게을리 한다."[47] 등의 문제를 해결하기 위해서와 농민들이 "죽거나 이사를 하더라도 고향을 벗어남이 없게 되면 고향 땅의 정지를 함께 하는 자들이 출입할 때 서로 벗하며, 지키고 망볼 때 서로 도우며 질병이 있을 때 서로 돌볼 것이다."[48]와 같은 생활을 실현하여 "백성들이 친목하게 되는" 이상을 달성하기 위해서 이다. 이러한 정전제도의 내용에 대하여 맹자가 내놓은 정책의 청사진은 다음과 같이 매우 분명하다.

> 사방 1리가 되면 정지가 되는 것이니, 9백무를 정자로 나누어 그 가운데가 공전이 된다. 여덟 집에서 모두 백무씩을 사전으로 받는데, 함께 공전을 가꾸어 공전의 일이 끝난 뒤에 감히 사전의 일을 다스리게 되는 것이니 야인을 구별하기 위한 것이다.[49]

위에서 서술한 맹자 정전제도의 목적과 내용을 분석하면 다음과 같은 사실을 발견할 수 있다.

첫째로 정전제도가 의도하는 바는 여덟 가구를 기층 단위로 한

---

46) 『孟子』, 「滕文公上」, "無恒產者, 無恒心, 苟無恒心, 放辟邪侈無不爲已."

47) 『孟子』, 「滕文公上」, "暴君汙吏, 必慢其經界."

48) 『孟子』, 「滕文公上」, "死徙無出鄕, 鄕田同井, 出入相友, 守望相助, 疾病相扶持."

49) 『孟子』, 「滕文公上」, "方里而井, 井九百畝, 其中爲公田; 八家皆私百畝, 同養公田. 公事畢, 然後敢治私事. 所以別野人也."

촌락공동체를 회복하여 농민의 기본생활을 확보한다는 것이다.

둘째로 "여덟 식구의 집", "여덟 가구 모두 백무의 땅을 소유함", "남는 이십오 무"의 문구에서 맹자의 정전제도는 한 부부의 소가족을 전제로 하여 설계되었다는 사실이다.

이와 같이 보면 우리는 맹자 정전제도의 최종목표가 소가족위주의 촌락공동체를 회복하는데 있다고 생각할 수 있다. 만일 정전제도의 "사방1리가 되면 정지가 되는", "구백 무를 정자로 나누어"등의 형식적인 문제를 피해 언급하지 않는다면, 우리는 정전제도가 맹자의 허황된 말이 아니고 그가 당시의 소가족제도가 점차 형성되어 가는 역사적인 추세와 긴밀하게 배합하여 내놓은 개혁의 청사진이라고 말할 수 있을 것이다.

맹자의 '양민'이상의 두 번째 내용에 관해서는 그가 양나라와 제나라 등 강대국의 군주들에게 내놓은 이상적인 정책 속에 나타나 있다.

> 제선왕이 물었다. "문왕의 동산이 사방 70리라 하니 그러한 사실이 있습니까?" 맹자께서 대답했다. "전적에 그러한 것이 있습니다." 말하기를 "이와 같이 큽니까?" 말하기를 "백성들이 오히려 작다고 여겼습니다." 말하기를 "과인의 동산은 사방 40리 임에도 불구하고 백성들이 오히려 크다고 여기는 것은 어째서 입니까?" 말하기를 "문왕의 동산은 사방 70리 인데 꼴 베고 나무하는 자들이 거기에 가며 꿩을 잡고 토끼를 잡는 자들이 거기에 가게 되어, 백성과 함께 소유 하였으니 백성들이 작다고 생각하게 된 것도 또한 마땅하지 않습니까? 제가 처음 국경에 이르러 나라에서 크게 금지시키는 것을 물은 연후에 감히 들어왔습니다. 내가 듣기에 교외의 관문 안에 동산 사방 40리가 있는데 그 동산의 사슴을 죽인 죄가 사람을 죽인 죄와 같다고 하니 이는 나라 가운데에

사방 40리의 함정을 만든 것이니, 백성들이 크다고 여기는 것이 당연하지 않습니까?[50]

위의 인용문에서 우리는 제나라의 "크게 금지시키는 것"이 모든 산림자원을 의미하는 것인지를 판단할 수 는 없으나, 당시 제나라가 산림자원의 관리에 대해서 매우 엄격했음을 알 수 있다.[51] 이러한 상황 속에서 백성들의 생활공간과 생계수단은 점차 새롭게 국가의 독점에 의해서 침해되어 가는 지경에 이르러 결과적으로 백성들은 납세와 부역의 고통을 감내 해야 할 뿐만 아니라 산림자원을 이용할 수 있는 권리마저도 박탈당하게 된다. 그러므로 농사에 의지하는 농민들은 흉년이 들게 되면 당연히 노약자들이 굶어죽어 구덩이에 뒹구는 상황이 발생하게 되는 것이다. 맹자는 군주들이 산림자원을 독점하여 백성들이 동산에 들어가는 것을 제한하는 것은 함정과 다르지 않다고 생각한 것이다.

'양민'이상의 세 번째 내용은 곧 상업정책에 관련된 것이다. 맹자가 상업정책에 관하여 언급한 부분은 많지는 않지만 상업사상에 관계되는 것으로 보여 지는 부분은 다음과 같다.

---

50) 『孟子』, 「梁惠王下」, "齊宣王問曰: 文王之囿, 方七十里, 有諸? 孟子對曰: 於傳有之. 曰: 若是其大乎? 曰: 民猶以爲小也. 曰: 寡人之囿, 方四十里, 民猶以爲大, 何也? 曰: 文王之囿, 七十里, 芻蕘者往焉, 雉兎者往焉, 與民同之; 民以爲小, 不亦宜乎? 臣始至於境, 問國之大禁, 然後敢入. 臣聞郊關之內, 有囿方四十里, 殺其麋鹿者, 如殺人之罪. 則是方四十里, 爲阱於國中; 民以爲大, 不亦宜乎?"

51) 「梁惠王下」에서 맹자가 "못이나 통발로 물고기 잡는 도랑에 대해 금지시키는 것이 없으며"라고 한 말을 고려한다면, "금지시키는 것이 없는"다는 말은 '사슴'등 큰 동물을 포함할 뿐만 아니라 또한 마땅히 많은 산림자원을 포함시켜야 한다.

> 시장에서 점포 세만 받고 물품 세를 받지 않거나 관리만 하고 점포 세도 받지 않으면 천하의 상인들이 모두 기뻐하여 그 시장에 장사하기를 원할 것이다. 관문에서 살피기만 하고 통관세를 받지 않으면 천하의 여행자들이 모두 기뻐하여 그 도로를 이용하고자할 것이다.[52]

여기에서 맹자는 상인의 증가는 국가발전에 장애가 되지 않는 것으로 생각한 것처럼 보여 진다. 만일 맹자의 이러한 생각을 '자유경제사상'[53]이라 하고 당시의 상업을 천시하던 사상의 풍조와 비교해 본다면 그 관점은 당시의 사회경제 전반에 대한 종합적인 판단을 통해서 체득한 결과라고 할 수 있다. 맹자의 상업에 대한 중시는 당시 머물렀던 제나라의 수도인 임치臨淄가 상업발달의 중심지였던 것과 관련 있다.

'교민敎民'이상 역시 맹자 왕도정치사상의 중요한 내용의 하나인데 이러한 이상이 후대에 더욱 발전하여 '교화사상'이 되며 동시에 백성을 교화시키는 효과로 인해서 역대왕조에서 선정善政을 실행하는 중요한 지표로 평가되어 왔다.

맹자가 언급한 '교민'이상의 부분은 다음과 같다.

> 그 농사지을 때를 빼앗지 아니하면 몇 식구의 집안이 굶주림이 없을 수 있으며, 상서의 가르침을 신중히 하고 거듭나기를 효제의 의리로써 한다면 머리가 반백이 된 자가 도로에서 지거나 이지 않을 것입니다.[54]

---

52) 『孟子』, 「公孫丑上」, "市, 廛而不征, 法而不廛, 則天下之商, 皆悅而願藏於其市矣; 關, 譏而不征, 則天下之旅, 皆悅而願出於其路矣."

53) 侯家駒, 『先秦自由經濟思想』, 臺北, 聯經出版事業公司, 1985년, 63쪽 참조.

54) 『孟子』, 「梁惠王上」, "勿奪其時, 數口之家可以無飢矣. 謹庠序之敎, 申之

상庠과 서序 학學과 교校를 설치하여 가르쳤으니, 상은 기른다는 뜻이고, 교는 가르친다는 뜻이며, 서는 활을 쏜다는 뜻입니다. 하나라 에서는 교라 하였으며, 은나라 에서는 서라 하였으며, 주나라 에서는 상이라 하였으며 학은 삼대三代가 공통이었으니 모두 인륜을 밝히기 위한 것이었습니다. 인륜이 위에서 밝아지면 백성들이 아래에서 한마음이 됩니다. 왕자가 나타남이 있으면 반드시 와서 법을 취할 것이니, 이는 왕자의 스승이 되는 것입니다.[55]

백성을 가르치지 아니하고서 (전쟁에)쓰는 것을 백성에게 재앙을 입히는 것이라고 한다.[56]

좋은 정치善政는 백성들의 재물을 얻고 좋은 교화善教는 백성들의 마음을 얻는다.[57]

군자가 가르치는 방법이 다섯 가지이니, 단비가 내려 일시에 만물을 소생시키듯이 하는 것이 있으며, 덕을 이루게 하는 것이 있으며, 재질을 통달하게 하는 것이 있으며, 물음에 답하는 것이 있으며, (직접 가르치지 않고)사적私的으로 잘 도야하게 하는 것이다. 이 다섯 가지는 군자가 가르치는 방법이다.[58]

以孝悌之養, 頒白者不負戴於道路矣."

55) 『孟子』, 「滕文公上」, "設爲庠序學校以教之 庠者, 養也. 校者, 教也. 序者, 射也. 夏曰校, 殷曰序, 周曰庠, 學則三代共之, 皆所以明人倫也. 人倫明於上, 小民親於下. 有王者起, 必來取法, 是爲王者師也."

56) 『孟子』, 「告子下」, "不教民而用之, 謂之殃民."

57) 『孟子』, 「盡心上」, "善政得民財, 善教得民心."

58) 『孟子』, 「盡心上」, "君子之所以教者五. 有如時雨化之者, 有成德者, 有達財者, 有答問者, 有私淑艾者. 此五者, 君子之所以教也."

이상과 같이 맹자에게 있어서의 '교敎'는 도덕교육의 '교'임을 알 수 있다. 이러한 '교'의 의미는 『논어』에도 있는데, 만일 "공자는 네 가지로 가르친다."는 말을 "공자가 제자들에게 가르치는 네 가지 내용"으로 해석한다면, 공자가 가르치는 주요한 대상은 피통치계층의 백성들을 포함하지 않고 그의 제자들에게만 국한된 것처럼 보인다. 또한 이 문장 속에서는 교육내용 역시 새로운 형태의 국가행정 업무와 관련된 인재의 지식과 행동규범을 배양시키는 것과 관련 있는 것처럼 보인다. 그렇다면 초기유가에서는 모든 백성들에 대한 교육을 부정하는 것인가? 『논어』, 「술이」에 있는 "속수束脩의 예를 행한자에서부터 그 이상은 내 일찍이 가르쳐주지 않은 적이 없다."의 내용을 고려한다면 초기유가에서는 농민 등의 피통치계층의 사람들을 받아 들였음을 알 수 있다. 그러나 이러한 사실로써 초기유가가 모든 백성들에게 광범위하게 교육을 확대하려는 의도를 가지고 있었다고 추론할 수 있는 것일까? 설사 우리가 『논어』, 「자로」에서 공자가 염유冉有에게 말한 "그것을 가르친다敎之"의 '교敎'자가 '교련敎鍊'의 의미를 갖고 있을 뿐만 아니라 '도덕교육'의 의미도 포함하고 있다고 인정해도, 역시 초기유가가 진정으로 모든 백성들에게 교육을 확대하려는 의도를 가지고 있었는지에 대해서는 의심의 여지가 남는다. 이러한 문제에 대해 『논어』, 「양화」의 한 장이 단서를 제공한다.

공자가 무성武城에 가서 현악에 맞추어 부르는 노래 소리를 들었다. 공자가 빙그레 웃으며 말했다. "닭을 잡는데 어찌 소 잡는 칼을 쓰느냐?" 자유子游가 대답했다. "전에 제가 선생님께 듣자오니, 군자가 도를 배우면 남을 사랑하고, 소인이 도를 배우면 부리기가 쉽다고 하셨습니다." 공자가 말했다. "언偃의 말이 옳다. 좀 전에 한말은 농담이다."

만일 공자와 자유의 대화 내용이 무성에 대한 '교화'(풍속을 개정함)에 관련된 것이라면, 자유가 한 한마디의 말을 주의해야 한다. 즉 "소인이 도를 배우면 부리기 쉽다." 이것뿐 아니라 공자는 자유의 의견에 전적으로 동조하는데, 이는 초기유가가 일반 백성에 대해서 교육을 시행할 때 통치자로서 공리주의적인 성향이 짙었음을 의미한다.

위의 관점에 비춰볼 때 맹자의 '교민'이상에서 주의할만한 가치는, 맹자의 '교'의 대상은 그의 제자나 문인에만 국한되지 않고 가장 기층인 빈궁한 농촌공동체에 까지 확대한 것이라는 사실이다. 이는 곧 맹자의 '교민'이상이 모든 백성들을 교육시키기 위해 설계된 것이라고 말할 수 있다. 그렇다면 맹자의 교육이상이 초기유가의 공리주의적 성향을 완전히 탈피한 것이라고 말할 수 있을까? 사실 우리는 맹자의 교육이상 속에 공리주의적인 요소가 전혀 없다고는 말할 수 없다. 그러나 『맹자』, 「양혜왕상」에 있는 "상서의 가르침을 신중히 하고 거듭하기를 효제의 의리로써 한다면"과 뒤이어 "머리가 반백이 된 자가 도로에서 지거나 이지 않을 것이다."라고 한 말속에서 우리는 맹자의 '교민'이상의 주요목적이 도덕을 회복하는데 있으며 또한 붕괴하고 있는 농촌 기층공동체의 윤리질서를 재건하는데 있다고 할 수 있다. 이와 같이 볼 때 맹자가 내놓은 '교민' 이상추진의 정책청사진은 확실히 시대를 초월한 보편적인 가치가 있는 것이다.

5. 맺는 말

지금까지 살펴본 내용은 유가정치이상의 정수라고 할 수 있는 왕도정치사상 이었다. 맹자에게 있어서의 '왕王' 개념은 기본적으로 춘추시대 이래의 '왕王' 개념을 계승하여 통치자에게 있어서의 도덕과 행동상의 최고 경계를 말하는 것이며, 또한 이러한 각도에서 본다면 맹자의 '왕' 은 곧 일종의 맹자 자신의 사유의 결과라는 것이다.

또한 맹자는 당시의 사회현실을 일반 민중들의 생활 상태를 통해서 분석했는데, 전국시대의 사회는 기층촌락이 붕괴의 위기에 처한 상황으로 특히 흉년이 들었을 때 일반 민중들의 삶이 철저하게 파괴되는 원인을 과중한 세금과 노역 · 전쟁에의 동원 그리고 산림과 호수 등등 자연자원의 독점 때문이라고 보았다. 맹자는 이렇게 각 국의 제후들이 자행한 학정은 다음과 같은 결과를 초래한다고 생각했다. 즉 이렇게 제후들이 일반 민중들을 희생시켜 만든 번영은 매우 취약한 것이며 심지어는 국가의 멸망을 가져온다고 지적하였다. 또한 이러한 상황 즉 백성들이 안심하고 살 수 없는 세태 속에서 맹자는 '왕자'가 나타날 것이라고 확신했다.

그리고 맹자는 이러한 시대의 상황을 종식시킬 수 있는 구체적인 정책대안을 내놓는데, 첫째로는 전쟁의 재해로부터 백성들을 보호한다고 하는 '보민'정책으로, 제후들에게 임의로 전쟁을 일으키지 말것을 역설하여 천하에 평화가 회복되는 가운데 '보민'정책의 목적을 이룰 수 있다고 보았다. 둘째로는 백성들의 주식住食을 보장하여 촌락공동체를 재생시킨다고 하는 '양민'정책으로, 그 구체적인 내용은 토지제도의 확립을 통하여 백성들을 기근으로부터 벗어나게 하고 산림·호수 자원을 개방하여 백성들의 생활공간과 생계수단을 국가가 독점하지 않는 것이며 또한 상업의 진작과 교통의 활성화를 통해 사회경제를 발전시키는 것이었다. 셋째로는 백성들을 교화시켜 이상적인 공동체를 창조한다고 하는 '교민'정책으로, 도덕의 회복을 통하여 붕괴하고 있는 농촌 기층공동체의 윤리질서를 재건한다는 것이다.

이상과 같이 맹자는 '보민'·'양민'·'교민'의 세 정책의 시행을 통해서 천하를 통일하는 것이 바로 왕도정치의 완성이라고 생각했다. 또한 맹자는 이러한 정책을 시행하여 달성한 제후를 '왕자王者'의 자격을 갖춘 것으로 보았다. 그러나 한 국가 내에서만 '인정仁政'을 실행해서는 왕도정치를 완성할 수 없는 것이라고 했는데, 이는 곧 '왕자'는 반드시 학정 속에서 고통 받고 있는 천하의 모든 백성들을 해방 시켜야 하기 때문이다. 맹자는 천하의 모든 백성들을 학정에서 해방시키는 것이 진정한 왕도정치의 완성(즉 天下統一)으로 보았다.

참고문헌

孫星衍, 『尙書今古文注疏』, 平津館叢書本.
朱熹, 『四書章句集注』, 海淵閣明刻本.
郎擎霄, 『孟子學案』, 上海, 商務印書館, 1928년.
唐迪風, 『孟子大義』, 北京, 北平直隸書局, 1931년.
李信言, 『孟子政治思想及經濟思想』, 上海, 易社, 1938년.
楊寬, 『古史新探』, 北京, 中華書局, 1965년.

侯家駒, 『先秦儒家自由經濟思想』, 臺北, 聯經出版事業公司, 1985년.

許宗興, 『孟子的哲學』, 臺北, 臺灣商務印書館, 1989년.

葉經柱, 『孟子之民本主義』, 臺北, 正中書局, 1990년.

蔡仁厚, 『孔孟荀哲學』, 臺北, 學生書局, 1990년.

錢穆, 『國史大綱』, 卷上, 臺北, 臺灣商務印書館, 1991년.

黃俊傑 主編, 『孟子思想的歷史發展』, 臺北, 中央研究院 中國文哲研究所籌備處, 1995년.

劉鄂培, 『孟子大傳』, 北京, 清華大學出版社, 1998년.

侯家駒, 「井田叢考」, 『大陸雜誌』, 卷67, 第3期, 臺北, 1972년.

近藤正則, 「『讀余隱之尊孟辨』 に見える朱子の孟子不尊周への對應」, 『日本中國學會報』 第33集, 日本中國學會, 1981년.

倉田信靖, 「『孟子』 の"春秋天子之事也"に就いて」, 『日本中國學會報』 第38集, 日本中國學會, 1986년.

제8장

윤리론

1. 시작하는 말

현대를 살아가고 있는 우리들은 일상생활 속에서 도덕과 관련하여 종종 곤란한 상황에 직면하게 된다. 특히 도덕과 관련된 문제들이 서로 충돌할 때와 같은 상황 속에서는, 과연 그러한 상황을 어떻게 처리해야 하는 것인지에 대한 정확한 대답은 매우 난해한 문제의 하나라고 할 수 있을 것이다.

중국철학에 있어서 도덕에 관한 문제에 대하여 언급하자면 유가를 생각하지 않을 수 없다. 유가에서는 도덕을 제창하고 '예악禮樂'과 '인의仁義'의 교육을 중시하며 성현이 되기 위한 수양공부를 강조한다. 그 가운데 특히 맹자는 '인성人性'이 '선善'하다는 주장을 가장 먼저 하였는데, 그는 인간이 '선'한 행위를 할 수 있다는 가능성을 긍정하는 한편 이러한 가능성은 보편적인 의미를 가지고 있다고 주장했다. 이러한 전제 아래서 인간이 도덕상황의 충돌에 직면했을 때 과연 어떻게 처리해 나가야 할 것인지의 문제가 대두될 수 있다.

한걸음 더나가 이러한 문제는 다음과 같은 문제들을 야기할 수가 있다. 즉 '도대체 도덕이라고 하는 것의 진정한 의미는 과연 무엇인가?' 그리고 '인간은 도덕심과 도덕이성이라는 것을 정말로 가지고 있는 것인가?' 또한 '과연 인간은 도덕을 실천할 가능성을 가진 존재인가?' 만일 있다면 '마땅히 어떻게 실천해야 하는가?' 또한 '도덕실천과정 속에서 도덕규범과 도덕규범들 사이에서 발생하는 곤경을 어떻게 해결해야만 하는가?' 또한 '이러한 곤경을 해결할 수 있는 규칙들이 존재하는가?'

『맹자』 속에는 이러한 문제에 대하여 언급한 부분이 많은 곳에서 발견된다. 그러므로 본문에서는 맹자의 도덕충돌에 관한 문제와 도덕선택 측면의 문제부터 시작하여, 그가 이러한 문제들에 대하여 어떠한 입장을 표명했는지에 대한 분석을 통하여 전국시대戰國時代라고 하는 고대에 생존했던 맹자의 주장이 급변하는 현대사회를 살아가고 있는 우리들에게 과연 어떠한 계시를 줄 수 있는지에 대하여 알아보았다.

2. 도덕상황의 충돌

맹자는 인간이 '선'한 본성을 갖추고 있다는 것을 긍정하였으며 아울러 그러한 '선'한 본성으로써 '양지良知'와 '양능良能'이 인간에게 본래 갖추어져 있기 때문에, 인간에게는 도덕을 실천할 수 있는 가능성이 확보되어 있다고 생각하여 인간의 도덕적 심성心性을 긍정한다. 맹자는 바로 이러한 부분으로부터 자신의 도덕철학 이론체계를 전개해 나간다. 그러나 이와 같은 사실은 다만 인간의 도덕실천의 '가능성'만을 증명할 뿐이라고 할 수 있으며, 이러한 '가능성'이 과연 어떻게 현실 속으로 전환될 수 있는가의 문제가 바로 도덕철학의 핵심이라고 할 수 있다.

『맹자』에서 찾아볼 수 있듯이 맹자는 개인적인 도덕수양에만 관심을 집중하지 않았다. 맹자가 그렇게 한 주된 이유는 바로 도덕실천은 반드시 사람과 사람의 관계 속에서 이루어지는 것이라고 생각하는 한편 개인과 사회와의 관계도 도덕실천의 범주 안에 속하는 것이라고 여겼기 때문이다. 그러나 사람들과 그들이 처한 외재적 환경의 다양성 때문에 사람과 사람 사이에 발생하는 문제는 더욱 복잡하다고 할 수 있다. 그렇기 때문에 도덕실천의 과정 속에서 도덕상황의 충돌은 언제라도 발생할 수 있는 가능성을 내포하고 있는 것이라고 할 수 있는 것이다.

만일 사람이 진정으로 도덕실천의 가능성이 있다고 한다면, 도덕상황의 충돌에 직면했을 때 과연 어떠한 태도로 그가 직면한 상황을 타개해나갈 것이며 또한 어떠한 선택으로써 도덕실천의 가능성을 실현해 나가야 하는 것일까? 이러한 문제는 도덕선택에 관한 것으로 채신안蔡信安과 같은 경우는 다음과 같이 언급했다.

> 『맹자』를 놓고 말하면 양혜왕梁惠王 편부터 언급한 "의義와 이익利"의 문제는 진심盡心 편에 이르기까지 인류역사의 발전에 대한 것으로 이것들 모두는 인류의 행위 및 그것들이 내포한 문제를 다룬 것이다. 그 주요한 논점은 인간이 마땅히 어떠한 행위를 선택해야만 하는가와

그 선택의 원인 혹은 이유에 대하여 설명한 것에 있다.[1)]

본문에서 주로 언급 되어질 사안은 『맹자』 속에서 발견할 수 있게 되는 도덕선택에 관련된 문제들의 분석을 통하여, 맹자가 각종의 도덕상황 충돌에 직면했을 때 과연 어떻게 문제를 해결하였으며, 또한 그가 도덕선택을 할 때 어떠한 원칙과 규범을 가지고 있었는지에 대한 규명이라고 할 수 있다.

이러한 문제들과 관련하여 논의를 다음과 같이 다섯 부분으로 나누어 진행해 나가도록 하겠다. 먼저 도덕충돌과 도덕선택에 대한 개념을 정리 하고, 그 다음 부분에서는 도덕주체가 자신의 생명과 '예禮'·'의義' 사이에서 충돌이 발생했을 때 그가 하게 되는 선택에 대해서 논의를 진행하고, 그 다음 부분에서는 나와 타인 사이의 상대적 충돌에 대하여 논의를 진행하고, 그 다음 부분에서는 '대아大我'와 '소아小我' 사이의 충돌에 대하여 논의를 진행하고, 끝으로는 개인의 사사로운 '정情'과 '공적 규범' 사이의 충돌에 대하여 논의를 진행하도록 하겠다.

(1) 도덕충돌과 도덕선택

먼저 도덕충돌의 해석에 관한 문제부터 분석하면 다음과 같다고 할 수 있다.

즉 '충돌Conflict'이란 "서로가 상반된 의도를 가지고 부딪칠 때 충돌이 발생한다."[2)]는 것을 의미하며 '도덕충돌'이란 것은 도덕실천의

1) 蔡信安, 『道德抉擇理論』, 臺北, 時英出版社, 1993년, 150쪽 참조.

2) 項退結, 『西洋哲學辭典』, 臺北, 華香園出版社, 1989년, 129쪽 참조.

과정 가운데 발생하는 충돌상황을 말하는 것이다.

> 도덕충돌: 윤리학의 기본 범주 가운데의 하나로 일반적인 의미에서의 도덕충돌이란 도덕이익의 상호대립·상호저촉과 상호배척을 의미한다.…… 도덕충돌은 다음과 같이 몇 가지로 분류할 수 있다. ① 개인과 개인 간의 도덕이익의 충돌, ② 개인과 사회 사이의 도덕이익의 충돌, ③ 사회와 사회 사이의 도덕충돌. 이러한 도덕충돌은 도덕을 조정하는 원인이 되며 도덕주체가 도덕선택을 진행하는 전제가 된다.[3)]

장업청張業清과 같은 경우 '도덕이익'을 부각시키는데, 그러한 이유는 바로 도덕주체가 '도덕충돌'에 직면했을 때 발생되는 심리상태에 초점을 맞췄기 때문이다. 여기에서 말하는 '도덕이익'이란 도덕적 '선善'과 '미美'를 의미하는 것이지 일반적인 언어로 사용하는 '공리功利'를 말하는 것이 아니다. 장업청은 다른 한편으로 '도덕충돌' 범위의 정의를 자신과 타인의 사이의 문제로 규정하는데, 그러한 정의 속에는 자신과 타인의 충돌·자신과 사회와의 충돌 그리고 더 나아가서 사회와 사회 사이의 충돌까지 포함하고 있으며 동시에 '도덕충돌'은 도덕조정의 원인이 되는 것이라고 생각하기도 했다.

일반적인 측면에서 보자면 우리는 도덕철학과 윤리학을 별개의 학문으로 보는 경향이 있다고 할 수 있는데, 이러한 것들을 문자 자체의 의미에서 본다면 도덕은 개인의 덕행 수양을 의미하는 것이고 윤리학은 개인과 타인 사이의 관계에 관련된 학문이라고 할 수 있다. 즉 거시적인 의미에서 본다면 도덕철학은 윤리학의 한 고리를

---

3) 張業清, 羅國傑, 『中國倫理百科全書』, 長春, 吉林人民出版社, 1993년, 331~332쪽 참조.

형성하고 있는 셈이라고 할 수 있는 것이다. 그러나 도덕철학이든 윤리학이든 모두 인간을 떠나서는 존재할 수 없는 것인데, 그것은 바로 인간은 자연적인 의미의 인간이든 사회적 의미의 인간이든 사회의 한 구성원이기 때문에, 다른 사람의 시야에는 '타인'으로 비춰지고 또한 일상생활 속에서는 반드시 다른 사람과의 접촉을 통해서만이 삶을 영위할 수 있기 때문이다.

그렇기 때문에 개인의 도덕수양으로부터 '타인'과의 접촉을 향해 나가는 과정은 일관적인 것이기에 이러한 실천은 다음과 같은 세 종류의 방향을 지향한다. 즉 도덕주체의 실천과 도덕주체와 타인의 윤리관계 그리고 도덕주체와 궁극적인 지향점 사이의 소통(사람과 하늘)을 지향한다는 것이다. 도덕주체의 실천에 관해서는 자신의 도덕 함양에 중점을 두어야하는데, 그 일례로 공자가 언급한 "안회는 그 마음이 석 달 동안 '인仁'에서 떠나지 않는다."[4]와 맹자가 언급한 "마음을 수양하는 데는 욕심을 적게 하는 것보다 좋은 것이 없다."[5] 그리고 송명리학자宋明理學者들이 언급한 '천리天理'와 '인욕人欲'[6] 및 유즙산劉蕺山이 언급한 '신독愼獨' 등이 모두 개인의 도덕수양의 범주에 포함 된다고 할 수 있다.

또한 도덕주체와 '타인'은 나와 다른 사람 사이의 관계를 의미하는 것인데, 여기에서의 '타인'은 별도의 도덕주체 혹은 사회 심지어는 국가까지도 포함하기 때문에, 이러한 범주가 내포하는 범위는

---

4) 『論語』, 「雍也」, "回也, 其心三月不違仁."

5) 『孟子』, 「盡心上」, "養心莫善於寡欲"

6) "인심이 알지 못하는 것이 아니고 다만 인욕에 가려져 천리를 망각하는 것이다." 程顥, 程頤 撰, 「河南程氏遺書」, 卷第十一, 『二程集』, 北京, 中華書局, 1981년, 123쪽 참조.

상당히 넓다고 할 수 있는 것이다. 이러한 분야의 문제는 바로 유가儒家에서 언급하는 인륜이나 실패와 성공 사이의 취사선택 그리고 '내성內聖'에서 '외왕外王'에 이르기까지 등등의 문제들은 바로 어떻게 자신의 덕목을 확대시켜 그것을 타인에게 미치게 하는 것 사이의 소통의 문제가 되는 것이다.[7] 그리고 도덕주체의 최종적인 관심소재는 '초월적인 의미'를 갖추고 있다. '초월적인 의미'는 도덕주체가 달성하려고 하는 도덕의 이상理想으로 자아를 초월하는 경지라고 말할 수 있다. 이러한 부분에 관한 문제가 바로 유가에서 말하는 '천인합덕天人合德'으로서, 개인의 도덕에서 출발하여 실현하고자 하는 도덕의 경지를 가리키는 것이다.

본문에서는 '도덕충돌'의 발생을 장업청張業淸이 언급한 사람과 사람, 사람과 사회 그리고 사회와 사회 사이에만 한정 짓지 않고 어떠한 도덕적 '선善'의 불협화음이나 모순들까지도 모두 '도덕충돌'의 범주 안에 넣겠다. '도덕충돌'은 도덕주체가 도덕선택을 하는 과정의 전제조건이 된다고 할 수 있는데, 만일 '도덕충돌'이 발생하지 않는다면 마찬가지로 도덕선택의 문제는 결코 발생하지 않을 것이다. 그렇기 때문에 '도덕충돌'은 우리들의 도덕지식의 부족분을 보충시켜서 도덕적 '선善'을 달성시켜주는 가교의 역할을 한다고 할 수 있을

7) 사람과 사람 사이의 관계는 혈연관계가 성립하느냐 그렇지 않느냐로 구분할 수 있다. 혈연관계에는 가족 종족의 조직이 있으며, 비혈연관계에는 이웃, 사회, 국가 그리고 전체 인류의 조직이 있다. 혈연관계의 조직 내에서는 장유존비(長幼尊卑)로 친소를 정하고, 비혈연관계의 조직에서는 원근상하의 종류별로 순서를 정하여 친소의 종류별 순서로 사람과 사람 사이의 관계기초를 나눈다. 매사의 관계가 일회성으로 논의될 수 있고, 매번 논의되는 행위규범 혹은 도덕규율은 일회성으로 논의되는 윤리이다. 林安弘, 『儒家禮樂之道德思想』, 臺北, 文津出版社, 1988년, 218~219쪽 참조.

것이다.

도덕선택의 해석에 관련된 문제를 분석하면 다음과 같다고 할 수 있다. 즉 앞에서 언급한 바와 같이 '도덕충돌'에 대한 명확한 정의는 '도덕충돌'에 직면했을 때 우리들에게 적절한 도덕지식을 제공해주는 역할을 한다고 할 수 있다. 만일 우리가 도덕실천을 완성하고자 한다면 합리적이고 보편타당한 도덕선택이 필요한데, 이러한 도덕선택이란 것은 다음과 같다고 할 수 있다.

> 도덕활동의 내용 가운데의 하나.…… 이것은 도덕주체가 도덕이익의 충돌에 직면했을 때 일정한 도덕표준에 의해서 도덕이익의 충돌에 대하여 할 수 있는 행위의 선택을 의미한다.[8)]

위의 인용문을 근거로 했을 때, 도덕선택이란 것은 도덕주체가 도덕실천을 하는 과정 가운데 충돌의 상황에 직면했을 경우 도덕행위의 완성을 위하여 즉각적으로 내려야하는 결정을 의미한다고 할 수 있을 것이다. 이러한 결정은 흔히 A를 선택했을 때 B에 피해를 주는 위험이 내포되어 있을 것이므로, 도덕선택은 반드시 도덕주체가 자신의 도덕지식을 응용하여 도덕 판단을 내리고 행동을 할 때에 만이 비로소 그 목적이 보다 높은 도덕적 '선善'의 경지에 도달하는데 부합될 것이다.

'도덕상황'의 충돌은 두 가지의 충돌현상 내지는 여러 가지 측면의 충돌현상을 포함할 수 있을 것이다. 이러한 충돌들은 여러 가지

---

8) 張業淸, 羅國傑, 『中國倫理百科全書』, 長春, 吉林人民出版社, 1993년, 323쪽 참조.

도덕적 '선善'과 도덕적 '악惡' 사이의 모순이 되며, 또한 이러한 도덕적 '선'과 '악'은 상호 간에 저촉되어 완전히 서로 다른 결과를 도출시킬 것이며, 한편으로는 반드시 그러한 것들을 선택하고 실천을 해야만 하는 모순이 수반된다고 할 수 있다. 이와 같은 도덕선택에 대하여 채신안蔡信安과 같은 경우 다음과 같이 말하고 있다.

> 경험적인 측면에서 말하면 도덕행위를 선택할 때 곳곳에서 곤란한 상황을 직면하게 되는데, 어떤 때에는 동일한 상황 속에서 우리들은 동시에 두 가지 혹은 그 이상의 규칙을 반드시 따라야만 하는 경우가 발생한다. 그러나 우리들의 실존적 조건은 그러한 요구를 동시에 충족시킬 수는 없다. 만일 하나의 규칙을 실천한다면 다른 하나의 규칙을 부정할 가능성을 내포하기 때문에 이 둘 사이에는 공존의 가능성이 없게 되는 것이다.[9]

우리들은 일상생활 속에서 항상 도덕선택의 상황에 직면할 수 있을 것인데, 이러한 상황은 특수한 경우의 도덕충돌에만 국한되는 것이 아니라 언제라도 발생할 수 있는 상황인 것이다. 도덕상황의 충돌과 선택을 통해서 개인이 가지고 있는 도덕관과 도덕규범을 수정해야할 필요성을 검증할 수 있는 것이기 때문에, 우리들은 끊임없이 직면하게 되는 도덕충돌과 도덕선택의 과정 속에서 도덕의 진정한 의미를 파악할 수 있게 되는 것이다.

『맹자』 속에서 발견 되어지는 도덕충돌과 도덕선택에 관련된 개별적인 사안의 분석을 통하여 맹자가 개별상황의 충돌에 직면하였

9) 蔡信安, 『道德抉擇理論』, 臺北, 時英出版社, 1993년, 14쪽 참조.

을 때 선택한 태도와 해결방법을 이해하고자 한다. 그러나 기본적으로는 이러한 도덕선택의 개별적인 사안들은 두 가지 이상의 충돌을 포함하고 있기 때문에 명확한 한계를 설정하기는 어려운 실정이라고 할 수 있다. 그렇기 때문에 이러한 문제들에 대하여 다음과 같은 측면에서, 즉 도덕주체로서의 나 자신의 삶(자연생명)과 '의義'(도덕가치) 사이의 선택문제와 도덕주체와 도덕주체 간의 윤리적 충돌의 문제 및 '소아小我'와 '대아大我' 사이에서의 선택문제 그리고 가정윤리와 사회정의 사이의 선택의 문제를 중심으로 논의를 진행했다.

(2) 도덕주체의 선택

도덕주체의 선택 부분에 관해서는 주로 인간의 삶(자연생명)과 '의義'(도덕가치) 사이의 충돌에 관하여 논의를 진행하도록 하겠다. 다시 말하면 도덕주체가 도덕이상의 경지에 직면했을 때 자아를 초월하는 문제와 도덕선택의 문제는 특수한 영역에 속하는 '도덕충돌'이라는 것에 관한 논의라고 할 수 있다. 다양한 상황들 속에서 발생할 수 있는 개별적인 사안들을 바탕으로, 맹자가 인간의 기본적 욕구인 삶과 도덕가치 사이의 충돌에 직면했을 때 과연 어떠한 선택을 하였는지에 대하여 보다 심도 있는 분석을 할 수 있을 것이다. 이러한 문제에 관하여 삶과 '예禮' 그리고 삶과 '의義'의 사이의 취사선택이라고 하는 부분으로 나누어 논의를 진행했다.

삶과 '예禮' 사이의 취사선택 문제에 관한 분석은 다음과 같다고 할 수 있다.

임任나라 사람이 옥려자屋廬子에게 예禮를 지키는 것과 먹는 것 가운데 어느 것이 더 중요한가라고 물었다. 옥려자가 예禮를 지키는 것이 더 중요하다고 대답했다. 여색을 추구하는 것과 예를 지키는 것 가운데 어느 것이 더 중요한가? 예禮를 지키는 것이 더 중요하다. 예를 지키는 것으로써 먹으면 굶어서 죽고, 예를 지키지 않는 것으로써 먹으면 밥을 얻을 수 있더라도 반드시 예를 지켜야하는 것인가? 신부를 맞아오는 의식대로 하면 아내를 얻지 못하고, 신부를 맞아오는 의식을 하지 않으면 아내를 얻을 수 있더라도 반드시 신부를 맞아오는 의식을 해야 하는 것인가? 옥려자가 대답하지 못하고는 다음날 추(鄒)나라에 가서 맹자에게 아뢰자, 맹자가 말했다. 이것을 대답하는데 무슨 어려움이 있겠는가? 그 근본을 헤아리지 않고 그 끝만을 가지런히 한다면 사방 한 치 되는 나무를 잠루보다 높게 할 수 있다. 쇠가 깃털보다 무겁다는 것은 어찌 한 갈고리의 쇠와 한 수레의 깃털을 말하는 것이겠는가? 먹는 것 가운데의 중요한 것과 예를 지키는 것 가운데서 가벼운 것을 취하여 비교한다면, 어찌 먹는 것이 중요할 뿐만 이겠으며, 여색을 추구하는 것 가운데서 중요한 것과 예를 지키는 것 가운데서 가벼운 것을 취하여 비교한다면, 어찌 여색을 추구하는 것이 중요할 뿐 만 이겠는가! 가서 그 질문에 이렇게 대답하라. '형의 팔을 비틀어 그에게서 먹을 것을 빼앗으면 밥을 먹을 수 있고, 비틀지 않으면 밥을 먹을 수 없는 경우에도 비틀 것인가? 동쪽 집 담을 넘어가서 그 집의 처녀를 끌어오면 아내를 얻고, 끌어오지 않으면 아내를 얻지 못할 경우에도 끌어올 것인가?'라고.[10)]

---

10) 『孟子』, 「告子下」, "任人有問屋廬子曰: 禮與食孰重? 曰: 禮重. 色與禮孰重? 曰: 禮重. 曰: 以禮食, 則飢而死; 不以禮食, 則得食, 必以禮乎? 親迎, 則不得妻; 不親迎, 則得妻, 必親迎乎? 屋廬子不能對, 明日之鄒以告孟子. 孟子曰: 於答是也何有? 不揣其本而齊其末, 方寸之木可高於岑樓. 金重於羽者, 豈謂一鉤金與一輿羽之謂哉? 取食之重者, 與禮之輕者而比之, 奚翅食重? 取色之重者, 與禮之輕者而比之, 奚翅色重? 往應之曰: 紾兄之臂而奪之食, 則得食; 不紾, 則不得食, 則將紾之

'예禮'라고 하는 것은 도덕가치의 범주에 속하는 것이며, 먹는 것은 인간의 생존에 필요한 기본적인 욕구이고, 여색을 추구한다는 것은 부부관계의 완성이라고 할 수 있다. 이러한 것들 가운데 먹는 것과 여색의 추구는 인간의 생명 유지와 지속에 대하여 언급한 것인데, 만일 '예'가 먹는 것이나 여색의 추구食色에 대하여 그 가운데 한 가지와 충돌을 일으킨다면 어떻게 선택을 해야 할 것인가? 라고 하는 문제가 제기될 수 있으며, 또한 그 가운데 과연 가치등급의 차이가 존재하는 것인가? 라고 하는 문제 역시 제기될 수 있다.

옥려자屋廬子는 '예禮'를 지킨다고 하는 것이 먹는 것과 여색을 추구하는 것보다 더 고상한 가치라고 생각했다. 그렇기 때문에 그는 '예'를 지키는 것이 더욱 중요한 것이라고 생각하였기 때문에, 임任나라 사람이 언급힌 바와 같은 '예'를 지키게 되면 음식을 얻지 못해 죽을 수도 있고 신부를 맞아오는 의식을 지키면 아내를 얻을 수 없다고 하는 상황 속에서 과연 어떤 것을 선택해야만 하는 것인가의 문제에 직면하게 되었던 것이다. 즉 '예'를 지키기 위해서 먹는 것과 여색을 포기할 수 있냐고 하는 선택의 기로에 서게 된 것이다.

이러한 상황에 대한 맹자의 대처는 옥려자에 비하여 좀 더 세련되었다고 할 수 있는데, 즉 맹자는 '예禮'와 식색食色 사이에서 꼭 '예'를 가치 우위에 두지를 않고, 그러한 것들 사이의 취사선택은 반드시 절실한 상황의 기초 위에서 고려 될 때에만이 '예禮'나 식색食色을 선택할 수 있는 지혜를 얻을 수 있다고 생각했다. 일반적인 상황 아래서는 당연히 '예禮'에 부합되는 것을 선택해야만 하지만, 만일 삶

乎? 踰東家牆而摟其處子, 則得妻; 不摟, 則不得妻, 則將摟之乎?"

과 죽음의 문제가 고려되는 특수한 경우와 같은 상황의 충돌이 발생할 때는 근본을 유지하고 지엽적인 것을 버려야만 한다는 것이 맹자의 생각이었다.

이와 같은 맹자의 견해 가운데 '예禮'와 '식食'의 부분에 관하여 구체적으로 언급하면, 즉 '예'를 지키기 위해서 먹지 않으면 굶어 죽게 되는 상황 속에서 맹자는 "예禮를 지키는 것으로써 먹는다."에서 '예'는 차선이 되고, 또 "굶어 죽는다."에서 먹는 것이 우선이 된다고 생각하여 "먹는 것이 중요하고 예禮를 지키는 것은 그 다음이다."라고 역설했던 것이다. 다시 말하면, 맹자는 현실적 상황에 부합하는 '예禮'를 선택해야 한다고 했던 것이다. 즉 이와 같은 상황 속에서 가장 중요한 것은 먹어서 자신의 생명을 유지시키는 것이라고 생각했던 것이다. 그러나 만일 먹는다고 하는 것이 '의義'에 위배되는 것이라고 한다면 맹자는 단호하게 반대의 입장을 표방한다. 그렇기 때문에 맹자는 "형의 팔을 비틀어 그에게서 먹을 것을 빼앗으면 밥을 먹을 수 있고, 비틀지 않으면 밥을 먹을 수 없는 경우에도 비틀 것인가?"라고 언급했던 것이다.

'예禮'와 '여색色'의 부분도 앞의 예와 같다고 할 수 있다. 즉 맹자에게 있어서 신부를 맞이하기 위한 의식절차는 중요도가 떨어지는 '예禮'이고, 아내를 취한다는 것은 중요한 일로서 부부의 연을 맺는다고 하는 인륜의 대사일 뿐만 아니라 효도의 완성이라고 할 수 있는 것이었다. 그렇기 때문에 신부를 맞이하기 위한 의식절차라는 것과 아내를 취한다는 것 사이에는 "여색을 추구하는 것 가운데서 중요한 것과 '예'를 지키는 것 가운데서 가벼운 것을 취하여 비교한다면, 어찌 여색을 추구하는 것이 중요할 뿐 만이겠는가!"라는 관계가 존재한다는 것이다. 그러나 맹자는 "만일 동쪽 집 담을 넘어가서 그 집의 처녀를 끌어오면 아내를 얻고, 끌어오지 않으면 아내를 얻지 못한다."는 상황 속에서 아내를 취하는 것에 대해서는 반대의 입장을 분명하게 표명한다.

이러한 개별적인 사안을 통하여 맹자는 결코 '식색食色'을 추구하는 것에 대하여 반대하지 않았음을 알 수 있다. 그러나 '식색食色'에 대한 기본적인 욕구 이외에 맹자는 '식색食色'을 추구하는 과정 가운데 그것이 '의義'에 부합하는지의 문제를 더욱 강조한다. 즉 만일 의롭지 못하게 먹을 것과 아내를 얻게 된다면 마땅히 '식색食色'을 취하지 말고 그것들을 버리는 한이 있더라도 '의義'를 취해야만 한다는 맹자의 입장은 증명할 필요도 없는 자명한 사실이다.

삶과 '의義' 사이의 취사선택 문제에 관한 분석은 다음과 같다.

> 생선도 내가 원하는 것이고 곰 발바닥도 내가 원하는 것이지만, 이 두 가지를 동시에 얻을 수 없다면 생선을 버리고 곰 발바닥을 취하겠다. 삶도 내가 원하는 것이고 의로움도 내가 원하는 것이지만, 이 두 가지를 동시에 얻을 수 없다면 삶을 버리고 의로움을 취하겠다. 삶도 내가 원하는 것이지만, 원하는 것이 삶 보다 더한 것이 있다. 그러므로 삶을 구차히 얻으려고 하지 않는 것이며, 죽음도 내가 싫어하는 것이지만, 싫어하는 것이 죽음보다 더한 것이 있다. 그러므로 환난이라도 피하지 않는 것이 있는 것이다. 만일 사람들이 원하는 것이 삶 보다 더한 것이 없다면 삶을 얻을 수 있는 경우에 있어서 무슨 방법인들 쓰지 않겠으며, 만일 사람들이 싫어하는 것이 죽음 보다 더한 것이 없다면 환난을 피할 수 있는 경우에 있어서 무슨 짓인들 하지 않겠는가? 이 때문에 살 수 있다 하더라도 쓰지 아니하는 것이 있으며, 이 때문에

> 환난을 피할 수 있어도 하지 아니하는 것이 있는 것이다. 그러므로 원하는 것이 사는 것 보다 더한 것이 있으며, 싫어하는 것이 죽는 것 보다 더한 것이 있다. 오직 현명한 사람만이 이러한 마음을 가지고 있는 것이 아니라 사람들이 모두 가지고 있지만, 현명한 사람은 잃어버리지 않을 수 있는 것이다. 한 그릇의 밥과 한 사발의 국을 얻으면 살고 얻지 못하면 죽더라도 꾸짖으며 주면 길가는 사람도 받지 않으며, 발로 차서 주면 걸인도 좋게 여기지 않는다. 만종의 녹은 예의를 따지지 않고 받는데, 만종의 녹이 나에게 무슨 보탬이 되겠는가? …… 이것을 일러 그 본심을 잃었다고 하는 것이다.[11]

위의 인용문은 삶과 '의義' 사이의 경중輕重관계에 대한 취사신댁에 관한 것으로 궁극적인 가치선택의 문제와 연결되는 것이라고 할 수 있다. 맹자는 인간이 안정적인 삶을 추구하려고 하는 것과 '의로움義'을 추구하려고 하는 것에 대하여 모두 동일한 욕구가 있는데, 전자는 생명유지의 추구이고 후자는 도덕가치의 추구라고 생각하여 "삶도 내가 원하는 것이고 의로움도 내가 원하는 것이다"라고 언급한 것이다. 또한 맹자는 인간이 좋은 음식에 대한 취사선택의 비유를 통하여 인간이 삶과 '의로움義'에 대해서도 동일한 취사선택을 한

---

11) 『孟子』, 「告子上」, "魚, 我所欲也; 熊掌, 亦我所欲也, 二者不可得兼, 舍魚而取熊掌者也. 生, 亦我所欲也; 義, 亦我所欲也, 二者不可得兼, 舍生而取義者也. 生亦我所欲, 所欲有甚於生者, 故不爲苟得也, 死亦我所惡, 所惡有甚於死者, 故患有所不辟也. 如使人之所欲莫甚於生, 則凡可以得生者, 何不用也? 使人之所惡莫甚於死者, 則凡可以辟患者, 何不爲也? 由是則生而有不用也, 由是則可以辟患而有不爲也. 是故所欲有甚於生者, 所惡有甚於死者, 非獨賢者有是心也, 人皆有之, 賢者能勿喪耳. 一簞食, 一豆羹, 得之則生, 不得則死, 嘑爾而與之, 行道之人弗受; 蹴爾而與之, 乞人不屑也. 萬鍾則不辨禮義而受之. 萬鍾於我何加焉?…… 此之謂失其本心."

다고 보았다. 맹자는 인간의 "의로움을 추구하는 마음"이 "삶을 추구하는 마음" 보다 더 고차원적인 것으로 보았다. 즉 인간이 삶에 대하여 구차하게 얻으려하지 않고 또 죽음에 대해서도 피하려하지 않는다고 하는 언급을 통하여 인간들이 삶과 죽음 이외에 더욱 강렬하게 추구하려는 어떤 가치체계가 있는 것으로 보았다. 만일 그렇지 않다면 "삶을 얻을 수 있는 경우에 있어서 무슨 방법인들 쓰지 않겠으며" 또 "환난을 피할 수 있는 경우에 있어서 무슨 짓인들 하지 않겠는가?"와 같은 상황이 발생한다는 것이다. 그러므로 인간이 더욱 강렬하게 추구하려는 가치를 "원하는 것이 사는 것 보다 더 간절한 것이 있으며, 싫어하는 것이 죽는 것 보다 더 심한 것이 있다. 오직 현명한 사람만이 이러한 마음을 가지고 있는 것이 아니라 사람들이 모두 가지고 있지만, 현명한 사람은 잃어버리지 않을 수 있는 것이다."라는 신념체계로서 증명을 하고자 했던 것이다.

맹자는 "한 그릇의 밥과 한 사발의 국을 얻으면 살고 얻지 못하면 죽더라도 꾸짖으며 주면 길가는 사람도 받지 않으며, 발로 차서 주면 걸인도 좋게 여기지 않는다."라고 하는 예를 들어서 인간이 삶과 죽음의 기로에 서있는 관건적인 시점에서 마땅히 취해야할 태도와 취하지 말아야할 태도에 대하여 설명을 했다. 즉 위급한 상황 속에서 인간은 자신의 존엄성을 모욕당하면서까지 구차하게 삶을 영위하지 않는다는 점을 통하여 인간에게 있어서 도덕가치의 추구가 기타의 모든 것들 보다 우위에 있음을 증명한다. 그러므로 삶을 추구하는 것과 '의로움'을 추구하는 것을 동시에 병행할 수 없을 때 맹자의 선택은 "삶을 버리고 의義를 취한다."고 하는 것이었다.

이상과 같은 두 가지의 예를 통해서 볼 때, 맹자는 인간이 "삶을 추구하고 죽음을 회피하려는 욕구"보다 더욱 가치 있는 선택은 '의로움義'라고 생각했음을 알 수 있으며 또한 그에게 있어서 '의로움義'의 가치는 '생명'의 가치보다 더욱 높다는 것을 알 수 있다. 다시 말하자면 도덕생명의 가치가 자연생명의 가치보다 우위에 있다는 것을 알 수가 있는 것이다.

3. 윤리적 충돌

앞에서 언급한 문제들은 도덕주체가 최종적인 상황 속에서 해야 하는 선택에 관한 것이었다. 여기에서 언급할 문제는 도덕주체로서의 나와 또 다른 도덕주체로서의 타인과의 관계 사이에서 발생하는 충돌에 관한 문제로서, 이를 구체적으로 언급하면 효도의 의지와 실천에 관한 선택문제와 개인의 덕행과 타인의 생명 사이에서의 선택문제 및 직분과 그에 수반되는 책임에 관련된 선택문제 그리고 군주와 신하 사이의 의리와 정치윤리의 충돌에 관련된 선택문제들이다.

(1) 효도의 의지와 실천의 충돌에 관한 문제

도응桃應이 물었다. 순舜임금이 천자天子가 되고 고요皐陶가 사士(법을 집행하는 집행관)가 되었을 경우, 고수瞽瞍가 사람을 죽였다면 어떻게 되겠습니까? 맹자가 법을 집행할 뿐이다. 라고 말했다. 그렇다면 순임금은 법의 집행을 막지 않았을까요? 순임금이 어떻게 법의 집행을 막을 수 있겠는가? 고요는 살인자를 체포해야할 임무를 받은 바가 있는 것이다. 그렇다면 순임금은 어떻게 하겠습니까? 순임금은 천하를 버리기를 마치 헌신짝 버리는 것처럼 보고 몰래 업고 도망하여 바닷가를

따라 살면서 평생을 흔쾌히 즐거워하면서 천하를 잊으셨을 것이다.[12)]

위의 인용문에 나오는 상황은 효도와 사회적 규범 및 효도와 개인의 직무 사이의 충돌을 포함하고 있다. 전자는 가정윤리와 사회윤리 간의 충돌에 속하는 것이고, 후자는 가정윤리와 개인의 성취 사이의 선택문제에 속한다고 할 수 있다. 이러한 충돌의 상황은 순舜임금이 법을 집행하는 지위와 자식 된 입장이라고 하는 이중적인 신분을 가졌기 때문에 발생하는 것이라고 할 수 있다. 순舜을 천자의 신분이라는 입장에서 본다면, 그는 살인을 한사람이 자신의 아버지라고 하더라도 반드시 사회정의를 구현하기 위하여 그러한 살인자를 처벌해야만 한다. 만일 그렇지 않게 되면 이는 국법을 심각하게 위반하게 되는 것이며, 또한 그것에 수반하여 사회정의도 역시 유지될 수가 없게 된다는 것이다. 그러나 순舜을 살인자의 자식이라고 하는 입장에서 본다면, 그는 부자지간의 정情을 끊기가 매우 어려웠기 때문에 "천하를 버리기를 마치 헌신짝 버리는 것처럼 보고, 몰래 업고 도망하여 바닷가를 따라 살면서 평생을 흔쾌히 즐거워하면서 천하를 잊으셨을 것이다."라는 입장을 취했을 것이다.

맹자는 순임금이 사법관인 고요皐陶가 법을 집행하는 것을 막지 못할 것이고 다만 고요皐陶가 "살인자를 체포할 임무를 받은 바가 있는 것이다."라고 생각했다. 이렇게 볼 때 맹자는 사회정의의 필요성을 부정하지는 않았지만, 그렇다고 해서 그가 자식이 '준법을 위해

12) 『孟子』, 「盡心上」, "桃應問曰: 舜爲天子, 皐陶爲士, 瞽瞍殺人, 則如之何? 孟子曰: 執之而已矣. 然則舜不禁與? 曰: 夫舜惡得而禁之? 夫有所受之也. 然則舜如之何? 曰: 舜視棄天下, 猶棄敝蹝也. 竊負而逃, 遵海濱而處, 終身訢然, 樂而忘天下."

부모를 고발하는' 행위에 대해서 찬성의 입장을 견지 했다는 것은 아니며, 오히려 반대의 입장을 견지했다는 점을 알 수 있게 된다. 그러므로 맹자는 부득이한 상황 속에서 순임금의 선택은 천하를 버리고(개인의 직무) 법을 집행하는 신분에서 벗어난다(사회정의), 살인범이 된 아버지를 업고 도망간다(효도의 완성)는 것이었을 거라고 생각한 것이다. 맹자의 이러한 "아버지를 업고 도망간다."라고 하는 발상과 『논어論語』 가운데의 "아버지가 양을 훔친 사건"의 예와 '동공이곡同工異曲'의 묘가 있다.

> 섭공이 공자에게 말했다. 우리 마을에 몸가짐이 정직한 사람이 있는데, 그의 아버지가 양을 훔치자 자식이면서도 그것을 증언했습니다. 공자가 말했다. 우리 마을의 정직한 사람은 그와 다릅니다. 아버지는 자식을 위해 그런 일을 숨기고, 자식은 아버지를 위해 그런 일을 숨기지만, 정직함이 그 가운데 있습니다.[13]

아버지가 양을 훔쳤을 때 자식이 나서서 증언을 해야 하는지의 여부에 대하여 공자는 자식이 아버지를 위하여 죄를 숨겨줘야만 하는 것이 정직함이라고 생각했다. 이 부분에 대한 주자朱子의 주석을 살펴보면 다음과 같다. 즉 "아버지와 자식이 서로 숨겨주는 것은 천리天理 인정의 지극함이다. 그러므로 고지식하게 정직함 추구하지 않는 가운데 정직함이 있다. 사謝씨가 말하기를 …… 고수瞽瞍가 살인을 하고 순舜이 몰래 업고 도망하여 바닷가를 따라 거처한 것

13) 『論語』, 「子路」, "葉公語孔子曰: 吾黨有直躬者, 其父攘羊, 而子證之. 孔子曰: 吾黨之直者異於是. 父爲子隱, 子爲父隱, 直在其中矣."

은, 그러한 경우에 직면했을 때 아버지를 사랑하는 마음이 정직함과 부정직함을 따지는 것보다 더 큰 것인데 어찌 계산할 틈이 있겠는가?"

공자의 "군주는 군주다워야 하고, 신하는 신하다워야 하고, 아버지는 아버지다워야 하고, 자식은 자식다워야 한다."는 윤리관으로 볼 때 그가 언급한 "아버지는 자식을 위해 숨겨주고, 자식은 아버지를 위해 숨겨준다"는 말은 주자가 언급한 "아버지와 자식의 관계는 천리 인정의 지극함이다"라는 명제를 이미 초월했다고 할 수 있는 것이다. 이러한 문제에 관하여 노사광勞思光의 경우 다음과 같은 견해를 내놓았다.

> 우리가 만약 이러한 대화를 표면적으로만 본다면, 공자가 사적인 것을 제창했다고 생각하여 그의 의도를 오해하기 쉬울 것이다. 그러나 좀 더 심층적으로 살펴보면 여기에 담겨져 있는 속뜻은 공자의 가치판단 일반원칙에 대한 특수한 긍정인 것이다. 이러한 긍정은 간단하게 말해서 구체적 합리적 직분에서의 가치의 완성인 것이다.[14]

공자가 주장한 '정명正名'사상은 사람들이 지위에 맞게 그 본분을 지켜야한다는 것을 의미한다. 즉 양을 훔친 사람의 자식은 자식 된 도리를 해야만 하기 때문에 나서서 증언을 해서는 안 되고 오히려 아버지의 죄를 감추어 줘야한다는 것이다. 이때의 감춰주는 행위가 바로 정직함이라는 것이다.

---

14) 勞思光, 『新編中國哲學史』, 第一册, 臺北, 三民書局, 1986년, 128쪽 참조.

공도자公都子가 말하였다. 광장匡章을 온 나라 사람들이 모두 불효자라고 칭하는데 선생님께서 그와 더불어 교유하시고 또 게다가 예우하시니 감히 어째서 그런지 묻겠습니다. 맹자가 말했다. 세속에서 이른바 불효라는 것이 다섯 가지인데, 사지를 게을리 하여 부모의 봉양을 돌보지 않는 것이 첫 번째 불효이고, 장기와 바둑을 두며 술 마시기를 좋아하여 부모의 봉양을 돌보지 않는 것이 두 번째 불효이고, 재물을 좋아하며 처자식만을 사랑하여 부모의 봉양을 돌보지 않는 것이 세 번째 불효이고, 귀와 눈의 욕구를 따름으로써 부모를 욕되게 하는 것이 네 번째 불효이고, 만용을 좋아하여 잘 다투며 사나워서 부모를 위태롭게 하는 것이 다섯 번째 불효인데 장자章子가 이 가운데 하나라도 있는가? 장자는 부자지간에 착하게 되기를 요구하다가 서로 뜻 맞지 아니한 것이다. 착하게 되기를 요구하는 것은 친구간의 도리이니 부자지간에 착하게 되기를 요구하는 것은 은혜로움을 해치는 것 중에서 큰 것이다. 장자는 어찌 부처夫妻와 자모子母 등의 가속家屬이 있기를 바라지 않았겠는가? 마는 아버지에게 죄를 얻었기 때문에 가까이 할 수 없었다. 아내를 내보내고 자식들을 물리쳐서 평생 동안 봉양 받지 않았으니, 마음속에 설정하기를 '이와 같이 하지 않는다면 이는 죄 중에서 큰 것이다'고 생각하였으니, 이것이 바로 장자다.[15]

위의 인용문에서 볼 수 있듯이 만일 아버지가 잘못했을 경우 자

---

15) 『孟子』, 「離婁下」, "公都子曰: 匡章, 通國皆稱不孝焉. 夫子與之遊, 又從而禮貌之, 敢問何也? 孟子曰: 世俗所謂不孝者五: 惰其四肢, 不顧父母之養, 一不孝也; 博奕好飮酒, 不顧父母之養, 二不孝也; 好貨財, 私妻子, 不顧父母之養, 三不孝也; 從耳目之欲, 以爲父母戮, 四不孝也; 好勇鬪狠, 以危父母, 五不孝也. 章子有一於是乎? 夫章子, 子父責善而不相遇也. 責善, 朋友之道也; 父子責善, 賊恩之大者. 夫章子, 豈不欲有夫妻子母之屬哉? 爲得罪於父, 不得近. 出妻屛子, 終身不養焉. 其設心以爲不若是, 是則罪之大者, 是則章子已矣."

식이 아버지의 잘못을 바로잡아줘서는 안 된다는 것이다. 이러한 예는 맹자가 부자지간에 서로 '선善'을 권하는 것에 대하여 분명히 반대의 입장을 견지하고 있음을 명확히 밝힌 것이다. 이러한 것들은 주관적인 효도의 의지와 객관적인 '선善' 사이의 충돌에 대한 언급으로 맹자가 가정윤리에 대하여 특히 부자지간의 윤리를 매우 중시했음을 단적으로 보여주고 있는 것이다.

맹자는 광장匡章이 다른 사람들에게 불효자로 인식되고 있는 것에 대하여, 그가 정말로 세상에서 말하는 다섯 가지의 불효를 범한 것이 아니고 다만 그의 잘못은 자신의 아버지에게 착하게 되기를 권하였기 때문에, 그의 아버지가 그를 싫어하게 되어 부자지간의 관계가 깨져서 세상 사람들이 광장匡章을 불효자라고 부르는 것이라고 생각했다. 본래 타인에게 착하게 되기를 권하는 것은 좋은 일이지만, 맹자는 "착하게 되기를 권하는 것"은 친구 사이에서 서로 권해야할 덕목이지 부자지간에 서로 권해야할 덕목은 아니라고 생각한 것이다. 부자 사이에 서로 착하게 되기를 권하면 부자 사이의 관계가 원만하지 못하게 되어 부자지간에 좋지 않은 감정이 생기게 되기 때문에 인륜에 위배된다는 것이다. 광장匡章의 의도는 비록 '선善'과 효도를 위한 것이었지만 그 결과는 오히려 더 나쁘게 나타났기 때문에 세상 사람들로부터 불효자라고 하는 오명을 받게 되었다는 것이다.

맹자가 역점을 둔 부분은 바로 부자 사이에서 유지해야할 것은 서로 아끼고 사랑하는 것뿐이라는 점에 있다. 즉 부모가 잘못을 저질렀을 때 자식이 부모의 잘못을 바로 잡아줘서는 안 된다는 것이다. 맹자의 이러한 주장은 공자가 언급한 "부모를 섬김에 있어서는 슬며시 잘못을 간해야 하며, 말을 따르지 않을 뜻이 보이더라도 더욱 공경하며 부모 뜻을 거스르지 말 것이며, 걱정이 되더라도 원망하지 말아야 한다."[16]의 정신과 같은 맥락을 형성하고 있다고 할 수 있다. 즉 공자는 부모의 잘못을 보았을 때 완곡하게 간언해야 하는데 부모가 간언을 받아들이지 않아도 역시 부모를 공경함으로 대하고 걱정되더라도 원망을 해서는 안 된다고 생각한 것이다.

자식이 아버지에게 착하게 되를 권해서는 안 된다는 것 이외에 맹자는 한 걸음 더 나아가 자식 교육에 대하여 다음과 같이 언급한다. 즉 자식을 사랑한다고 하는 좋은 의도로 교육을 시작하지만 결국은 부자지간의 좋은 감정을 깨뜨릴 가능성이 있기 때문에 아버지는 자식을 직접 가르치지 말아야 한다고 생각했다.

> 공손추公孫丑가 말했다. 군자가 직접 아들을 가르치지 않음은 어째서입니까? 맹자가 말했다. 모양새가 좋지 않기 때문이다. 가르치는 자는 반드시 바른 도리를 가지고 가르치는 것인데, 바른 도리를 가지고 가르쳤는데도 그 도리가 행해지지 않으면 성을 내는 것으로 이어진다. 성을 내는 것으로 이어지면 도리어 (자식을 사랑하는 마음이)손상된다. (자식이 부모에 대해서도) 선생님(아버지)께서 나를 바른 도리로써 가르치지만 선생님께서도 (행실이)바른 도리로 나오지 못한다고 여기게 되면 (아버지를 존중하는 마음이 손상되므로), 아버지와 아들의 마음이 서로 손상된다. 그래서 옛날에는 아들을 서로 바꿔서 가르쳤었던 것이다. 부자지간에는 서로 선하게 될 것을 권하는 것이 아니니, 선을 권하면 (정이) 떨어지게 된다. (정이)떨어지게 되면 나쁨이 이보다 더 큰 것이 없는 것이다.[17]

16) 『論語』, 「里仁」, "事父母幾諫, 見志不從, 又敬不違, 勞而不怨"

17) 『孟子』, 「離婁上」, "公孫丑曰: 君子之不教子, 何也? 孟子曰: 勢不行也. 教

아버지가 자식을 가르칠 때는 반드시 자식이 바른 도리를 행할 것을 요구한다. 만일 자식이 바른 도리를 행하지 않으면 쉽게 화를 내게 되고 화를 내게 되면 곧 서로간의 감정이 손상되어, 자식은 아버지도 바른 도리를 행하지 않으면서 어째서 나에게 바른 도리를 행할 것을 요구하시는가? 라고 생각하게 된다는 것이다. 이와 같이 부자가 서로 화를 내게 되고 상호간에 정이 떨어지게 되기 때문에 부자지간에는 서로 '선善'함을 권해서는 안 된다는 것이다. 만일 부모가 잘못을 했을 경우 자녀는 부모에게 잘못을 고칠 것을 지적해서는 안 되고 다만 완곡하게 권고를 함과 동시에 계속적으로 부모를 공경하고 효성을 다해야만 한다는 것이다.

맹자가 말했다. 불효에 세 가지가 있으니, (그 가운데) 후손이 없는 것이 가장 크다. 순舜임금이 부모에게 아뢰지 않고 장가든 것은 후손이 없을 것을 염려하였기 때문이니, 군자는 그렇게 한 것을 아뢴 것과 같다고 여기는 것이다.[18]

만장萬章이 물었다. 『시경』에 이르기를, 아내를 얻는 것을 어떻게 해야 하는가? 반드시 부모에게 아뢰어야 한다. 하였는데, 이 말대로라면 순임금처럼 하지 말아야 할 듯합니다. 순임금이 부모에게 아뢰지 않고 장가든 것은 무엇 때문입니까? 맹자가 말했다. 부모에게 아뢰었다면 장가들 수가 없었을 것이다. 남녀가 결혼하여 한 집에서 사는 것

者必以正; 以正不行, 繼之以怒; 繼之以怒, 則反夷矣. 夫子教我正, 夫子未出於正也. 則是父子相夷也. 父子相夷, 則惡. 古者易子而教. 父子之間不責善. 責善則離, 離則不祥莫大焉."

18) 『孟子』, 「離婁上」, "孟子曰: 不孝有三, 無後爲大. 舜不告而娶, 爲無後也, 君子以爲猶告也."

은 인륜의 대사이니, 만일 부모에게 아뢰면 인륜의 대사를 폐지하게 되어 부모를 원망하게 되었을 것이다. 이러한 이유 때문에 알리지 않은 것이다. 만장이 말했다. 순임금이 부모에게 아뢰지 않고 장가든 것에 대해서는 제가 이미 가르침을 들었습니다만, 요堯임금이 순임금에게 딸을 시집보내면서 (순임금의 부모에게)알리지 않은 것은 무슨 까닭입니까? 요임금 역시 알렸으면 딸을 시집보낼 수 없음을 알았기 때문이다.[19]

위에서 언급된 두 종류의 상황은 모두 부모를 섬기는 데는 효도와 순종이 으뜸이라는 것을 설명하고 있다. 여기에서 다룬 주요한 문제는 효도 상황의 충돌에 관한 것으로 다음과 같이 집약할 수 있다. 먼저 "부모에게 아뢰지 않고 장가든 것"은 부모의 뜻에 순종하지 않은 것이라는 것과 "후손이 없는 것"은 불효라는 것 사이의 충돌, 그리고 "부모에게 아뢰지 않고 장가든 것"은 불효라는 것과 "인륜의 대사"를 위배하는 것 사이의 모순이다.

이러한 문제들 가운데 주의를 기울여야할 부분은 바로 만장萬章이 순임금이 "장가들 때는 반드시 부모에게 아뢰어야 한다."라고 하는 것, 즉 '예禮'에 맞춰서 결혼식을 거행해야만 한다는 것이지만 "부모에게 아뢰지 않고 장가간 것"에 대하여 그는 순임금이 '예禮'를 위반했다고 생각하지만 맹자는 그렇지 않다고 여긴 점이다. 즉 이러한 상황의 충돌은 장가를 갈 때는 반드시 부모에게 아뢰어야 하지만 고수瞽瞍는 순임금을 좋아하지 않았기 때문에 순임금이 아내를 얻는

19) 『孟子』, 「萬章上」, "萬章問曰: 詩云: 娶妻如之何? 必告父母. 信斯言也, 宜莫如舜. 舜之不告而娶, 何也? 孟子曰: 告則不得娶. 男女居室, 人之大倫也. 如告, 則廢人之大倫, 以懟父母, 是以不告也. 萬章曰: 舜之不告而娶, 則吾既得聞命矣; 帝之妻舜而不告, 何也? 帝亦知告焉則不得妻也."

것에 대하여 달가워하지 않았고, 요임금은 그의 두 딸을 순임금에게 시집보내고 싶었으나 고수의 반대에 부딪칠까 염려했고,[20] 순임금 역시 만일 부모에게 아뢴다면 장가를 가지 못할 것을 알았고, 장가를 갈 수 없다면 두 가지 폐해[21]를 초래할 것을 염려한 상황 속에서 발생한 것이다. 그렇기 때문에 순임금은 이러한 충돌의 상황 속에서 최선의 선택으로 "부모에게 아뢰지 않고 장가를 든" 것이다.

맹자는 불효 죄 가운데 가장 큰 것으로 세 가지를 꼽았으나 그 세 가지에 관해서 명확하게 규정을 지은 것은 보이지 않고 다만 "후손이 없는 것이 가장 크다."[22]라고 했다. 맹자는 순임금이 "부모에게 아뢰지 않고 장가든" 원인에 대하여 다음과 같이 생각했다. 즉 첫째, 만일 정말로 장가를 들지 않게 되면 부모의 뜻을 곡해하고 따름으로써 자식이 부모를 원망하게 되어 부모를 '불의不義'한 사람으로 만든다. 둘째, 장가를 가지 않으면 후손이 끊기게 되는 상황을 초래하게 되어 가장 큰 불효를 범하게 된다. 셋째, 장가를 들지 않

20) 이러한 문제에 관하여 초순(焦循)은 다음과 같이 말하고 있다. "이 말은 고수가 요임금의 뜻을 거스를 수는 없지만, 자식인 순임금이 장가를 못 가게 막을 수는 있었다. 요임금의 권력으로는 고수를 제압할 수는 있었겠지만, 순임금에게 강제로 아버지의 뜻을 거역하게는 할 수 없었다." 焦循撰, 『孟子正義』, 卷十八, 『焦氏遺書』 影印本 참조.

21) 그 하나는 후손이 없게 되는 것으로 이것은 더 커다란 불효를 범하게 되는 것이며, 다른 하나는 인륜의 대사(결혼)를 어기는 것이다.

22) 趙岐는 주석에서 "예(禮)에 의하면 불효한 것이 세 종류 있는데, 부모의 뜻을 곡해하여 따름으로써 부모를 불의에 빠뜨리는 것이 그 하나고, 집이 빈곤하고 부모가 연로한데도 일을 하지 않는 것이 그 하나고, 결혼을 안 하여 자식이 없어 후손이 끊기는 것이 그 하나이다. 이러한 세 불효 가운데 후손이 없는 것이 가장 크다."라고 하였다. 趙岐撰, 『孟子章句』, 卷七, 『四部叢刊』 影印本 참조.

으면 인륜의 대사를 위배하게 된다.

만일 순임금이 "아내를 맞이할 때 반드시 부모에게 아뢰어야 한다."는 원칙을 지켰을 경우 그의 아버지인 고수는 반드시 허락하지를 않았을 것이기 때문에 순임금은 인륜의 대사를 위배할 수밖에 없었을 것이며, 부모를 '불의不義'한 사람으로 만들 수밖에 없었을 것이며, 후손이 없게 되는 상황을 초래했었을 것이므로 결국은 부득이하게 폐해 가운데 가벼운 것을 선택하여 부모에게 아뢰지 않고 결혼을 한 것이다.

(2) 개인의 덕행과 타인의 생명 사이에서의 충돌문제

> 순우곤淳于髡이 남자와 여자가 (물건을) 주고받는 것을 직접 하지 않는 것이 예禮입니까? 라고 묻자, 맹자가 예禮라고 말했다. 순우곤이 제수弟嫂가 물에 빠지면 손으로 끌어냅니까? 라고 묻자, 맹자가 제수가 물에 빠졌는데도 끌어내지 않는다면, 이는 승냥이다. 남자와 여자가 (물건을)주고받는 것을 직접 하지 않는 것은 예禮이고, 제수가 물에 빠지면 손으로 끌어내는 것은 권權이다 라고 했다.[23]

유가에서는 사랑에 차별이 있다고 주장하여, 나와 다른 사람과의 관계 속에서 가장 우선적인 것이 자식과 부모의 관계이고, 그 다음이 바로 타인과의 관계라고 규정짓는다. 이러한 개별적인 사안들 가운데 언급하고자 하는 부분은 바로 개인 덕행의 완성과 타인 생명의 구원 사이의 충돌에 관한 문제이다. 이와 같은 충돌은 남녀 간에 물

---

23) 『孟子』, 「離婁上」, "淳于髡曰: 男女授受不親, 禮與? 孟子曰: 禮也. 曰: 嫂溺則援之以手乎? 曰: 嫂溺不援, 是豺狼也. 男女授受不親, 禮也; 嫂溺援之以手者, 權也."

건을 주고받을 때 직접 손으로 전달하지 않는 것이 당시의 '예禮'로서 모든 사람들이 준수해야 할 규범이었는데, 순우곤淳于髡이 맹자에게 질문한 것처럼 만일 제수弟嫂가 물에 빠져 허우적거리고 있는 것을 목격했을 때 손을 내밀어 제수의 손을 잡아서 구해야하는지 아니면 '예禮'를 지키기 위해서 손을 내밀지 않아야 하는지의 상황에서 발생한 것이다. 즉 이런 상황 속에서 만약 손을 내밀어 제수를 구한다면 곧 '예禮'에 위배되는 것(남녀 간에 직접 손을 잡지 않는다고 하는)이고, 반대로 '예禮'를 지키기 위해서는 죽어가고 있는 모습을 목격하더라도 손을 잡아서 구해서는 안 되는 것인데, 만일 그럴 경우 제수는 반드시 익사하게 될 것이다. 이러한 문제에 대한 맹자의 대답은 손을 내밀어 제수의 손을 굳게 잡아서 구해내라고 하는 것이다. 그러한 까닭은 바로 맹자는 비록 남녀 간에 직접 손을 잡지 않는 것이 '예禮'에 부합하는 것이라고는 하지만, 만일 남녀 간에 직접 손을 잡지 않는다고 하는 '예禮'를 지키기 위해서 제수가 죽어가고 있는 상황 속에서도 그녀를 구하지 않는 것은 '불인不仁'한 것이며, 이러한 '불인不仁'이 '예禮'를 위반하는 것 보다 더욱 큰 잘못이라고 여겼기 때문이다.

앞서 언급한 것처럼 맹자는 타인의 불행을 불쌍하게 여기는 마음이 곧 '인仁'이라고 했으며, 또 "인의 핵심은 어버이를 섬기는 것이고, 의의 핵심은 형에게 순종하는 것이다. …… 예의 핵심은 이 두 가지를 질서 있게 나타내는 것이다."[24]라고 언급한 바에서 알 수 있듯이 '인仁'이 '예禮'의 근본이 되는 것이며 '예禮'는 반드시 '인仁'으로

24) 『孟子』, 「離婁上」, "仁之實, 事親是也. 義之實, 從兄是也. …… 禮之實, 節文斯二者是也."

써 귀착점을 삼아야 하는 것이다. 그리고 '예禮'의 내용과 정신은 반드시 '인仁'에 부합되어야 만이 그것이 형식적인 규범으로 전락하지 않게 되는 것이다.

> 사회질서로서의 보편적인 법과 규범인 예禮는 필요한 때에 따라서는 상황에 맞게 고쳐질 수도 있지만, 예禮의 근본으로서의 인의仁義도덕은 영원히 버릴 수 없는 것이다. 권權이라고 하는 것은 사안에 맞춰 적용해야 하는 것이지 마음(본심, 도덕심)을 보존하는 수단으로 해서는 안 된다는 것이다. 그러므로 권權에 의해서 생성된 일상적이지 않은 수단은 반드시 인의仁義도덕에 부합되어야만 한다는 것이다.[25)]

유가에서 중시하는 것은 '인仁'정신의 확대발전에 있는 것이지, 결코 표면적이고 형식적인 '예禮'의 준수에 있는 것은 아니라고 할 수 있다. 타인의 생명의 가치와 의미를 존중하는 것이 바로 '인仁'의 정신이며 이것이 바로 맹자에게 있어서 도덕가치의 근원이 되는 것이다. 만일 형식적인 예절만을 따지고 '예禮' 속에 담겨져 있는 근본정신을 소홀히 하여 타인의 생명을 경시한다면, 이는 맹자의 입장에서 본다면 그냥 향원鄕原과 같은 사람일 따름이지 그가 어떻게 덕이 있는 사람이라고 말을 할 수가 있겠는가!

(3) 직분과 그에 수반되는 윤리적 책임에 관련된 선택문제

> 증자曾子가 무성武城에 머무르고 있을 때 월越나라의 침략이 있었는

---

25) 王邦雄, 曾昭旭, 楊祖漢, 『孟子義理疏解』, 臺北, 鵝湖出版社, 1995년, 192쪽 참조.

데, 어떤 사람이 침략군이 도착하는데 어찌 떠나가지 않으십니까? 라고 묻자, 증자가 말하기를 내 집에 다른 사람이 살지 못하게 하여 섶과 나무의 훼손을 막도록 하라고 하고, 침략군이 물러갔다고 하자 내 집의 담과 건물을 수리해라. 내가 돌아갈 것이다. 라고 하였다. 그 후 침략군이 물러가자, 증자가 돌아왔는데, 주위 사람들이 말하기를 (武城의 大夫가)선생님을 이렇게 진실함과 공경으로 대하였는데, 침략군이 몰려오자 먼저 떠나가시어 백성들이 본받아 도망가게 하고 침략군이 물러가자 돌아오시니, 잘못된 처신인 듯합니다. 라고 하자, 심유행沈猶行이 말했다. 이것은 당신들이 이해할 수 있는 것이 아니다. 옛날에 우리 심유沈猶씨 가문에 부추負芻의 난이 있었는데, 선생님의 제자 칠십 명 가운데 한 사람도 그 난리를 수습하는데 참여하지 않았다. 자사子思가 위衛나라에 있었을 때에 제齊나라의 침략이 있었는데, 어떤 사람이 침략군이 쇄도하고 있는데 어째서 피난하지 않습니까? 라고 말하자, 지사가 만일 내가 피난가면 위나라의 임금이 누구와 함께 나라를 지키겠는가? 라고 말했다. 맹자가 말했다. 증자와 자사는 같은 행동원리를 가지고 있었다. 즉 증자는 스승이며 부형父兄이었고, 자사는 신하였고 미천하였으니 증자와 자사가 처지를 바꾼다면 다 그렇게 하였을 것이다.[26)]

증자曾子가 무성武城에 머물고 있을 때 무성의 대부大夫는 그를 진실함과 공경으로 모셨는데, 침략군이 몰려오자 증자는 피난을 떠났

---

26) 『孟子』, 「離婁下」, "曾子居武城, 有越寇. 或曰: 寇至, 盍去諸? 曰: 無寓人於我室, 毁傷其薪木. 寇退, 則曰: 修我牆屋, 我將反. 寇退, 曾子反. 左右曰: 待先生如此其忠且敬也. 寇至則先去以爲民望, 寇退則反, 殆於不可. 沈猶行曰: 是非汝所知也. 昔沈猶有負芻之禍, 從先生者七十人, 未有與焉. 子思居衛, 有齊寇. 或曰: 寇至, 盍去諸? 子思曰: 如伋去, 君誰與守? 孟子曰: 曾子子思, 易地則皆然."

을 뿐만 아니라 피난 가기 전에 다른 사람들이 자신의 집에 들어가 살지 못하도록 요구하였다. 그리고 침략자들이 물러간 이후에는 자신의 집을 수리시킬 것을 요구하고 수리가 끝난 뒤에야 돌아오겠다고 하자 주위사람들은 그가 은혜를 모르는 사람이라고 생각했다. 즉 그들은 증자가 마땅히 과거 자사子思가 위衛나라의 군주를 위해서 침략자들과 맞서 싸운 것처럼 했어야 한다고 생각했기에 증자의 행위를 못마땅하게 여긴 것이다. 그러나 맹자는 그러한 생각이 맞는 것이 아니라고 여겼다. 좀 더 면밀하게 관찰을 해본다면, 이러한 상황은 '보은報恩'과 '생명의 보전' 사이의 충돌처럼 보일 수도 있다. 어떤 사람은 증자의 이러한 처신에 대하여 비난을 할 수도 있겠지만, 맹자는 이러한 것은 책임소재에 관한 문제라고 판단했던 것이다. 즉 만일 자신의 신분을 정확하게 인식하고 있으면 어떻게 처신해야할 지는 분명해지며 이에 따라서 충돌은 발생하지 않는다는 것이다.

위와 같은 문제에 대하여 주자는 다음과 같이 말했다.

> 윤씨尹氏가 말했다. 혹은 피해를 멀리 피하고 혹은 난리에 죽을 각오를 하는데, 그들의 일 처리방식이 같지 않은 것은 처한 입장이 다르기 때문이다. 군자의 마음은 이해관계에 연연하지 않고 오직 그 옳은 것을 할 뿐이다. 그러므로 처지를 바꾸면 모두 그렇게 할 수 있는 것이다. 공씨孔氏가 말했다. 옛날 성현들의 언행이 다르고 사업 역시 달랐으나, 그들의 도道는 일찍이 같지 않은 것이 아니었다. 배우는 자들이 이것을 안다면 부닥치는 상황에 따라 대응하기를, 저울로 물건을 다는 것처럼 하여 오르내림이 여러 차례 변하지만 그 동일하게 되는 것에 해를 끼치지 않는 것이다.[27]

유가에서는 '정명正名'을 중시하는데, 공자는 '정명'에 관하여 다음과 같이 말한다. "명분이 바로 서지 않으면 곧 말이 순조롭지 못하게 되고, 말이 순조롭지 못하면 곧 일이 이루어지지 않게 된다."[28] 즉 명분에 맞는 지위에 있는 사람은 그에 상응하는 일을 도모하고 책임을 져야 한다는 것이다. 반대로 명분에 맞는 지위에 있지 않는 사람은 그에 상응하는 일을 도모할 필요가 없고 책임도 질 필요가 없게 되는 것이다. 어떠한 신분으로 어떠한 일을 담당하든지 간에 마땅히 지어야할 책임은 회피할 수 없는 것이지만, 자신의 책임소재 범위 내의 사안이 아닐 경우 자신의 책임과 본분만을 지키면 된다는 것이다.

앞의 인용문에서 열거한 사안 가운데 증자曾子는 단지 스승의 신분이었을 뿐, 자사子思와 같은 신하의 신분이 아니었기 때문에 난리를 피해 떠났던 것이었다. 그러나 신하된 자는 그 지위에 상응하는 책임을 반드시 져야만 하는 것이기 때문에 군주를 버리고 도망을 가서는 안 되는 것이다. 다시 말하자면, 스승의 신분에 있는 사람은 신하의 신분에 있는 사람과는 달리 어떠한 책임을 져야할 필요가 없다는 것이다. 맹자는 스승과 신하라고 하는 다른 신분에 있는 사람을 대비시켜 명분에 맞는 지위에 있지 않다면 그에 상응하는 책임을 질 필요가 없다는 것을 설명함과 동시에, 성현들이 "처지를 바꿨을

---

27) "尹氏曰: 或遠害, 或死難, 其事不同者, 所處之地不同也, 君子之心, 不繫於利害, 惟其是而已, 故易地而皆能爲之. 孔氏曰: 古之聖賢, 言行不同, 事業亦異, 而其道未始不同也, 學者知此, 則因所遇而應之, 若權衡之稱物, 低昻屢變, 而不害其爲同也." 朱熹撰, 『四書章句集注』, 「孟子集注」, 卷八, 海淵閣明刻本影印 参조.

28) 『論語』, 「子路」,"名不正, 則言不順; 言不順, 則事不成 ……."

때도 그렇게 했을 것"이라는 것을 근거로 하여 증자의 이러한 행위가 도피성이나 혹은 용기가 없어서가 아니라는 것을 설명한다. 이러한 상황에 대하여 일반적인 시각으로 보았을 때는 은혜를 입고도 보답하지 않는다고 여길 수도 있겠지만, 이는 다만 책임 소재의 문제일 뿐인 것이다.

이와 같은 주장은 『맹자』 속의 여러 곳에서 발견할 수 있는데, 그 일례로 맹자가 제齊나라에 있었을 때 일찍이 지와蚳鼃에게 왕이 '선정善政'을 할 수 있도록 간언 할 것을 일깨워줬다. 그러나 지와가 왕에게 간언을 한 후에 해임을 당하자, 제나라 사람들은 맹자가 직접 제나라 왕에게 가서 간언을 하지 않고 지와蚳鼃에게 간언을 시켜 결과적으로는 지와가 해임되게 만들었다고 비웃었다. 그러나 맹자는 제나라 사람들의 그러한 조소에 대하여 "관직에 있지 않으면 간언할 책임도 없다."는 말로 사람들의 조소를 종식시켰다.

> 맹자가 지와蚳鼃에게 말하기를 그대가 영구靈丘의 읍재邑宰 자리를 사양하고 재판관이 되기를 청한 것이 그럴듯함은 그렇게 됨으로써 (재판관이) 왕에게 간언을 할 수 있었기 때문이었는데, 이제 이미 몇 개월이 지났는데 아직 말할 수 없단 말인가? 라고 하자 지와가 왕에게 간언을 했으나 채택되지 않자, 신하의 직분을 내놓고 떠나갔다. 제나라 사람이 말하기를 지와를 위해서 한 것은 좋으나, 맹자 자신이 하는 것은 내가 이해할 수 없다. 라고 하므로 공도자公都子가 그 사실을 맹자에게 아뢰자, 맹자가 말했다. 내 들으니 관직을 지켜야 하는 책임을 가진 자가 그 직책을 수행하지 못하면 떠나고, 간언을 해야 하는 책임을 가진 자가 간언을 할 수 없으면 떠난다고 하였는데, 나는 관직을 지켜야 하는 책임도 없고 간언을 해야 하는 책임도 없으니, 내가 나아가고 물러가

는 것이 어찌 느긋하게 여유가 있지 않겠는가?[29]

기본적으로 맹자는 사람이 책임의식이 있어야한다고 주장하였지만, 그는 겉치레로서의 거짓된 '인仁'과 '의義'에 대해서는 반대한다. 맹자가 중점을 둔 것은 바로 다른 상황 속에서 사람들은 각자의 신분에 따라서 반드시 각각 다른 선택을 하게 된다는 것이다. 이러한 부분이 바로 맹자가 유가의 '정명正名'사상을 한 단계 더 높게 발전시킨 점이라고 할 수 있는 것이다.

우禹임금과 후직后稷이 태평성대 때에도 자기 집 문 앞을 세 번이나 지나가면서도 들어가지 않은 것에 대하여 공자는 그들이 어질다고 생각했다. 안자(顔子: 안회)가 세상이 어지러울 때에도 누추한 골목에서 살면서 한 그릇의 밥과 한 통의 물을 마시고 살았다. 다른 사람들은 그러한 열악함을 감당해내지 못하지만 안자는 그러한 즐거움을 바꾸지 않았기 때문에 공자는 그가 어질다고 생각했다. 맹자가 말했다. 우임금과 후직 그리고 안회는 도道가 같다. 우임금은 천하에 물에 빠진 자가 있으면 마치 자신이 그를 빠뜨린 것처럼 생각하고, 후직은 천하에 굶주린 자가 있으면 마치 자신이 그를 굶주리게 만든 것처럼 생각하였으니, 이 때문에 그와 같이 급하게 여긴 것이다. 우임금과 후직과 안자가 처지를 바꾸면 다 그렇게 하였을 것이다. 지금 한 집에 있는 사람 가운데 다투는 자들이 있을 경우, 이를 말려야 하는데, 비록 머리를 그

29) 『孟子』, 「公孫丑下」, "孟子謂蚳鼃曰: 子之辭靈丘而請士師, 似也, 爲其可以言也. 今旣數月矣, 未可以言與? 蚳鼃諫於王而不用, 致爲臣而去. 齊人曰: 所以爲蚳鼃, 則善矣; 所以自爲, 則吾不知也. 公都子以告. 曰: 吾聞之也: 有官守者, 不得其職則去; 有言責者, 不得其言則去. 我無官守, 我無言責也; 則吾進退, 豈不綽綽然有餘裕哉?"

대로 풀어 흩트린 채 갓끈만 매고 가서 말리더라도 괜찮다. 그러나 동네나 이웃에 다투는 자들이 있다면 머리를 풀어 흩트린 채 갓끈만 매고 가서 말린다면 정신이 헷갈린 것이니, 비록 문을 닫고 가만히 있더라도 괜찮은 것이다.[30]

위의 인용문에는 두 종류의 충돌 상황을 내포하고 있다. 즉 "우禹임금과 후직后稷이 태평성대 때에도 자기 집 문 앞을 세 번이나 지나가면서도 들어가지 않은 것"은 '대아大我'와 '소아小我'[31]의 선택을 내포하고 있으며, 우임금과 후직과 안회顔回의 처세 태도가 다른 것으로써 한 집에 같이 사는 사람들의 다툼과 이웃집 사람들이 서로 다툴 때 그것을 말릴지의 여부의 문제를 비교 유추하는 것은 위에 언급한 것과 마찬가지로 책임소재의 문제와 밀접하게 연관되어 있는 것이다.

첫 번째 상황에 대해서 말하자면, 맹자는 우임금과 후직이 "자기 집 문 앞을 세 번이나 지나가면서도 들어가지 않은 것"에 대하여 그들은 천하를 먼저 생각하고 가족을 다음으로 생각했다고 여겼다. 즉 맹자는 그들이 '대아大我'를 중요하게 생각하고 '소아小我'를 가볍게 여겼다고 생각했다. 그러나 이러한 선택은 책임의 의미를 내포하고 있는 것으로 우임금과 후직은 마땅히 그렇게 해야 할 책임이 있다는

---

30) 『孟子』, 「離婁下」, "禹稷當平世, 三過其門而不入, 孔子賢之. 顔子當亂世, 居於陋巷. 一簞食, 一瓢飮. 人不堪其憂, 顔子不改其樂, 孔子賢之. 孟子曰: 禹稷顔回同道. 禹思天下有溺者, 由己溺之也; 稷思天下有飢者, 由己飢之也, 是以如是其急也. 禹稷顔子易地則皆然. 今有同室之人鬪者, 救之, 雖被髮纓冠而救之, 可也. 鄕隣有鬪者, 被髮纓冠而往救之, 則惑也, 雖閉戶可也."

31) '대아大我' : 천하를 위함. '소아小我' : 가족을 위함.

것이며, 만일 우임금과 후직이 그러한 책임이 없었다면 그들은 그렇게 하지는 않았을 것이라고 하는 것이다.

맹자는 이러한 두 종류의 상황을 대비함으로써 성현들의 도道는 달라 보이지만 사실은 처지를 바꾸면 다 같이 그렇게 했을 것이라고 하여 성현들의 도道는 같은 것이라는 주장을 분명하게 드러내고자 했다. 우임금과 후직이 태평성대시기에 현실에 안주하고 자신의 삶을 즐겼을 수도 있었지만, 물에 빠진 사람이 있으면 마치 그를 자신이 빠뜨린 것처럼 생각하고 굶주리는 사람이 있으면 그를 자신이 굶주리게 만든 것처럼 여긴 바와 같이, 백성들의 고통에 대하여 고민했기 때문에 자기 집 문 앞을 세 번이나 지나가면서도 들어가지 않은 것이다. 또한 안회顔回는 춘추시대라고 하는 난세에 살았는데 당시의 백성들은 모두들 고통 속에서 신음하고 있는 상황이었다. 그러나 안회는 한 그릇의 밥과 한 통의 물에 의지해야하는 빈곤한 생활에 만족하며 수신修身의 도리를 지켰던 것이다.

그들(우임금과 후직)이 이렇게 한 것은 절대로 명예를 얻기 위해서가 아니었으며, 안회 역시 천하를 위하려는 마음이 없었기 때문에 그렇게 한 것이 아니고, 다만 그들이 각자 그러한 책임을 질 위치에 있었는지 아니면 그러한 책임을 질 위치에 있지 않았는지 여부의 관점에서 보아야만 하는 것이다. 우임금과 후직의 경우 책임을 져야만 하는 신분에 있었기 때문에 반드시 그렇게 해야만 했는데, 만일 그렇지 않았으면 책임을 회피한 것이 되는 것이다. 그러나 안회의 경우 우임금이나 후직과 같은 책임이 없었기 때문에, 그는 수신의 도道로써 홀로 자신을 수양한 것이다. 이러한 관점에 대하여 조기趙岐의 경우 다음과 같은 입장을 표방했다.

태평성대 때에도 자기 집 문 앞을 세 번이나 지나가면서도 들어가지 않은 것은 공公·경卿의 신분에 있어 백성들을 염려하는 것이 더 시급했기 때문이다. 난세에 누추한 골목에 안주하여 세상에 쓰여 지지 않아서 가난하면서도 수신의 도를 즐긴다. 맹자는 그들이 백성들을 염려하는 도리는 같으나 그것을 응용한 것과 응용할 수 없었던 것은 대략 이와 같아서 공자는 그들이 어질다고 한 것이다. 우임금과 후직은 백성들의 고통 해소를 이와 같이 급하게 여겼으며, 안회와 처지를 바꿨어도 그 마음은 역시 그랬을 것이다.[32]

두 번째 상황에 대해서 말하자면, 맹자는 "한 집에 있는 사람 가운데 다투는 자들이 있을 경우, 이를 말려야 하는데 비록 머리를 그대로 풀어 흩트린 채 갓끈만 매고 가서 말리더라도 괜찮다."라고 했는데, 이것은 같은 집에 사는 사람은 나와 매우 가까운 관계에 있는 사람으로서 만일 그가 다른 사람과 분쟁을 벌인다면 말려야 하는 것은 의심할 여지가 없는 사실로 이는 마땅히 져야할 책임인 것이다. 즉 이러한 것은 우임금이나 후직이 천하에 대하여 책임의식을 갖는 것과 같은 맥락을 형성하고 있다고 말을 할 수가 있는 것이다. 그러나 "동네나 이웃에 다투는 자들이 있다면 머리를 풀어 흩트린 채 갓끈만 매고 가서 말린다면 정신이 헷갈린 것이니, 비록 문을 닫고 가만히 있더라도 괜찮은 것이다."라는 말속에는 책임을 질 지위에 있지 아니하면, 책임질 만한 일을 도모하지 않는다는 의미를 내포하고 있는 것으로, 이것은 앞서 언급한 증자曾子와 자사子思의 경우와 같은 맥락을 형성하고 있는 것이다.

32) 趙岐撰, 『孟子章句』, 卷十三, 『四部叢刊』 影印本 참조.

이상과 같이 알 수 있듯이 맹자는 각자가 자신의 소임에 대한 책임을 질 것을 주장한다. 그래서 그는 우임금과 후직이 "자기 집 문 앞을 세 번이나 지나가면서도 들어가지 않은 것"이나 안회가 당시의 상황에 대하여 조급하게 염려하지 않고 안빈낙도安貧樂道한 것 역시 모두 자신의 본분을 잘 지킨 것이라고 생각했던 것이다. 또한 비슷한 맥락으로 같은 집에 사는 사람들이 서로 다툰다면 자신은 그것을 말려야 할 책임이 있기 때문에 적극적으로 말려야하지만, 동네나 이웃집의 사람들이 서로 다툰다면 그것은 자신과 관계없는 그들 내부의 문제이므로 굳이 가서 말려야할 필요가 없기 때문에 문을 닫고 간여하지 않아도 된다는 것이다. 이러한 각도에서 우임금과 후직 그리고 안회의 처세 태도를 본다면 그들이 한 처세는 모두 도道에 부합되는 것이다.

(4) 군신간의 의리와 정치윤리의 충돌에 관련된 선택문제

> 맹자가 말했다. 죄가 없는데도 사士를 죽이면 대부大夫가 그 나라를 떠나야 하고, 죄가 없는데도 백성들을 죽이면 사士가 그 나라를 옮겨가야 한다.[33]

위의 인용문에 언급된 충돌상황은 바로 사士와 대부大夫[34]는 모두

---

33) 『孟子』, 「離婁下」, "孟子曰: 無罪而殺士, 則大夫可以去; 無罪而戮民, 則士可以徙."

34) ① 사士는 일반적인 의미의 선비가 아니다. 춘추전국시대의 사士는 지배계층의 가장 말단에 있는 계층으로서, 평시에는 하급 행정 관료로서의 직무를 수행하고 전시戰時에는 군의 하급 장교 역할을 담당하였다. 즉 문무文武를 겸비한 하급관리 계층이라고 할 수 있는 것이다.
② 대부大夫는 일정한 지역의 통치자라고 할 수 있다. 춘추전국시대의 통

신하된 자들로서 군주에 대하여 의리를 지켜야 하는데, 무도한 군주가 죄가 없는데도 사士와 백성들을 죽인다면 신하된 자들은 여전히 군주에 대하여 반드시 충성을 다해야 하는가 아니면 말아야하는가의 상황 속에서 발생된 것이다.

맹자가 일찍이 "부자간에는 친함이 있으며, 군신 간에는 의리가 있으며, 부부간에는 분별이 있으며, 장유長幼간에는 차례가 있으며, 친구 간에는 믿음이 있는 것이다."[35]라고 말한 바와 같이 "군신 간에는 의리가 있다"는 말은 '오륜五倫' 가운데의 하나로 유가에 있어서 정치윤리의 핵심을 이루고 있다. 또한 군주와 신하는 제각기 백성들에 대한 책임과 권한을 가지고 있으며, 정치에 관련된 모든 행위들은 반드시 백성들의 삶을 우선적으로 고려하여야만 한다는 것이다. 그래서 맹자는 "백성이 가장 귀중하고, 국가가 그 다음이고, 군주는 가벼운 것이다."[36]라고 말한 것이다. 즉 이러한 주장은 군주가 모든 것을 제멋대로 해서는 안 된다는 의미를 함축하고 있는 것이다. 또한 신하들은 군주에 대하여 '의義'를 지켜야하는데, 이때의 '의義'는 군주에 대한 충성을 포함하지만 결코 맹목적인 충성까지 포함하는 것은 아니다. 즉 만일 군주가 '불의不義'하여 무고한 백성들을 죽일 경우에도 여전히 그런 무도한 군주를 섬기는 것이 바로 맹목적인

치 권역은 천하, 국國, 가家로 이루어져 있었다. 천하의 통치자는 천자天子였고, 국國의 통치자는 제후였고, 가家의 통치자는 대부였다. 이때의 가家는 집 혹은 집안이라는 의미가 아니고, 약 5만 호 정도의 규모를 갖춘 권역을 의미한다. 이러한 권역을 통치하는 대부는 자신의 영토 내에서 세금 징수와 재판권 그리고 군대의 보유 등 모든 행정·국방·사법·징세 등에 관련된 권리를 행사할 수 있었다.

35) 『孟子』, 「滕文公上」, "父子有親, 君臣有義, 夫婦有別, 長幼有序, 朋友有信."

36) 『孟子』, 「盡心下」, "民爲貴, 社稷次之, 君爲輕."

충성인 것이며, 그러한 신하 역시 '불의不義'한 행위를 저지르게 되는 것이다. 그렇기 때문에 그와 같은 무도한 군주를 버리고 떠나간다면 비록 국가에 대해서는 도움이 되지는 않겠지만, 적어도 폭군을 도와 학정을 한다는 오명을 벗을 수 있기 때문에 마땅히 떠나가야만 한다.

신하된 자가 중요하게 여길 것은 앞에서 언급한 바와 같이 맡은 직무에 대한 책임을 다하는 것이다. 특히 책임 져야할 직무 가운데 가장 중요한 것은 군주가 선정善政을 베풀 수 있도록 권면하는 것이라고 할 수 있다. 이러한 사안에 대하여 맹자는 제선왕齊宣王과의 '경卿'에 관한 대화 속에 진일보한 설명을 하는데, 그는 '경卿'을 '군주와 친척관계인 경'과 '군주와 친척관계가 아닌 경'의 두 종류로 분류한다.

> 제선왕齊宣王이 경卿을 묻자, 맹자가 말했다. 왕께서는 어떤 경을 물으십니까? 왕이 말하기를 경이 같지 않습니까? 맹자가 같지 않습니다. 군주와 친척관계인 경과 군주와 친척관계가 아닌 경이 있습니다. 라고 말하자, 왕이 군주와 친척관계인 경에 대해 묻겠습니다. 라고 했다. 맹자가 말하기를 군주에게 큰 허물이 있을 때 간언하고 반복하여도 듣지 않으면 군주의 지위를 바꿉니다. 이 때 왕이 발끈하며 낯빛을 바꾸자, 맹자는 왕께서는 이상하게 생각하지 마십시오, 왕께서 소신에게 물으셨기에 소신이 감히 바른대로 대답하지 않을 수가 없었습니다. 왕이 얼굴빛이 안정된 후에 군주와 친척관계가 아닌 경에 대해 묻자, 맹자가 군주가 허물이 있으면 간언하고 반복하여도 듣지 않으면 떠납니다. 라고 말했다.[37)]

37) 『孟子』, 「萬章下」, "齊宣王問卿. 孟子曰: 王何卿之問也? 王曰: 卿不同乎?

맹자는 '군주와 친척관계인 경'이나 '군주와 친척관계가 아닌 경'에 관계없이 모두 군주가 잘못하였을 경우 군주가 바른 길을 갈 수 있도록 간언해야 할 책임이 있는데, 만일 여러 차례 반복해서 간언을 했음에도 불구하고 군주가 간언을 받아들이지 않으면 '군주와 친척관계인 경'은 군주의 지위를 바꿀 수 있는 의무가 있고, '군주와 친척관계가 아닌 경'은 그러한 의무가 없기 때문에 다만 관직을 사직하고 떠나갈 뿐이라고 언급했던 것이다.

맹자는 백성들을 군주의 권력 유지수단으로 보지 않고 군주가 돌보아야할 대상으로 생각하여, 무도한 군주에 대해서는 백성들과 신하된 사람들이 떠나갈 수 있을 뿐만 아니라 심지어는 군주의 자리에서 쫓아낼 수 있다고 생각했다.

> 제선왕齊宣王이 물었다. 탕湯임금이 걸桀을 추방하고 무왕武王이 주紂를 정벌했다고 하는데, 그러한 일이 있었습니까? 맹자가 전승되어 오는 기록에 있습니다. 라고 대답했다. 제선왕이 말하기를 신하가 자기의 군주를 시해해도 됩니까? 라고 하자, 맹자가 인仁을 해치는 자를 적賊이라 하고 의義를 해치는 자를 잔殘이라 하고 잔적殘賊하는 사람을 일개 평민이라 하니, 일개 평민인 주紂를 죽였다는 말은 들었어도 군주를 시해했다는 말은 들어보지 못했습니다.[38)]

曰: 不同. 有貴戚之卿, 有異姓之卿. 王曰: 請問貴戚之卿? 曰: 君有大過則諫, 反覆之而不聽, 則易位. 王勃然變乎色. 曰: 王勿異也. 王問臣, 臣不敢不以正對. 王色定, 然後請問異姓之卿. 曰: 君有過則諫, 反覆之而不聽, 則去."

38) 『孟子』, 「梁惠王下」, "齊宣王問曰: 湯放桀, 武王伐紂, 有諸? 孟子對曰: 於傳有之. 曰: 臣弑其君可乎? 曰: 賊仁者謂之賊, 賊義者謂之殘, 殘賊之人, 謂之一夫. 聞誅一夫紂, 未聞弑君也."

앞의 인용문 가운데에서 제선왕이 탕湯임금과 무왕武王이 본래 신하의 신분이었는데 그들이 각기 걸桀을 추방하고 주紂를 죽인 행위는 군신간의 의리에 위배되지 않느냐고 생각했음을 알 수 있다. 이에 대하여 맹자는 주紂가 '인의仁義'를 해쳤기 때문에 이미 군주의 자격을 상실한 평민의 신분이었을 뿐이라고 생각하여 일개 평민에 불과한 주紂를 죽인 무왕이 어떻게 자신의 군주를 죽인 죄를 지었다고 말할 수 있겠느냐고 한 것이다.

(4) 소아小我와 대아大我

앞부분에서 논의한 문제는 나와 타인과의 상호 관계에 대한 문제였는데, 이 때 타인의 범위는 단지 나와 다른 별도의 행위의 주체로 한정지었지만, 여기에서는 타인의 범위를 사회나 국가에로까지 확대시켜 보도록 하겠다. 개인과 사회와의 관계는 맹사가 특히 관심을 집중했던 부분으로 '소아小我'와 '대아大我 '사이의 문제 즉 개인의 '선善'과 사회전체의 '선善' 사이의 관계와 개인의 이익과 국가의 이익 사이의 충돌문제를 포함하고 있다.

① 개인의 선과 사회전체의 선에 관한 문제

앞부분에서 인용한 문장 가운데 맹자는 우임금과 후직이 태평성대 때에도 "자기 집 문 앞을 세 번이나 지나가면서도 들어가지 않은 것"이 국가의 사무를 더 중요하게 생각한 것, 즉 다시 말하면 '대아大我'를 중요하게 여기고 '소아小我'를 가볍게 여긴 것이라고 생각했다. 그러나 만일 '소아小我'로서의 개인의 '선善'과 사회전체의 '선善' 사이의 이익에 상호충돌이 발생했을 경우 맹자는 과연 어떠한 선택을 했을까? 라고 하는 의문이 든다. 이러한 문제는 뜻(정치적 성취)을 얻는 것과 얻지 못하는 것 사이 및 개인의 '선善'과 사회전체의 '선善' 사이에서 어떠한 선택을 할 것인가의 문제에 관하여 언급한 것이라고 할 수 있다. 이와 같은 문제에 대하여 맹자는 "뜻을 얻으면 백성과 함께 도를 행하고, 뜻을 얻지 못하면 홀로 그 도를 행한다."[39]라고 했다.

유가儒家에서는 개인의 수양으로부터 사회 국가의 공익에 이르는 연결시스템을 매우 중시하고 있는데 그 실례가 『대학大學』에 잘 나타나 있다.

> 옛날에 밝았던 덕을 천하에 다시 밝히고자 하는 자는 먼저 그 나라를 다스리고, 그 나라를 다스리고자 하는 자는 먼저 그 집을 가지런하게 하며, 그 집을 가지런하게 하고자 하는 자는 먼저 그 자신을 수양하고, 그 자신을 수양하고자 하는 자는 먼저 그 마음을 바로 잡으며, 그 마음을 바로 잡고자 하는 자는 먼저 그 뜻을 정성 되게 하고, 그 뜻을 정성 되게 하고자 하는 자는 먼저 그 지혜를 이룬다. 지혜를 이루는 것은 사물에 접촉하여 사물의 이치를 연구하는데 있다. 사물의 이치가 연구된 후에 지혜가 이루어지고, 지혜가 이루어진 후에 뜻이 정성스러워지며, 뜻이 정성스러워진 후에 마음이 바르게 되고, 마음이 바르게 된 후에 자신이 수양되며, 자신이 수양된 후에 집이 가지런해지고, 집이 가지런해진 후에 나라가 다스려지며, 나라가 다스려진 후에 천하가 태평해진다.[40]

---

39) 『孟子』, 「滕文公下」, "得志與民由之, 不得志獨行其道."

40) 『大學』, "古之欲明明德於天下者, 先治其國; 欲治其國者, 先齊其家; 欲齊其家者, 先修其身; 欲修其身者, 先正其心; 欲正其心者, 先誠其意; 欲誠其義者, 先致其知; 致知在格物. 物格而后知至, 知至而后意誠, 意誠而后心

유가儒家에서는 개인의 수양과 가정의 화목을 통하여 나라와 천하를 잘 다스리기를 희망한다. 이러한 희망은 그들의 사회에 대한 사명의식과 책임의식에 그 뿌리를 두고 있다고 할 수 있다. 그렇기 때문에 맹자는 일찍이 "공자는 삼 개월 동안 섬길 군주가 없으면 안절부절 한 듯 하며 국경을 나갈 적에 반드시 폐백을 싣고 갔다."[41] 라고 말했던 것이다. 이는 유가의 '학문을 익히고 여력이 있으면 관직에 나간다.'라고 하는 포부와 이상을 단적으로 보여주는 예라 하겠다.

이외에도 공자가 언급한 '인仁'에 대해서 살펴보면, '인仁'의 주요한 의미는 '충서忠恕'에 있는데 이때의 '충忠'은 자신의 최선을 다해 성실하게 책임을 다한다는 것이고, '서恕'는 자신의 마음에 비추어서 타인의 마음을 헤아린다는 것이다.[42] 즉 자신에게 최선을 다해 성실하게 책임을 완성한다는 것은 곧 '소아小我'를 성취한다는 것을 의미하고, 자신의 마음에 비추어서 타인의 마음을 헤아린다는 것은 곧 '소아小我'를 성취한 결과를 타인에게까지 확대시킨다는 것을 의미한다. 그렇기 때문에 유가에서는 자신의 덕성을 수양하여 일정한 정도의 성취를 이루었을 때 이러한 성취를 타인과 사회에까지 확대시킬 것을 요구하는데 그 목적은 바로 이상적인 인간세상을 구현하는데 있는 것이다.

그렇지만 그들 역시 현실생활이 반드시 모두 자신의 의지대로 될 수는 없다는 것을 알고 있었다. 특히 선진시대先秦時代에 있어서의

正，心正而后修身，修身而后齊家，齊家而后國治，國治而后天下平."

41) 『孟子』,「滕文公下」, "孔子三月無君，則皇皇如也，出疆必載質."

42) 李相顯, 『先秦哲學之硏究』, 北京, 世界科學社, 1946년, 18쪽 참조.

그러한 환경은 유가儒家가 현실생활 속에서 자신의 뜻을 제대로 펼칠 수 있는 여건이 조성되어 있지 못한 상태였다고 할 수 있다. 그렇기 때문에 유가儒家에서는 자신들이 직면한 현실에 따라서 뜻을 얻거나 뜻을 얻지 못하는 상황이나 혹은 개인의 '선善'과 사회전체의 '선善'이 충돌을 일으키는 상황이 발생하였을 때, 그들이 선택한 태도는 굽힐 줄도 알고 펼 줄도 아는 도량과 안빈낙도安貧樂道로 자족하는 자세와 사회를 위해 뜻을 펼칠 기회가 주어지면 '소아小我'의 사적인 태도를 버리고 '대아大我'의 정신으로 임했으며, 시대가 자신을 필요로 하지 않으면 홀로 자신의 도道를 수양한다는 것이다. 이러한 사상은 『맹자』 가운데에도 잘 나타나 있다.

> 옛날 사람들은 뜻을 얻으면 백성들에게 혜택이 더 가게 만들고, 뜻을 얻지 못하면 자신을 수양하여 세상에 드러내니, 곤궁하면 홀로 자신을 선하게 만들고 출세하면 천하를 모두 선하게 만든다.[43]

위의 인용문 가운데에는 개인의 수양小我과 천하의 공익大我 사이의 선택에 대하여 분명하게 나타나 있다. 즉 여기에서는 맹자가 개인의 사회에 대한 책임감을 매우 중요시하였음을 찾아볼 수는 있다. 그러나 여기서 간과해서는 안 될 점은 바로 '소아小我'로부터 '대아大我'에 이르는 과정 속에서 도덕주체가 도덕실천을 전개해 나가는 가운데 개인의 수양은 반드시 사회전체의 '선善'을 위해야 한다는 필연성이 내포되어 있다는 사실이다.

---

43) 『孟子』, 「盡心上」, "古之人, 得志, 澤加於民; 不得志, 修身見於世. 窮則獨善其身, 達則兼善天下."

② 가난을 해결하기 위해 관직에 나가는 문제

> 맹자가 말했다. 벼슬은 가난을 해결하기 위해서 하는 것이 아니지만, 때로는 가난을 해결하기 위해서 하는 경우가 있다. 아내를 얻는 것은 봉양을 받기 위해서가 아니지만 때로는 봉양을 받기 위한 것도 있다. 가난을 해결하기 위해서 하는 것은 높은 지위를 사양하고 낮은 지위에 처하며, 급료가 많은 것을 사양하고 급료가 적은 데에 처해야 하는 것이다. 높은 지위를 사양하고 낮은 지위에 처하며 급료가 많은 것을 사양하고 적은 것에 처하는 것은 어떻게 하여야 마땅한가? 관문을 여닫거나 목탁을 치는 일이다. 공자가 일찍이 창고를 담당하는 관리가 되었을 때 말하기를 회계를 마땅하게 할 뿐이다. 라고 했고, 일찍이 가축을 담당하는 관리가 되었을 때는 말하기 소와 양을 무럭무럭 살찌게 하고 자라게 할 뿐이다. 라고 했다. 지위가 낮으면서 말을 높게 하는 것은 죄이고, 남의 조정에 서 있으면서 도道가 행해지지 않음은 부끄러운 것이다.[44]

주자朱子는 위의 인용문에 대한 주석에서 "벼슬함이 본래 도道를 행하기 위해서이나, 또한 집이 가난하고 부모가 늙었거나, 혹은 도道가 때와 맞지 않아 다만 급료를 받는 경우가 있다."[45]라고 하고 있다. 또한 『한시외전韓詩外傳』에서는 "집이 가난하고 부모가 늙은 사람은 높은 벼슬의 관리가 되는 것을 선택할 수 없다."[46]

---

44) 『孟子』, 「萬章下」, "孟子曰: 仕非爲貧也, 而有時乎爲貧; 娶妻非爲養也, 而有時乎爲養. 爲貧者, 辭尊居卑, 辭富居貧. 辭尊居卑, 辭富居貧, 惡乎宜乎? 抱關擊柝. 孔子嘗爲委吏矣, 曰: 會計當而已矣. 嘗爲乘田矣, 曰: 牛羊茁壯長而已矣. 位卑而言高, 罪也. 立乎人之本朝而, 道不行, 恥也."

45) 朱熹撰, 『四書章句集注』, 「孟子集注」, 卷十, 海淵閣明刻本影印 참조.

46) 韓嬰撰, 『韓詩外傳』, 卷第一, 第一章, 이 책은 『龍谿精舍叢書』, 第一册, 北京, 中國書店, 1991년에 수록되어 있음.

고대 사회에서는 군자가 관직에 진출을 하는 이유가 가난을 해결하려는 이유 때문만이 아니고 도道를 천하에 실천하기 위한 것에 있었지만, 만일 천하에 도道가 없고 집이 가난하고 부모가 늙은 경우, 연로한 부모를 봉양하기 위해서 부득이하게 관직에 나가는 것이 용인되었다. 그러나 가난을 해결하기 위해서 부득이하게 관직에 진출했기 때문에 높은 지위에 오르거나 많은 보수를 받는 것을 도모할 수는 없었던 것이다. 앞서 언급한 "명분에 맞는 지위에 있는 삶은 그에 상응하는 일을 도모해야 하고 책임을 져야한다."에서와 같이 만일 높은 지위나 많은 보수를 받는다면 반드시 도道를 실천해야만 하는 책임을 져야만 한다는 것이다. 연로한 부모를 봉양하기 위하여 부득이 하게 관직에 진출하게 되었다면 다만 낮은 지위의 관직을 맡아야만 하는데, 만일 높은 지위의 관직에 있으면서 도道를 실천하지 못한다면 그것은 바로 하는 일 없이 급료만 받는 경우가 되는 것이다. 이러한 것이 가난을 해결하기 위해서 부득이하게 관직에 진출한다고 하는 것과 도道를 실천하기 위해서 관직에 진출한다고 하는 것 양자 사이의 이해관계가 충돌하는 상황에서 할 수 있는 적절한 선택이라고 할 수 있는 것이다.

(5) 개인의 사사로운 정情과 공공의 규범에 관한 문제

앞부분에서 언급한 문제는 나와 타인과의 관계 확산에 관한 문제로, 이러한 문제는 자신과 타인 및 자신과 사회전체의 충돌문제를 포함하고 있다. 여기에서는 두 가지 윤리 사이의 충돌, 특히 인륜의 사사로운 정情과 공공의 규범 즉 가정윤리와 사회윤리 사이의 충돌 문제를 다루어 보도록 하겠다.

만장萬章이, 상象이 매일 순舜을 죽이려는 기도를 일삼았는데도 순이 즉위하여 천자가 되어서는 그를(죽이지 않고) 추방한 것은 무슨 이유 때문입니까? 라고 물었다. 맹자가 그를 제후로 봉한 것인데 어떤 사람들이 추방했다고 하는 것이다. 라고 말했다. 만장이 순이 공공共工을 유주幽州에 유배시키고, 환도驩兜를 숭산崇山으로 추방하고, 삼묘三苗를 삼위三危에서 죽이고, 곤鯤을 우산羽山에서 죽이시어, 네 가지를 처벌하자 천하가 모두 복종한 것은 불인不仁한 자들을 처벌했기 때문입니다. 상象이 매우 불인不仁하였는데도 그를 유비有庳에 책봉하셨으니, 유비의 사람들이 무슨 죄를 지었기 때문입니까? 어진 사람도 본래 이와 같습니까? 타인의 경우에 있어서는 죽이고 동생의 경우에 있어서는 책봉하시는군요. 라고 말했다. 맹자가 어진 사람은 동생에 대하여 화난 마음을 오래 감추어두지 않으며 원망하는 마음을 묵혀두지 아니하고, 그를 내 자신처럼 여기고 사랑할 뿐이다. 그를 내 자신처럼 여긴다면, 그가 귀하게 되기를 바랄 것이고, 그를 사랑한다면 그가 부유해지기를 바랄 것이다. 그러니 그를 유비에 책봉한 것은 그를 부귀하게 만든 것이다. 자신은 천자가 되고 아우는 필부가 된다면 아우를 내 자신처럼 여기고 사랑한다고 할 수 있겠는가? 라고 말했다. 만장이 어떤 사람들이 추방하였다고 말한 것은 무엇을 의미하는 것인지 감히 묻겠습니다. 라고 하자 맹자가 상이 그 나라에서 좋은 정치를 할 수 없어서, 천자가 관리를 시켜 그 나라를 다스리게 하고 그 공물과 세금을 납부하게 하였기 때문에 그것을 추방한 것이라고 하는 것이다. 그러니, 어찌 그 백성들에게 난폭하게 할 수 있겠는가? 비록 그렇게 조치는 했지만 늘 동생을 보고 싶어 했기 때문에 계속 오게 하였으니, 조공할 시기가 되지 않아서 정치적인 일로써 유비의 제후를 접견했다. 라고 한 것은 이러한 것을 말하는 것이다. 라고 말했다.[47]

---

47) 『孟子』, 「萬章上」, "萬章問曰: 象日以殺舜爲事, 立爲天子, 則放之, 何也? 孟子曰: 封之也, 或曰放焉. 萬章曰: 舜流共工於幽州, 放驩兜於崇山, 殺三

상象은 순舜임금의 아우의 신분으로 매일 순을 죽이려는 기도를 일삼은 '불인不仁'한 사람이었는데도, 순은 천자로 즉위한 후에 오히려 그를 유비有庳지역의 제후로 책봉한다. 그래서 만장萬章은 순임금이 자신의 동생이 '불인不仁'한 사람인 것을 알고 있으면서도 처벌하지 않고 오히려 그를 제후로 책봉한 행위는 그 지역의 백성들에게 해를 끼치는 것이라고 생각했다. 즉 만장은 순임금이 공공共工과 환도驩兜와 삼묘三苗 그리고 곤鯤 등 네 죄인을 모두 처벌했는데 어째서 유독 상象에 대해서만 다른 조치를 취했는지 의문스러웠으며, 설마 상象이 자신의 동생이라는 이유만으로 유비有庳지역의 백성들을 내버린 것이라는 생각까지 하게 된다. 그렇기 때문에 만장은 순임금의 이러한 행위가 사적인 감정에 치우쳐 공익을 해친 경우라고 여기게 된 것이다.

맹자는 형제간의 정情은 천성天性의 정情이라고 생각하여 고치거나 말살할 수 없는 것이며 천자 역시 이러한 정情에 대해서는 일반 사람과 같은 것이라고 생각했다. 또한 맹자는 어진 사람仁人은 형제에 대하여 화난 마음과 원망하는 마음을 오래 묵혀두지 않고 다만 내 자신처럼 사랑하는 정情이 있을 뿐이어서 천자의 신분으로 동생을 필부로 만들지 않는다고 한 것이다. 그래서 순임금은 이전에 상

苗於三危, 殛鯤於羽山, 四罪而天下咸服, 誅不仁也. 象之不仁, 封之有庳. 有庳之人奚罪焉? 仁人固如是乎? 在他人則誅之, 在弟則封之. 曰: 仁人之於弟也, 不藏怒焉, 不宿怨焉, 親愛之而已矣. 親之欲其貴也, 愛之欲其富也. 封之有庳, 富貴之也. 身爲天子, 弟爲匹夫, 可謂親愛之乎? 敢問或曰放者, 何謂也? 曰: 象不得有爲於其國, 天子使吏治其國, 而納其貢稅焉, 故謂之放. 豈得暴彼民哉? 欲常常而見之, 故源源而來. 不及貢, 以政接於有庳, 此之謂也."

象이 자신을 죽이려고 했던 일을 마음속에 담아두지 않은 것이다. 만일 순임금이 진정으로 상象에 대한 나쁜 감정이 남아 있었다면 천자의 자리에 있으면서 무엇이 두려워 상象의 나쁜 행위들에 대한 제재를 가하지 않았겠는가? 순임금이 상을 유비有庳지역의 제후로 책봉한 것은 "그를 사랑한다면 그가 부유해 지기를 바란다."라고 하는 형제의 정情 때문이라고 볼 수 있다.

다른 한편으로는, 상象의 결점을 잘 알고 있었던 순임금은 그가 유비有庳지역의 백성들을 괴롭힐까 염려하여 다른 관리를 파견하여 상의 유비有庳지역 통치를 돕게 하고, 자주 그를 불러 만나보았는데 이는 형제간의 정情을 유지하면서도 유비有庳지역의 백성들이 괴롭힘을 당하지 않도록 한 조치인 것이다. 맹자는 순임금의 이러한 조치가 인륜의 사사로운 정情과 공공의 규범을 모두 살린 경우에 해당된다고 보았던 것이다. 그러나 다른 사례 가운데에서는 맹자가 과도하게 인륜의 사사로운 정情 부분을 강조하지 않았나 하는 의혹을 살 만한 부분도 있다.

> 도응桃應이 물었다. 순舜임금이 천자天子가 되고 고요皐陶가 사(士: 법을 집행하는 집행관)가 되었을 경우, 고수瞽瞍가 사람을 죽였다면 어떻게 되겠습니까? 맹자가 법을 집행할 뿐이다. 라고 말했다. 그렇다면 순임금은 법의 집행을 막지 않았을까요? 순임금이 어떻게 법의 집행을 막을 수 있겠는가? 고요는 살인자를 체포해야할 임무를 받은 바가 있는 것이다. 그렇다면 순임금은 어떻게 하겠습니까? 순임금은 천하를 버리기를 마치 헌신짝 버리는 것처럼 보고 몰래 업고 도망하여 바닷가를 따라 살면서 평생을 흔쾌히 즐거워하면서 천하를 잊으셨을 것이다.[48]

48) 『孟子』, 「盡心上」, "桃應問曰: 舜爲天子, 皐陶爲士, 瞽瞍殺人, 則如之何?

이러한 상황 가운데에서 맹자는 법을 집행하는 사람 자체는 인륜의 사사로운 정情 때문에 공공의 규범을 버려서는 안 된다고 생각하였으며, 다른 한편으로 그는 완전히 공공의 규범을 버려서 안 된다고 주장하면서 인륜의 사사로운 정情이 너무 커서 그것을 끊으려 해도 끊을 수 없는 상황에 직면했을 때는 부득이하게 법을 집행하는 자로서의 신분을 버려야 만이 부자간의 정情을 유지할 수 있음과 동시에 법을 집행해야하는 위치에 있는 사람으로서 감내해야할 책임을 위반하지 않게 되는 것이라고 했던 것이다. 그렇지만 맹자가 언급한 것처럼 이러한 사회정의의 구현과 인륜의 사사로운 정情을 동시에 충족시킬 수 있는 방법은, 만일 모든 사람들이 다 자신의 책무를 버리고 아버지를 업고 도망간다고 하는 상황을 가정했을 때, 사회정의는 도대체 어디에 존재하는 것인가 라고 하는 의문이 제기될 것이다. 이러한 문제에 관해서는 향후 기회가 된다면 다른 지면을 통하여 좀 더 심도 있게 논의를 진행해 보도록 하겠다.

4. 맺는 말

이상과 같이 확인할 수 있듯이 도덕충돌의 발생을 사람과 사람, 사람과 사회 그리고 사회와 사회 사이에만 한정 지우지 않고, 어떠한 도덕적 선善의 불협화음이나 모순들까지도 모두 도덕충돌의 범주 안에 넣었다. 이러한 도덕충돌은 도덕주체가 도덕선택을 하는 과정

孟子曰: 執之而已矣. 然則舜不禁與? 曰: 夫舜惡得而禁之? 夫有所受之也. 然則舜如之何? 曰: 舜視棄天下, 猶棄敝蹝也. 竊負而逃, 遵海濱而處, 終身訢然, 樂而忘天下.”

의 전제조건이 되는 것인데, 만일 도덕충돌이 발생하지 않는다면 역시 도덕선택의 문제는 발생하지 않을 것이다. 그렇기 때문에 도덕충돌은 우리들의 도덕지식의 부족한 점을 보충시켜 도덕적 선善을 달성시켜주는 교량의 역할을 한다고 할 수 있는 것이다.

인간은 일상생활 속에서 항상 도덕선택의 상황에 직면할 수 있을 것인데, 이러한 상황은 특수한 경우의 도덕충돌의 경우에만 국한되는 것이 아니라 언제라도 발생할 수 있는 상황이라고 할 수 있는 것이다. 도덕상황의 충돌과 선택을 통하여 개인이 가지고 있는 도덕관과 도덕규범을 수정해야할 필요성을 검증할 수 있는 것이기 때문에, 끊임없는 도덕충돌과 도덕선택의 과정을 되풀이하는 가운데 도덕의 진정한 의미를 파악할 수 있게 되는 것이다. 그렇기 때문에 본문에서는 『맹자』 가운데 도덕충돌과 도덕선택에 관련된 개별적인 사안의 분석을 통하여, 개별적인 상황의 도덕충돌에 직면했을 때 맹자가 선택한 태도와 해결방법을 이해하여 도덕적으로 최선의 선택을 할 수 있는 방법을 모색해 보았던 것이다. 또한 도덕주체의 선택에 있어서도 맹자는 인간이 삶을 추구하고 죽음을 회피하려는 욕구보다 더욱 가치 있는 선택은 '의義'라고 생각했음을 알 수 있었으며, 아울러 맹자에게 있어서 '의義'의 가치는 '생명'의 가치보다 더욱 고차원적인 가치였다는 사실을 파악할 수 있었다. 이러한 사실을 통해서 도덕생명의 가치가 자연생명의 가치보다 우위에 있다는 것을 알 수 있게 되었던 것이다.

효도 상황의 충돌에 관한 것은 다음과 같이 집약할 수 있다. 먼저 "부모에게 아뢰지 않고 장가든 것"은 부모의 뜻에 순종하지 않은 것이라는 것과 "후손이 없는 것"은 불효라는 것 사이의 충돌, 그리고

"부모에게 아뢰지 않고 장가든 것"은 불효라는 것과 "인륜의 대사"를 위배하는 것 사이의 모순이다. 즉 이러한 상황의 충돌은 장가를 갈 때는 반드시 부모에게 아뢰어야만 하는 것이지만, 순舜임금의 아비 된 자로서 고수瞽瞍는 순임금을 좋아하지 않았기 때문에 순임금이 아내를 얻는 것에 대하여 달가워하지 않았고, 요堯임금은 그의 두 딸을 순임금에게 시집보내고 싶었으나 고수의 반대에 부딪칠까 염려했었고, 순임금 역시 만일 부모에게 아뢴다면 장가를 가지 못할 것을 알았으며, 또한 장가를 갈 수 없다면 두 가지 폐해를 초래할 것을 염려한 상황 속에서 발생한 것이다. 그렇기 때문에 순임금은 이러한 충돌의 상황 아래서 최선의 선택으로 "부모에게 아뢰지 않고 장가를 든" 것이다.

개인 덕행의 완성과 타인 생명의 구원 사이의 충돌에 관한 문제는, 남녀 간에 물건을 주고받을 때 직접 손으로 전달하지 않는 것이 당시의 '예禮'로서 모든 사람들이 준수해야할 규범이었는데, 만일 제수弟嫂가 물에 빠져 허우적거리고 있는 것을 목격했을 때 손을 내밀어 제수의 손을 잡아서 구해야하는지 아니면 '예禮'를 지키기 위해서 손을 내밀지 않아야 하는지의 상황에서 발생한 것이다. 이러한 문제에 대한 맹자의 대답은 손을 내밀어 제수의 손을 굳게 잡아서 구해내라고 하는 것이다. 그러한 까닭은 바로 맹자는 비록 남녀 간에 직접 손을 잡지 않는 것이 '예禮'에 부합하는 것이라고는 하지만, 만일 남녀 간에 직접 손을 잡지 않는다고 하는 '예禮'를 지키기 위해서 제수가 죽어가고 있는 상황 속에서도 그녀를 구하지 않는 것은 '불인不仁'한 것이며, 이러한 '불인不仁'이 '예禮'를 위반하는 것 보다 더욱 큰 잘못이라고 여겼기 때문이다.

맹자는 각자가 자신의 소임에 대한 책임을 질 것을 주장한다. 그래서 그는 우禹임금과 후직后稷이 "자기 집 문 앞을 세 번이나 지나가면서도 들어가지 않은 것"이나 안회가 당시의 상황에 대하여 조급하게 염려하지 않고 안빈낙도 한 것 역시 모두 자신의 본분을 잘 지킨 것이라고 생각했다. 또한 같은 맥락으로 같은 집에 사는 사람들이 서로 다툰다면 자신은 그것을 말려할 책임이 있기 때문에 적극적으로 말려야하지만, 동네나 이웃집의 사람들이 서로 다툰다면 그것은 자신과 무관한 그들 내부의 문제이므로 굳이 가서 말려야할 필요가 없기 때문에 문을 닫고 간여하지 않아도 된다는 것이다. 이러한 각도에서 우임금과 후직 그리고 안회의 처세 태도를 본다면 그들이 한 처세는 모두 도道에 부합되는 것이라고 할 수 있는 것이다.

맹자가 개인의 사회에 대한 책임감을 매우 중요시하였음을 찾아볼 수는 있다. 그러나 여기서 간과해서는 안 될 점은 바로 소'아小我'로부터 '대아大我'에 이르는 과정 가운데 도덕주체가 도덕실천을 하는 가운데 개인의 수양은 반드시 사회전체의 '선'을 위해야 한다는 필연성이 내포되어 있다는 사실이다. 또한 만일 높은 지위나 많은 보수를 받는다면 반드시 도道를 실천해야만 하는 책임을 져야만 한다고 했다. 즉 늙은 부모를 봉양하기 위하여 부득이 하게 관직에 진출하게 되었다면 다만 낮은 지위의 관직을 맡아야만 하는데, 만일 높은 지위의 관직에 있으면서 도道를 실천하지 못한다면 그것은 바로 하는 일 없이 급료만 받는 경우가 되는 것이다. 이러한 것이 가난을 해결하기 위해서 부득이하게 관직에 진출하는 것과 도를 실천하기 위해서 관직에 진출하는 것 둘 사이의 이해관계가 충돌하는 상황에서 할 수 있는 적절한 선택인 것이다.

맹자는 법을 집행하는 사람 자체는 인륜의 사사로운 정情 때문에 공공의 규범을 버려서는 안 된다고 생각하였으며, 또 한편으로 그는 완전히 공공의 규범을 버려서 안 된다고 주장하면서 인륜의 사사로운 정情이 너무 커서 그것을 끊으려 해도 끊을 수 없는 상황에 직면했을 때는 부득불 법을 집행하는 자로서의 신분을 버려야 만이 부자간의 정情을 유지함과 동시에 법을 집행해야하는 위치에 있는 사람으로서 져야할 책임을 위반하지 않게 되는 것이라고 했다.

참고문헌

朱公遷, 『詩經義疏』, 『四庫全書』 本.
孫星衍, 『尚書今古文注疏』, 『平津館叢書』 本.
劉寶楠, 『論語正義』, 『續皇淸經解』 本.
趙岐, 『孟子章句』, 『四部叢刊』 本.
朱熹, 『孟子章句集註』, 『海淵閣明刻』 本.
焦循, 『孟子正義』, 『焦氏遺書』 本.
牟宗三, 『圓善論』, 臺北, 學生書局, 1985년.
徐復觀, 『中國人性論史』, 臺北, 臺灣商務印書館, 1990년.
勞思光, 『新編中國哲學史』 卷一, 臺北, 三民書局, 1986년.
曾仰如, 『倫理哲學』, 臺北, 臺灣商務印書館, 1985년.

제9장

예론

1. 시작하는 말

공자 예학禮學의 생명력은 바로 인仁에 대한 충실함에서 비롯되는 것이라고 할 수 있으며, '예禮'의 귀결점은 '인仁'이라고도 말할 수 있다. 공자의 사상을 계승한 맹자는 자신의 예론禮論 가운데 공자가 중시한 '인仁'과 '의義' 실질적인 내함을 더욱 강화시킨다. 맹자가 '예'에 대하여 언급한 부분은 '인의仁義'에 대하여 언급한 것에 비하여 많이 부족하다고 할 수 있는데, 이러한 이유 때문에 맹자는 '예'에 대하여 소홀했던 사상가라는 인상을 받기도 한다.[1]

사실은 과거의 전통을 그대로 답습할 것인가 아니면 개혁할 것인가? 라고 하는 측면에서 볼 때, 공자는 '인'과 '예'에 대하여 모두 중시하는 태도를 견지했었으며 맹자는 공자의 이러한 관점을 계승하

1) 駱建仁, 『孟子學說體系探賾』, 臺北, 文津出版社, 1988년, 120쪽 참조.

여 '인'과 '의'를 핵심으로 하는 자신의 관점을 발전시켜 나갔다고 할 수 있다. 즉 맹자는 '인'·'인의'를 중시하는 한편 이러한 관점을 토대로 자신의 사상체계를 발전시켜 나갔다고 할 수 있는 것이며, 또한 유가 예학사상의 발전에 있어서 한 축을 담당했다고 할 수 있는 것이다.

이러한 맹자의 예론에 대한 기존연구는 국내에서는 거의 찾아보기 힘든 실정이라고 할 수 있다. 외국 역시 선행연구를 찾아보기 매우 힘든 실정인데, 대만臺灣의 경우 낙건인駱建仁의 『맹자학설체계탐색孟子學說體系探賾』이 있을 뿐이고, 중국에서는 맹자의 예론과 관련한 연구물이 전무하다고 할 수 있다. 낙건인의 저작에서는 주로 맹자에 있어서 '예'의 본래 의미와 작용 및 그 표준에 대한 분석을 중심으로 논의가 진행 되었을 뿐이다. 이와 같이 맹자의 예론에 대한 연구는 국내외를 막론하고 그 결과물이 매우 미미한 상황이라고 할 수 있으며, 특히 국내에서는 그와 관련된 연구가 전혀 이루어져 있지 않은 분야라고 할 수 있기 때문에 이에 대한 연구가 절실하게 요청된다고 생각한다.

이상과 같은 맹자의 예론에 대하여 본심에 내재되어 있는 '예'와 '예'로 통합 되는 덕목 및 '인'과 '예'로 본심을 보존하고 '인의'로 실천함을 중심으로 논의를 진행해 보았다.

2. 본심에 내재되어 있는 '예'

맹자가 인간의 본성에 대하여 논의할 때 언급하는 "인仁·의義·예禮·지智는 외부로부터 나에게 녹아져 스며들어온 것이 아니고,

내게 본래부터 갖춰져 있는 것이다."[2]와 "군자의 본성이란 것은 인仁·의義·예禮·지智가 마음에 뿌리를 두고 있는 것이다."[3]에서와 같이 볼 수 있듯이, 맹자는 인간의 심성心性에 의거하여 '예'를 설명하곤 한다. 이러한 모식은 공자가 '인'을 '예'의 내재적 정신으로 삼고 '의'를 '예'의 내재적 성질로 삼은 것과 매우 유사한 측면이 있음을 발견할 수 있다. 즉 맹자는 주체적으로 공경하는 마음과 사양하는 마음으로 '예'를 해석하여 '예'를 인간에게 내재되어 있는 심성 속에 안치하려고 했다. 이러한 것은 맹자가 '예'를 인간의 본심에 본래 구비되어 있는 것으로 생각했다는 사실을 방증하는 것이라고 할 수 있다.

맹자는 모든 인간에게는 본래 선한 '사단지심四端之心'이 갖추어져 있다고 극력 천명하였으며, 인仁·의義·예禮·지智로서 본성을 설명한다. 즉 인간의 선한 본심으로 본성이 신하다고 하는 이론을 정립한다. 맹자는 본래 선한 본심을 지극하게 하여, 이를 선천적으로 갖추어져 있는 선한 본성에게까지 확대시켜 나가야한다고 생각했다. 그래서 본성은 이로 말미암아 선한 것이 된다는 것이다.[4] 이러한 이유 때문에 모든 인간은 요堯임금이나 순舜임금처럼 성인聖人이 될 수 있는 것이며, 본성은 선한 것이 되는 것이라고 말하는 것이다.

맹자가 언급한 '예'는 종법제도 가운데의 계급구분을 규정하는 시스템으로서의 '예'와는 전혀 다른 차원의 것이며, 또한 주공周公이 제

2) 『孟子』, 「告子上」, "仁義禮智, 非由外鑠我也, 我固有之也."

3) 『孟子』, 「盡心上」, "君子所性, 仁義禮智根於心."

4) 蔡仁厚, 『孔孟荀哲學』, 臺北, 學生書局, 1991년, 229쪽 참조.

정한 예악禮樂 가운데의 하나인 제도적 의미의 '예'와도 전혀 다른 차원의 것이라고 말할 수 있다. 맹자는 본심과 본성의 선함으로써 '예'를 해석하였기 때문에 '예'의 내함은 바로 심성 속에서 그 단서를 찾을 수 있는데, 그 가운데 공경함과 사양함의 의미와 공자가 해석한 '예'의 근본이라는 것들이 맹자가 언급한 '예'의 의미에 가장 접근했다고 말할 수 있다.

공자의 사상체계 속에서 '인'과 '예'는 내재적인 것과 외재적인 것이라고 하는 표리관계를 가지고 있다고 할 수 있다. 그러나 맹자는 '인'과 '예'는 본래부터 본심과 본성 속에 갖춰져 있는 것이라고 주장을 한다. 즉 맹자는 공자와 달리 '예'의 내재적 의미를 중시하였으며, 비록 '예'가 외재적으로 드러나기는 하지만 그것의 근원은 바로 인간에게 내재되어 있는 선한 본심과 본성이라는 것이다.

이러한 '예'의 중요성은 과연 어디에 있는 것일까? 만일 '예'를 생리적인 본능과 비교했을 때, 어떤 것이 더 중요한지의 문제에 대하여 과연 어떻게 응답할 수 있을까? 라는 문제에 직면하게 된다.

> 임任나라 사람이 옥려자屋廬子에게 물었다. "예禮와 식욕 가운데 어느 것이 더욱 중요합니까?" 옥려자가 "예가 더 중요합니다."라고 했다. 다시 "성욕과 예 가운데 어느 것이 더욱 중요합니까?"라고 묻자, 옥려자가 "예가 더 중요합니다."라고 했다. "예를 차리면 굶어죽고, 예를 차리지 않으면 음식을 얻게 되는데도 반드시 예를 차려야 합니까? 예를 갖추어 아내를 맞이하면 아내를 얻지 못하고, 예를 갖추지 않으면 아내를 얻게 되는데도 반드시 예를 갖추어야만 합니까?"
>
> 옥려자가 대답을 하지 못하고서, 이튿날 추鄒나라에 가서 맹자께 아뢰었다. 맹자가 말했다. "그런 질문에 대답하는 데에 무슨 어려움이 있

겠는가? 근본이 되는 쪽은 헤아려 보지 않고 말단만 가지런하게 한다면, 한 치 나무로써도 산처럼 높은 누각보다 더 높게 할 수가 있다. 쇳덩이가 새의 깃털 보다 무겁다는 것이 어찌 한 덩이의 쇠와 한 수레에 가득 실은 새의 깃털을 말하겠는가! 식욕의 중요함과 예禮의 덜 중요한 것을 취하여 서로 비교한다면야, 어찌 식욕이 더욱 중요하다고 하지 않겠느냐? 성욕의 중요함과 예禮의 덜 중요한 것을 취하여 서로 비교한다면야, 어찌 성욕이 더욱 중요하다고 하지 않겠느냐? 그 사람에게 가서 이렇게 대답해라. '형의 팔을 비틀어서 먹을 것을 빼앗는다면 먹을 수 있고, 비틀지 않으면 먹을 것을 얻지 못한다면 형의 팔을 비틀겠는가? 동쪽 집 담을 넘어 그 집의 처녀를 끌어안으면 아내를 얻게 되고, 끌어안지 않으면 아내를 얻지 못한다고 하면 담을 넘어 처녀를 끌어안겠는가?' "[5]

'예'와 생리적인 본능 가운데 어떤 것이 중요한 것인가에 대하여 옥려자屋廬子는 어떤 대답해야 할지 알지 못하는 상황에 직면하게 된다. 즉 옥려자는 이러한 문제 속에서 '예'와 생리적인 본능 가운데 어떤 것이 중요하고 그렇지 않은가는 비교의 대상이 되지 못한다는 것을 간과했기 때문에 적절한 대답을 하지 못한 것이었다.

이러한 문제에 대하여 맹자는 "근본이 되는 쪽은 헤아려 보지 않

5) 『孟子』, 「告子下」, "任人有問屋廬子曰: '禮與食孰重?' 曰: '禮重', '色與禮孰重?' 曰: '禮重', 曰: '以禮食, 則飢而死. 不以禮食, 則得食, 必以禮乎? 親迎, 則不得妻. 不親迎, 則得妻, 必親迎乎!' 屋廬子不能對, 明日之鄒以告孟子. 孟子曰: '於答是也何有? 不揣其本而齊其末, 方寸之木可使高於岑樓. 金重於羽者, 豈謂一鉤金與一輿羽之謂哉? 取食之重者, 與禮之輕者而比之, 奚翅食重? 取色之重者, 與禮之輕者而比之, 奚翅色重? 往應之曰: 紾兄之臂而奪之食, 則得食. 不紾, 則不得食, 則將紾之乎? 踰東家牆而摟其處子, 則得妻. 不摟, 則不得妻, 則將摟之乎?'"

고 말단만 가지런하게 한다."는 관점에서 문제 제기를 하며 적절한 예를 들어서 설명을 한다. 즉 한 치의 나무토막을 산처럼 높은 누각의 위에 놓았을 경우 나무토막은 높은 누각보다 더 높은 것 같지만 실제로는 나무토막의 길이는 결코 누각의 높이 보다 높지 않은 것이다. 또한 쇳덩어리와 새의 깃털의 중량을 예로 들어서 비교하는데, 수레 한 대 분량의 깃털은 분명히 한 조각의 쇳덩어리 보다 무거운 것은 사실이다. 그렇지만 같은 면적의 쇳덩어리와 새의 깃털을 비교한다면 필경 쇳덩어리가 훨씬 더 무겁다는 것이 명백한 사실이다. 이와 같이 맹자는 제기된 문제 자체의 문제점을 지적하는 방법으로 해법을 찾은 것이다.

임任나라의 어떤 사람이 생리적인 욕구 분야의 중대한 일(먹지 않을 경우 굶어 죽는 것)을 가지고 '예'의 덜 중요한 사항(일반적인 예절)을 비교한 것은 타당성이 결여된 것이라고 할 수 있다. 그러므로 맹자는 '예'의 중요한 측면 즉 형의 팔을 비틀어 음식물을 빼앗는 행위나 남의 집 담장을 넘어가서 그 집의 처녀를 끌어안는 행위 등을 예로 들어서 질문자의 문제 제기에 대하여 대응을 한다.

맹자는 본래 비교하는 방식을 통하여 '예'에 대하여 논의하는 것 자체를 지양했으며, 본래부터 구비되어져 있는 선한 본심의 보존에 중점을 두는 한편 이러한 선한 본심의 공경함과 사양함을 통하여 '예'의 특질을 설명했다.

> 군자는 인仁으로써 마음을 보존하며, 예禮로써 마음을 보존한다.[6)]
> 예禮가 아닌 예와 의義가 아닌 의를 대인大人은 하지 아니한다.[7)]

---

6) 『孟子』, 「離婁下」, "君子以仁存心, 以禮存心."

오직 본심에 있는 인仁·의義·예禮를 보존해야 만이 비로소 그러한 것들이 행위에 발현되는 것이며 도리에 부합하게 되는 것이다. 옥려자의 의혹에 대한 맹자의 대답은 바로 사안에 적합하게 적용할 수 있는 '예'라고 할 수 있는 것이다. 그렇다고 해서 이러한 '예'가 "예로써 마음을 보존한다."고 하는 주장에 영향을 끼치는 것은 아니다.

3. '예'로 통합 되는 덕목

맹자의 정치사상은 군주가 '인의仁義'의 마음을 백성들에게 확대해 나가는데 그 초점이 맞춰져 있다고 할 수 있다. 맹자는 '인'한 마음을 정치의 영역에 응용하였는데, 이로 인해서 '인정仁政'이라고 하는 명제가 도출된 것이다. 이러한 '인정仁政'에 대해서는 이미 졸고 「유가의 정치이상 연구」에서 상세하게 논의를 했기 때문에 본문에서는 다루지 않겠다. 그러므로 본 장에서는 맹자의 인仁·의義·예禮의 통합에 대한 관점에 관하여 심도 있는 논의를 진행해보도록 하겠다.

맹자의 '인'과 '예'에 대한 관점은 공자의 관점에서 비롯되었다고 할 수 있다.

> 남을 사랑했는데도 친해지지 않으면 자신의 인仁을 반성하고, 남을 다스리는데 다스려지지 아니하면 자신의 지혜로움을 반성하며, 남에게 예禮를 베풀어도 반응이 없으면 자신의 공경심을 반성한다. 자신의 행위에 만족스러운 결과를 얻지 못하는 경우가 있으면 모두 돌이켜 자기

---

7) 『孟子』, 「離婁下」, "非禮之禮, 非義之義, 大人弗爲."

자신에게서 그 원인을 찾아보아야 하는 것이니, 자기 자신이 올바르면 천하가 그에게 돌아간다. 『시경』에 이르기를 "길이 천명天命과 같이 하여 스스로 많은 복을 구한다."라고 하였다.8)

군자가 다른 사람들과 다른 까닭은 그가 마음을 보존하는 것 때문이다. 군자는 인仁으로써 마음을 보존하며, 예禮로써 마음을 보존한다. 인仁한 사람은 남을 사랑하고, 예禮가 있는 사람은 남을 공경한다. 남을 사랑하는 사람은 남들도 그를 항상 사랑하고, 남을 공경하는 사람은 남들도 그를 항상 공경한다.9)

맹자는 '공경恭敬'으로 '예'를 해석하는데, 이는 공자의 "윗자리에 있으면서 너그럽지 못하고, 예를 지킴에 공경스럽지 못하고, 초상을 당하여 슬퍼하지 않는다면, 내가 무엇으로 그런 사람을 알아주겠느냐?"10)라고 하는 관점에 가깝다고 할 수 있을 것이다. 맹자가 '다른 사람을 사랑한다.'는 의미로 '인'을 해석한 점은 바로 공자의 '인'에 대한 서술을 채택한 것이라고 할 수 있다.

맹자는 사실상 '인'과 '의'를 가장 중요한 위치에 올려놓는 한편 공자의 '인'관념의 정수를 계승하여 직접적으로 '인의仁義' 관념 체계를 수립하여 '인의'의 학설을 발전시킨다. 공자는 '인'으로 '예'를 한층 더 충실하게 만들었으며, '예'관념으로 당시의 정치에 관한 사안을 설명하였다고 볼 수 있다.

---

8) 『孟子』, 「離婁上」, "愛人不親反其仁, 治人不治反其智, 禮人不答反其敬. 行有不得者, 皆反求諸己, 其身正而天下歸之. 詩云: '永言配命, 自求多福.'"

9) 『孟子』, 「離婁下」, "君子所以異於人者, 以其存心也. 君子以仁存心, 以禮存心. 仁者愛人, 有禮者敬人. 愛人者人恒愛之, 敬人者人恒敬之."

10) 『論語』, 「八佾」, "居上不寬, 爲禮不敬, 臨喪不哀, 吾何以觀之哉?"

한 국가는 예로써 통치해야 한다.[11]

윗사람이 예를 좋아하면, 곧 백성들은 감히 공경치 않을 수가 없게 된다.[12]

윗사람이 예를 좋아하면, 백성들은 부리기 쉬워진다.[13]

백성들을 덕으로써 인도해 주고, 예로써 다스려 주면, 염치를 알게 되고 또 바로잡히게 된다.[14]

이상의 언급들은 공자가 언급한 '예'의 효용과 가치에 대하여 서술한 것이라고 할 수 있다. 이에 반하여 맹자는 '인의仁義'를 핵심으로 하는 이론체계를 수립하여 자신의 의견을 개진해나간다.

인정仁政으로써 하지 아니하면 천하天下를 태평하게 다스리지 못할 것이다.[15]

왕께서는 어째서 꼭 이로움 만을 말씀하십니까? 다만 인仁과 의義가 있을 뿐입니다.[16]

임금과 신하, 아버지와 아들, 형과 아우가 이익을 따지는 것을 버리

---

11) 『論語』, 「先進」, "爲國以禮."

12) 『論語』, 「子路」, "上好禮, 則民莫敢不敬."

13) 『論語』, 「憲問」, "上好禮, 則民易使也."

14) 『論語』, 「爲政」, "道之以德, 齊之以禮, 有恥且格."

15) 『孟子』, 「離婁上」, "不以仁政, 不能平治天下."

16) 『孟子』, 「梁惠王上」, "王何必日利. 亦有仁義而已矣."

고 인의仁義를 좋아하여 서로 접할 것입니다.[17)]

임금이 어질면 어질지 아니한 사람이 없고, 임금이 의義로우면 의롭지 아니한 사람이 없다.[18)]

덕德을 가지고 인仁을 행하는 자는 왕업王業을 이룬다.[19)]

이상의 인용문들을 통해서 알 수 있듯이 정치에 관하여 공자는 '예'를 중심으로 논의를 진행 하였고, 맹자는 '인의'를 중심으로 논의를 진행했다고 할 수 있다. 공자와 맹자 사이의 논의의 핵심 포인트는 결코 다른 것이 아니라고 할 수 있는데, 이는 양자 모두가 '인덕仁德'을 논의의 중점에 두었기 때문이라고 할 수 있는 것이다.

'예'와 '의'를 병칭한 '예의禮義'라고 하는 개념은 전국시대에 와서 많이 보이기 시작하는데, 맹자 역시 예외는 아닌 듯 '예의'를 병칭하여 쓴다.

무릇 의義는 길이고, 의禮는 문이다. 오직 군자만이 이 길을 다닐 수 있고 이 문을 출입할 수 있다.[20)]

말로써 예의禮義를 비방하는 것을 스스로를 해치는 것이라고 하는 것이다.[21)]

---

17) 『孟子』, 「告子下」, "是君臣父子兄弟去利, 懷仁義以相接也."

18) 『孟子』, 「離婁上」, "君仁莫不仁, 君義莫不義, 君正莫不正."

19) 『孟子』, 「公孫丑上」, "以德行仁者王."

20) 『孟子』, 「萬章下」, "夫義, 路也. 禮, 門也. 惟君子能由是路, 出入是門也."

21) 『孟子』, 「離婁上」, "言非禮義, 謂之自暴也."

예의禮義를 업신여기면 윗사람과 아랫사람 사이의 질서가 혼란해진다.[22)]

만일 공자의 "의義가 본질이 되고, 예禮에 의거하여 실천을 한다." 라고 하는 관점이 '예'와 '의'에 관련된 가장 명확한 개념으로 이해될 수 있다면, 맹자의 '예의'는 때로는 두 가지 개념으로 논의될 수도 있고 또 때에 따라서는 중첩어로 응용되기도 하기 때문에 꼭 구분해서 볼 필요는 없다고 생각한다.

이러한 것 외에도 맹자는 인仁·의義·예禮를 통합하여 논의한 적이 있는데, 이러한 부분은 『맹자』 곳곳에서 다양하게 발견되고 있다.

맹자가 말했다. "군자가 다른 사람들과 다른 까닭은 그 마음을 보존하는 것 때문이다. 군자는 인仁으로써 마음을 보존하며, 예禮로써 마음을 보존한다. 인仁한 사람은 남을 사랑하고, 예禮가 있는 사람은 남을 공경한다. 남을 사랑하는 사람은 남들도 그를 항상 사랑하고, 남을 공경하는 사람은 남들도 그를 항상 공경한다. 여기에 어떤 사람이 있어서 자기에게 횡폭하게 대한다면, 군자는 반드시 스스로를 돌이켜, '내가 반드시 인仁하지 않았으며, 반드시 예禮가 없었는가 보다. (그렇지 않으면) 이런 일이 어찌하여 마땅히 나에게 닥칠 수 있겠는가?' 하고 반성한다. 그 스스로를 반성해 보아서 인仁하였으며, 스스로 반성해 보아서 예禮가 있었는데도, 그가 나에게 횡폭하게 대함이 그와 같다면, 군자는 반드시 스스로 돌이켜, '내가 반드시 진실하지 않았을 것이다.' 하고 반성한다. 그 스스로를 반성해 보아서 진실하였는데도 그가 나에

---

22) 『孟子』, 「盡心下」, "無禮義, 則上下亂."

게 횡폭 함이 그와 같다면, 군자는 말하기를 '이는 역시 망령된 사람일 따름이다. 이런 사람은 금수禽獸와 무엇이 다르겠는가? 금수에게 있어서 또한 무엇을 힐난하겠는가?' 한다. 그러므로 군자는 종신토록 할 근심은 있어도, 하루아침의 걱정거리는 없다. 근심해야 할 것으로는 다음과 같은 것이 있다. 순舜임금도 사람이며 나도 또한 사람이지만, 순임금은 천하의 모범이 되어 후세에 전할 수 있었는데, 나는 여전히 평범한 시골사람 노릇을 면하지 못했으니 이것을 근심해야 하는 것이다. 근심을 어떻게 할 것인가? 순임금처럼 할 따름이다. 군자가 걱정할 것은 없으니 인仁이 아니면 하지 아니하며, 예禮가 아니면 행하지 않기 때문이다. 만일 일시적인 근심걱정거리가 있을지라도 곧 군자는 걱정하지 않는다."[23]

맹자가 말했다. "인仁의 핵심은 어버이를 섬기는 것이 그것이고, 의로움의 핵심은 형을 따르는 것이 그것이다. 지혜로움의 핵심은 이 두 가지를 알아서 거기서 벗어나지 않는 것이 그것이고, 예禮의 핵심은 이 두 가지를 절도에 맞게 나타내는 것이 그것이다."[24]

맹자가 말했다. "경작지의 경계를 잘 다스리고, 세금 걷는 것을 적게

23) 『孟子』, 「離婁下」, "孟子曰: 君子所以異於人者, 以其存心也. 君子以仁存心, 以禮存心. 仁者愛人, 有禮者敬人. 愛人者人恒愛之, 敬人者人恒敬之. 有人於此, 其待我以橫逆, 則君子必自反也 我必不仁也, 必無禮也, 此物奚宜至哉? 其自反而仁矣, 自反而有禮矣, 其橫逆由是也, 君子必自反也 我必不忠. 自反而忠矣, 其橫逆由是也, 君子曰: 此亦妄人也已矣. 如此則與禽獸奚擇哉? 於禽獸又何難焉? 是故君子有終身之憂, 無一朝之患也. 乃若所憂則有之 舜人也, 我亦人也. 舜爲法於天下, 可傳於後世, 我由未免爲鄕人也, 是則可憂也. 憂之如何? 如舜而已矣. 若夫君子所患則亡矣. 非仁無爲也, 非禮無行也. 如有一朝之患, 則君子不患矣."

24) 『孟子』, 「離婁上」, "孟子曰: 仁之實, 事親是也. 義之實, 從兄是也. 智之實, 知斯二者弗去是也. 禮之實, 節文斯二者是也."

하면 백성들을 부유하게 만들 수 있다. 때에 맞게 먹게 하고 예禮에 따라서 쓰게 하면 재물은 이루 다 쓸 수가 없다. 백성들은 물과 불이 없으면 생활하지 못하지만, 어두운 저녁에 남의 집 문을 두드려서 물과 불을 구하더라도 주지 않는 자가 없는 것은 지극히 풍족하기 때문이다. 성인聖人이 천하를 다스리면 콩과 곡식을 물과 불처럼 흔하게 가지도록 한다. 콩과 곡식이 물과 불처럼 많은데 백성 가운데 어떻게 어질지 아니한 자가 있겠는가!"[25]

맹자가 말했다. "인仁이 부자 관계에서 추구되는 것, 의義가 군신관계에서 추구되는 것, 예禮가 주인과 손님의 관계에서 추구되는 것, 지智가 현명한 사람에게서 추구되는 것, 성인聖人이 천도天道에서 추구되는 것은 한계가 있는 것이지만 본질적인 것이 있으므로 군자는 한계가 있는 것이라고 하지 아니한다."[26]

공자께서 예禮에 따라 나아가시고, 의義에 따라 물러나셨다.[27]

앞의 인용문들 가운데에서 인仁·의義·예禮의 관계가 내부적 외부적으로 서로 상응하고 있는 것을 서술하고 있는 문구도 발견할 수 있으며, 인仁·의義·예禮의 실행에 대한 대상자를 서술하고 있는 부분도 찾아볼 수 있다. 또한 인仁·의義·예禮를 일상생활 속에서

---

25) 『孟子』, 「盡心上」, "孟子曰: 易其田疇, 薄其稅斂, 民可使富也. 食之以時, 用之以禮, 財不可勝用也. 民非水火不生活, 昏暮叩人之門戶, 求水火, 無弗與者, 至足矣. 聖人治天下, 使有菽粟如水火. 菽粟如水火, 而民焉有不仁者乎?"

26) 『孟子』, 「盡心下」, "仁之於父子也, 義之於君臣也, 禮之於賓主也, 智之於賢者也, 聖人之於天道也, 命也, 有性焉, 君子不謂命也."

27) 『孟子』, 「萬章上」, "孔子進以禮, 退以義."

적용되는 법칙으로서 묘사하고 있는 부분도 발견할 수 있다.

위의 인용문들을 열거한 이유는 맹자의 인仁·의義·예禮에 대한 관점이 공자의 "예가 본질이 되고 예에 의거하여 실천을 한다."고 하는 관점에 전혀 위배 되지 않는다고 하는 사실을 설명하기 위해서 이며, 또한 인仁·의義·예禮가 서로 상보의 관계가 있다는 것을 밝히기 위해서이다.

4. '인'과 '예'로 본심을 보존하고 '인의'로 실천함

맹자가 언급한 "군자는 인仁으로써 본심을 보존하며, 예禮로써 본심을 보존한다."에서 '인'으로써 본심을 보존하며, '예'로써 본심을 보존한다고 하는 말은 군자와 일반사람들 사이에는 차이가 있다는 사실을 표방한 것이라고 할 수 있다. 그렇기 때문에 '인'으로써 본심을 보존하며, '예'로써 본심을 보존한다는 것은, 단지 모든 사람들에게는 본래 인仁·의義·예禮·지智라고 하는 '사단지심四端之心'이 있을 뿐이라고 하는 사실만을 긍정한 것은 아니라는 것이다.

군자의 '인'으로써 본심을 보존하며, '예'로써 본심을 보존한다고 하는 특색은 "본심으로 리理를 설명함"과 "리理로 본심을 설명함"이라는 명제로 설명한다면 그 의미를 더욱 명확하게 할 수 있을 것이다.

> 맹자는 본심으로 본성을 말하는데, 이는 바로 '본심으로 리理를 설명함'(본심에는 리理가 갖추어져 있으며, '인'과 '의'는 내재되어 있으며, '인'과 '의'에 의거하여 실천한다.)인 것이다. 그러므로 '본심은 스스로 선한

본성을 발현하는 것이다.'라고 하는 사실을 직접적으로 긍정하는 것이다. 칸트는 자유의지를 기준으로 삼았으나 자율의지가 본심이 된다고는 여기지 않았다. 즉 칸트에게는 유가철학에서 말하는 도덕의 본심(양지본심)의 관념이 없었기 때문에 '본심은 스스로 선한 본성을 발현한다.'라고 말할 수 없었던 것이다. 칸트는 다만 자율의지로부터 도덕법칙을 말할 뿐이며, 도덕법칙 규범의 활동을 언급했을 뿐이다. 그러므로 칸트의 입장에서는 '본심으로 리理를 설명함'이 불가능했고 다만 '리理로 본심을 설명함'만이 가능했던 것이다. 이와 같이 볼 때, 칸트는 맹자가 도달한 경지에는 한참 못 미쳤다고 할 수 있는 것이다.[28)]

"인으로써 본심을 보존하며, 예로써 본심을 보존한다."와 "인이 아니면 하지 아니하며, 예가 아니면 행하지 않는다."는 언급은 바로 맹자의 "본심으로 리理를 설명함"의 내함이 되는 것이라고 할 수 있다. '인'이나 '예'는 외부에서 내게 녹아져 스며들어온 것이 아니고, 본래 본심에 갖춰져 있는 것이며 그것에 의해서 실천하는 것으로, '인'에 의해서 하고 '예'에 의해서 실천하는 것이다. 맹자는 외재적인 규범이나 규정에 의해서 행동하는 것 보다는 본심의 자주성과 자율성에 의해서 실천하는 것을 더욱 중시했다. 그러므로 '인'과 '예'로써 본심을 보존하고 그것에 의해서 행위를 한다고 하는 것은 바로 본심의 자율의지로서 이것에는 어떠한 외재적 규범도 필요치 않다는 것이다.[29)] 그러므로 맹자의 사상체계 속에서 '인'과 '예'는 행위의 동기 혹은 동력이 된다고 볼 수 있는 것이다.

맹자는 인간의 본성이 본래 선하다는 사실과 본심에 '인'과 '예'의

28) 蔡仁厚, 『儒家心性之學論要』, 臺北, 文津出版社, 1990년, 55~56쪽 참조.
29) 牟宗三, 『康德的道德哲學』, 臺北, 學生書局, 1992년, 261쪽 참조.

단서가 있다고 하는 사실을 인정한다. '인'과 '예'는 인간에게 본래부터 갖추어져 있는 덕성 혹은 본성이라고 할 수 있다. 앞에서 언급한 "인으로써 본심을 보존하며, 예로써 본심을 보존한다."는 것은 실천론에 해당하는 것으로 실천의 자각에 속한다고 할 수 있을 것이다. 만일 맹자가 생성의 의미에서 심성心性 가운데 '인'과 '예'가 생겨났다고 말했을 경우 이는 존재론적 의미에 속하는 것이라고 할 수 있다. 그러므로 군자가 '인'과 '예'로써 본심을 보존한다고 하는 것은 도덕실천의 의미를 내포하고 있는 것이라고 할 수 있다. 군자는 수양을 통하여 덕을 이루기 때문에 타인을 '인'으로써 사랑할 수 있는 것이며, '예'로써 공경할 수 있는 것이다. 또한 군자는 일반 사람들의 모범이 되는 존재이기 때문에 "인으로써 본심을 보존하며, 예로써 본심을 보존한다."는 명제 속에는 이미 실현한다고 하는 함의가 구비되어 있는 것이다.

'인의仁義'는 본래 공자와 맹자 이래로 지속된 유학의 핵심 명제라고 할 수 있다. 그렇다면 맹자가 언급한 "인의로부터 실천한 것이지, 인의를 실천한 것은 아니다."[30]는 문구의 의미를 어떻게 해석해야 할 것인가 라고 하는 문제를 제기할 수 있다. "인의로부터 실천한 것이지, 인의를 실천한 것은 아니다."는 맹자가 본성이 선하다고 하는 주장의 근거가 되는 것이며, 인仁·의義·예禮·지智가 본심에 내재되어 있다고 하는 의미 역시 포함하고 있다. 맹자가 언급한 "인의로부터 실천한 것이지, 인의를 실천한 것은 아니다."는 문구의 의미를 관자管子가 언급한 인仁·의義·예禮·악樂이 모두 '법法'에서 나

30) 『孟子』, 「離婁下」, "由仁義行, 非行仁義也."

왔다고 하는 주장과 대비하여 "인의로부터 실천한 것" "인의를 실천한 것"의 차이점에 대하여 설명해보도록 하겠다.

> 옛날에 요堯임금이 천하를 다스릴 때는 마치 도공이 점토를 이겨 물레에 돌려 도기를 만들 듯이 하고, 마치 대장장이가 무쇠를 도가니에 넣고 풀무질을 하여 금속 기구를 주조하듯이 했다. 백성은 당기면 오고 밀면 가며, 시키면 일을 이루고 금지하면 그만 둔다. 그러므로 요임금이 다스릴 때는 법을 잘 밝혀 금지 사항을 명령할 뿐이었다. 황제가 천하를 다스릴 때는 백성을 당기지 않아도 오고 밀지 않아도 가며, 시키지 않아도 일을 이루고 금지하지 않아도 그만뒀다. 그러므로 황제가 다스릴 때는 법을 설치하고 바꾸지 않아서 백성이 그 법에 편안히 적응하게 했다. 이른바 인仁・의義・예禮・악樂이란 모두 법에서 나온다. 이것은 선대의 성왕聖王이 백성을 통일하는 방법이었다.[31]

관자가 언급한 인仁・의義・예禮・악樂이란 모두 법法에서 나온다고 했는데, 그렇다면 관자가 말하는 '법'은 도대체 어떤 의미를 담고 있는 것인가?

> 법은 지켜지지 않을 수 없는 것이니, (나라가) 보존되고 망하며 다스려지고 어지러워지는 것이 여기에 달려 있고, 성군이 천하의 대의大儀를 행사하는 방법이다. 라고 하는 것이다. 군신、상하、귀천 모두가

---

31) 『管子』, 「任法」, "昔者堯之治天下也, 猶埴之在埏也, 唯陶之所以爲; 猶金之在鑪; 恣冶之所以鑄. 其民引之而來, 推之而往, 使之而成, 禁之而止. 故堯之治也, 善明法禁之令而已矣. 黃帝之治天下也, 其民不引而來, 不推而往, 不使而成, 不禁而止. 故黃帝之治也, 置法而不變, 使民安其法者也. 所謂仁義禮樂者, 皆出於法. 此先聖之所以一民者也."

준수해야 하는 것이기 때문에 "법이다"라고 한다. 옛날 법에 따라 다스려지던 때, 세상에 군주에게 배알을 청하여 벼슬을 청탁하는 사람이 없었고, 정세 파악에 능숙하고 박학하며 언변에 숙달한 선비도 없었고, 괴이한 복장을 입은 사람도 없었고, 기이한 행동을 하는 사람도 없었으니, 모두 법을 벗어나지 않고서 군주를 섬겼다.32)

원래는 관자가 언급한 법은 모든 사람들이 준수해야할 지침 같은 것이었다고 할 수 있으며, 이를 성왕聖王이 제정하여 온 천하의 규범으로 삼은 것이라고 할 수 있다. 고대로부터 전해져 내려온 법은 성왕의 예의교화를 포괄하는 것으로 인仁·의義·예禮·악樂 역시 그 안에 포함되어 있다는 것 또한 의심할 나위 없는 사실이다. 관자가 언급한 인仁·의義·예禮·악樂은 객관적 의미의 예의제도라고 할 수 있다. 그렇기 때문에 성왕의 대의大儀가 되는 것이며 이는 받들어지고 준수될 수 있는 것이므로 군신 상하 귀천을 막론하고 모두가 준수하여 행동해야만 하는 것이다. 이와 같이 법은 '인의仁義'(예악)를 실천하는 근거가 되는 것이다. 이러한 '인의'(예악)는 성왕이 전해주는 것이기 때문에 객관적 원리가 되는 것으로 비록 '인의'(예악)라고 부르기는 하지만 법의 성분을 갖추고 있는 것이다.

관자가 본 '인의예악仁義禮樂'이나 법률·정령政令·규범은 '법'이라고 하는 공동명칭을 가지고 있다고 할 수 있다. 관자가 언급한 법은 바로 선왕의 법 혹은 선왕의 도道라고 할 수 있다. 그렇기 때문에 관자가 언급한 요堯임금의 치세에 법을 잘 밝혀 금지 사항을 명령할

32) 『管子』, 「任法」, "法者不可不恒也, 存亡治亂之所以出, 聖君所以爲天下大儀也. 君臣上下貴賤皆發焉. 故曰: 法. 古之法也, 世無請謁任擧之人, 無間識博學辯說之士, 無偉服, 無奇行, 皆囊於法以事其主."

뿐이었다는 것에서 법은 바로 선왕의 도道라고 할 수 있는 것이다. 그러므로 관자는 '인의예악仁義禮樂'을 법으로 파악하는 한편 그것에 객관적인 가치를 부여한 것이다.

맹자는 인간의 내재적 심성으로부터 '인의'의 본질을 파악하는데, 이는 '인'과 '의'가 나에게 선천적으로 갖춰진 것이라는 사실을 강조하는 것이라고 할 수 있다. 맹자는 성왕의 대의大儀와 전해져 내려온 도道 및 '인의仁義'를 객관적 의미의 법칙으로 간주했다. 그래서 비록 인간이 법칙에 의거하여 행동 하고 일을 처리해야 한다고 했으나, 그러한 행위와 사무 처리의 근원은 인간의 '인의'의 마음에 있는 것이라는 사실을 천명하였다. 양심에서 출발한 것을 "인의로부터 실천한 것"이라고 하고, 규범에 의거해서 하는 것을 "인의를 실천한 것"이라고 하는 것이다. 관자가 언급한 성왕의 대의大儀에 의거하여 행동한다고 하는 것에는 심성론의 의미가 결여되어 있으며, 그러한 행위의 준칙 역시 외재적 규범의 모식에 머물 수밖에 없는 것이다. 설사 이러한 성왕의 대의에 도덕교화 내용을 추가 한다고 해도 결국에는 관자가 주창한 '인의'의 대의를 실천하는 것에 머물거나 법칙에 의거하여 실천한다고 하는 이론에 머물게 될 뿐이다.

맹자가 언급한 '인의'의 덕성은 본심 가운데 내재되어 있는 것으로, 이러한 덕성으로 인하여 본성은 선한 것이라는 것을 증명할 수 있는 것이며, 또한 이러한 본심의 자각을 통하여 천도天道를 파악할 수 있는 것이다. 본심과 본성의 자각을 통하여 천도天道를 파악할 수 있다면 이것은 곧 인성과 천도가 합일되는 것이다. 또한 이러한 인성과 천도의 합일은 초월해 있으면서 또 내재되어 있는 유기체적 융합이라고 할 수 있는 것이다.[33] 그렇기 때문에 "인의로부터 실천한 것"은 실제로는 천도가 내재되어 있는 본심 본성의 덕성으로부터 실천한 것이 되는 것이라고 할 수 있다.

"인의로부터 실천한 것"의 관점은 '인의'는 내재하는 것이라고 하는 관점의 확장이라고 할 수 있다. 거시적인 각도에서 볼 때, 맹자의 '인의'설은 결국 공자의 '인예仁禮'사상을 계승한 것으로 "인과 예로써 본심을 보존한다."는 관점과 서로 호응을 이루고 있다고 볼 수 있다. 즉 "인의로부터 실천한 것"은 "인예로써 본심을 보존한다."로 전환될 수 있고, "인예로써 본심을 보존한다."는 "인예로부터 실천하고, 인예가 아니면 행하지 않는다."로 전환될 수 있으며, 이는 의미상에 있어서 거의 차이가 없다고 할 수 있는 것이나.

공자의 '인예仁禮'사상은 이미 내재되어 있는 본심의 덕성의 근원을 추구하는 경향을 띠고 있으며, 맹자의 '인의仁義'설은 자신 스스로를 돌이켜 반성하는 것을 이론의 중심으로 하고 있다고 할 수 있다. "인의로부터 실천하고, 인의가 아니면 행하지 않는다."는 것은 곧 맹자의 '인의'설이 내포하고 있는 가장 핵심적인 포인트라고 할 수 있으며, 맹자에 의해서 가장 명확하게 설명되었다고 할 수 있다. 공자의 '인예'사상은 맹자의 취사선택에 의해서 '인의'를 중점으로 하는 방향으로 확장되어 나간 것이며, 공자에서 시작된 유가의 예학禮學의 발전은 맹자에 이르러 '인의'가 주된 내용을 이루는 것으로 변모하게 되었던 것이다.

---

33) 林毓生, 『政治秩序與多元社會』, 臺北, 聯經出版事業公司, 1989년, 6쪽 참조.

5. 맺는 말

이상과 같이 맹자의 예론에 대하여 본심에 내재되어 있는 '예'와 '인仁'·'의義'·'예禮'의 통합 및 '인'과 '예'로 본심을 보존하고 '인의'로 실천함을 중심으로 살펴보았는데, 이를 정리하면 다음과 같다.

맹자는 주체적으로 공경하는 마음과 사양하는 마음으로 '예'를 해석하여 '예'를 인간에게 내재되어 있는 심성 속에 안치하려고 한다. 맹자가 언급한 '예'는 종법제도 가운데의 계급구분을 규정하는 시스템으로서의 '예'와는 전혀 다른 차원의 것이며, 또한 주공이 제정한 예악 가운데의 하나인 제도적 의미의 '예'와도 전혀 다른 차원의 것이라고 말할 수 있다. 맹자는 본심과 본성의 선함으로써 '예'를 해석하였기 때문에 '예'의 내함은 바로 심성에서 그 단서를 찾을 수 있는데, 그 가운데 공경함과 사양함의 의미와 공자가 해석한 '예'의 근본이라는 것들이 맹자가 언급한 '예'의 의미에 가장 접근했다고 말할 수 있다. 그러나 맹자는 공자와 달리 '예'의 내재적 의미를 중시하였으며, 비록 '예'가 외재적으로 드러나기는 하지만 그것의 근원은 바로 인간에게 내재되어 있는 선한 본심과 본성이라는 것이다.

또한 맹자는 인仁·의義·예禮를 통합하여 논의한 적이 있는데, 이러한 부분은 『맹자』 곳곳에서 다양하게 발견되고 있다. 즉 인·의·예의 관계가 내부적 외부적으로 서로 상응하고 있다는 서술도 발견할 수 있으며, 인·의·예의 실행에 대한 대상자를 서술하고 있는 부분도 찾아볼 수 있다. 또한 인·의·예를 일상생활 속에서 적용되는 법칙으로서 묘사하고 있는 부분도 발견할 수 있다. 이러한 맹자의 인·의·예의 통합에 대한 관점은 공자의 "예가 본질이 되고 예에 의거하여 실천을 한다."고 하는 관점에 전혀 위배 되지 않는 것이며, 또한 맹자에 있어서의 인·의·예는 서로 상호보완의 관계에 있다고 할 수 있다.

맹자는 인간의 본성이 본래 선하다는 사실과 본심에 '인'과 '예'의 단서가 있다고 하는 사실을 인정한다. '인'과 '예'는 인간에게 본래부터 갖추어져 있는 덕성 혹은 본성이라고 할 수 있다. "인으로써 본심을 보존하며, 예로써 본심을 보존한다."는 것은 실천론에 해당하는 것으로 실천의 자각에 속한다고 할 수 있을 것이다. 만일 맹자가 생성의 의미에서 심성 가운데 '인'과 '예'가 생겨났다고 말했을 경우 이는 존재론적 의미에 속하는 것이라고 할 수 있다. 그러므로 군자가 '인'과 '예'로써 본심을 보존한다고 하는 것은 도덕실천의 의미를 내포하고 있는 것이라고 할 수 있다. 군자는 수양을 통하여 덕을 이루기 때문에 타인을 '인'으로써 사랑할 수 있는 것이며, '예'로써 공경할 수 있는 것이다. 또한 군자는 일반 사람들의 모범이 되는 존재이기 때문에 "인으로써 본심을 보존하며, 예로써 본심을 보존한다."는 명제 속에는 이미 실현한다고 하는 함의가 구비되어 있는 것이다.

맹자가 언급한 '인의'의 덕성은 본심 가운데 내재되어 있는 것으로, 이러한 덕성으로 인하여 본성은 선한 것이라는 것을 증명할 수 있는 것이며, 또한 이러한 본심의 자각을 통하여 천도天道를 파악할 수 있는 것이다. 본심과 본성의 자각을 통하여 천도를 파악할 수 있다면 이것은 곧 인성과 천도가 합일되는 것이다. 또한 이러한 인성과 천도의 합일은 초월해 있으면서 또 내재되어 있는 유기체적 융합이라고 할 수 있는 것이다. 그렇기 때문에 "인의로부터 실천한 것"

은 실제로는 천도가 내재되어 있는 본심 본성의 덕성으로부터 실천한 것이 되는 것이라고 할 수 있다.

참고문헌

黃侃, 『論語義疏』, 『皇淸經解』 本.

朱熹, 『論語集注』, 『海淵閣』 本.

朱熹, 『孟子章句集註』, 『海淵閣』 本.

焦循, 『孟子正義』, 『焦氏遺書』 本.

顏昌嶢, 『管子校釋』, 長沙, 嶽麓書社, 1996년.

駱建仁, 『孟子學說體系探賾』, 臺北, 文津出版社, 1988년

蔡仁厚, 『儒家心性之學論要』, 臺北, 文津出版社, 1990년.

蔡仁厚, 『孔孟荀哲學』, 臺北, 學生書局, 1991년.

林毓生, 『政治秩序與多元社會』, 臺北, 聯經出版事業公司, 1989년.

牟宗三, 『康德的道德哲學』, 臺北, 學生書局, 1992년.

제10장
'악'에 관한 문제

1. 시작하는 말

인간의 본질에 대한 궁극적인 물음인 '인성론人性論'은 지난 역사 속에서 중국의 철학 사상발전에 중요한 구심점 역할을 해왔다고 할 수 있다. 특히 선진시대先秦時代 이래로 사상가들은 제각기 수많은 인성론에 관련된 자신들의 입장을 내놓는다. 그 가운데 대표적인 인성론으로는 맹자로 대표되는 성선설性善說, 순자로 대표되는 성악설性惡說, 세석世碩의 성유선유악설性有善有惡說, 고자告子의 성무선무악설性無善無不善說, 한유韓愈의 성삼품설性三品說 등이 있다고 말할 수 있다. 각 사상가들의 견해는 저마다 차이점을 지니고는 있으나 인성의 본질 및 도덕가치 그리고 더 나가 인간존재 자체에 대한 문제와 수양공부에 관련된 문제들을 인성론의 핵심적인 문제로 인식하는 면에서는 입장을 함께 한다. 이렇게 볼 때 인성론의 문제는 인간생명

(도덕생명)의 본질과 존재가치의 문제라고 할 수 있는 것이다.

맹자의 성선설에 관하여서는 지난 시간들 속에서 수많은 사상가들에 의해 연구 분석되어져 왔다. 그러나 대부분의 연구들이 맹자가 주장한 성선性善의 문제에 그 초점이 맞춰져 있다고 할 수 있다. 맹자는 인간의 본심本心으로 본성本性을 설명하는데, 즉 '인의예지仁義禮智'가 인간 자신에게 내재되어 있으며 이러한 네 가지의 선한 단서善端를 본심이 확충하는 과정 속에서 인간 자신은 도덕주체로서 도덕실천을 할 수 있는 자각능력을 구비하게 된다고 주장했다. 이러한 맹자의 인성론 체계를 이해하는 가운데 중요한 부분의 하나가 바로 '악惡'에 관한 문제라고 할 수 있다. 이러한 부분에 관해서는 맹자의 인성론 연구에 있어서 거의 다루어지지 않았던 문제로서 맹자의 인성론 연구에 있어서 반드시 보강되어야할 문제라고 판단되어 진다.

맹자의 '악'에 관한 문제에 대하여 동·서양철학의 '악'에 대한 일반적인 의미를 비교하고, '악'의 형성원인에 대한 해석을 중심으로 맹자 인성론 가운데의 '악'에 관한 문제에 대하여 논의를 진행했다.

2. '악'의 일반적인 의미

서양철학에 있어서의 '악惡'에 대한 정의는 형이상학적인 '악'개념에 기초한다. 즉 '악'은 존재하는 실체에 있어야할 '선善'이 결여된 상태를 말하는 것이며 또한 존재하는 실체의 본성이 구비해야할 '선'의 소극적인 부정을 의미하는 것이다. 그러므로 존재자의 측면에서 본다면 '악'자체는 실재하는 존재가 아닌 것이다. 바꿔 말하면

'악'이라는 것은 '선'의 소극적인 부정이라는 것이며 '선'에 대한 상대적인 존재라는 것이다. 또한 존재하는 모든 실체는 그 자신이 곧 '선'이다. 그러므로 독립적으로 존재하는 혹은 절대적인 '악'은 없다는 것이다.[1)]

서양철학에 있어서의 '악'에 대한 구분은 일반적으로 '물리적인 악'과 '윤리적인 악'으로 한다. 위에서 언급한바와 같이 존재하는 모든 실체는 그 자신이 곧 '선'인 것이며 실체 자체는 '악'이 될 수 없는 것이기 때문에 '물리적인 악'은 존재하는 실체의 본성이 본래 갖추고 있어야할 '선'의 '형식'의 결핍 혹은 외부의 힘에 의한 '형식'의 박탈로 윤리도덕과는 관계없는 것이다.

'윤리적인 악'역시 윤리적인 '선'의 결핍을 의미하지만, '윤리적인 악'이 가치판단에 영향을 미치기 때문에 이성과 의지의 자유문제에 관련되어있다. 바꿔 말하면 '윤리적인 악'은 의지가 자유로운 상황아래서 도덕적 '선'에 위배되는 잘못된 선택 및 수반되는 행위·습관·마음속의 태도라는 것이다.[2)]

중국철학에 있어서 '악'의 개념에 대한 분석은 『설문해자說文解字』를 살펴보면 다음과 같다. "악은 지나침이다. 마음이 좇아가는 것이다."[3)] 즉 '악'이라는 개념에 대하여 "지나침" 혹은 "과도함"으로 해석한다. 그러므로 '악'이라는 것은 인간의 본분에 어긋난 과도한 행위를 의미하는 것이다. 즉 예의규범의 요구에 부합하지 않는 것을 '악'이라고 했던 것이다. 이와 같이 '악'이라는 개념은 윤리행위에 대한

1) 曾仰如, 『倫理哲學』, 臺北, 臺灣商務印書館, 1985년, 37~44쪽 참조.
2) 項退結, 『西洋哲學辭典』, 臺北, 臺灣國立編譯館, 1976년, 112쪽 참조.
3) 許愼撰, 段玉裁注, 『說文解字注』, 上海, 上海書店, 1992년, 511쪽 참조.

착오 내지는 부당함을 의미하는 것으로 볼 수 있는 것이다.

윤리가치의 인간행위에 대한 요구의 입장에서 본다면 "지나침"뿐만 아니라 "부족함" 역시 '악'이 된다고 할 수 있는데, 이는 공자가 언급한 "지나침은 부족한 것과 같은 것이다."[4]는 것과 같은 맥락을 형성한다. 또한 '악'은 "마음이 쫓아가는 것이다"라고 하는 것은 '악'이 마음에서 발생하거나 혹은 최소한 마음과 밀접한 관계가 있음을 의미한다. 단옥재의 주석에서는 "사람에게 지나침 있다"와 "지나침이 있으면 사람들이 그것을 미워한다."를 '악'으로 보았으며, 이 두 항목에 대하여 "본래 들어가고 나옴의 구별이 없다"라고 말한 것에 비춰볼 때 '악'이라는 것은 내 자신의 마음에서 발생하여 행위의 잘못을 만드는 것이라고 볼 수 있는 것이다. 이와 같이 볼 때 유학에서 말하는 '악'은 윤리도덕행위의 가치판단 문제이지, 형이상학적 개념 혹은 인식론적 개념의 분석문제가 아닌 것이라고 할 수 있다.

선진시기의 전적들을 살펴볼 때 '악'자의 용례가 『시경詩經』에는 나타나있지 않다고 해서 『시경』 가운데에 '악'의 관념이 없었던 것은 아니다. 『시경』 속의 '죄罪' 혹은 '구咎' 등을 '악'의 의미로 볼 수 있으며, 그 뜻은 천덕天德 · 천명天命을 위배하여 하늘로부터 징벌을 받는다는 것이다. 또한 『상서尙書』 속에서는 '악'자의 용례가 열 한 차례나 보이는데[5], 이곳에서 역시 '악'자는 '죄' 혹은 '구' 등의 의미로 쓰였다. 『상서』 가운데 '악'개념이 인간 자신의 도덕적 과실을 의미하는 부분은 다음과 같다. 「태서泰書」의 "덕을 심어 번성함에 힘쓰고, 악을 제거하여 근본에 힘쓴다."[6] 이것 외에 '악'자는 도덕 혹

4) 『論語』, 「先進」, "過猶不及"

5) 『十三經引得』, 「尙書引得」, 上海, 上海古籍出版社, 1986년, 통계 참조.

은 예의규범을 파괴하는 의미로도 쓰였는데, 「강고康誥」에 "커다란 죄를 지으면 다른 사람에게 미움을 받으니, 부모에게 불효하거나 형제가 우애하지 않는 것도 죄를 짓는 것이다."[7]에서 찾아볼 수 있다.

중국철학은 기본적으로 『시경』과 『상서』에 나타난 '천도사상天道思想'을 배경으로 삼고 있다고 할 수 있다. 그러므로 전통적인 '천명유덕天命有德'과 '천토유죄天討有罪'의 관념은 '선'과 '악'에 대한 가치판단의 의미를 포함하고 있다고 할 수 있는 것이다. 『시경』과 『상서』 속에서 말하는 '실덕失德'과 '유죄有罪'는 원래 '천덕'과 '천명'의 상대적인 개념으로 쓰였으며 '천도天道'를 위배하여 하늘로부터 징벌을 받는다는 것을 의미하는 것이다. 이러한 '실덕'과 '유죄'가 현실 속에서는 도덕 혹은 예의규범의 파괴를 의미하는 것이다. 다시 말하면 '천도'가 현실의 인간세계에 윤리규범의 기초가 되는 것이다. 그러므로 '인도人道'의 측면에서 본다면 인간에게 마땅히 있어야할 도덕적 '선'이 결핍된 상태를 '악'이라고 할 수 있는 것이다.

이것 외에 『시경』과 『상서』에 나타나있는 '천명유덕'과 '천토유죄' 등의 관념은 인격과 의지를 갖춘 '인격천人格天' 혹은 하나님과 관련된 것이라는 견해가 있는데, '인격천'으로부터 비롯된 징벌이 인간에게 내재되어있는 '선'에 대한 것이라는 말은 곧 '선' 형식의 박탈이다. 그러므로 물리적인 '악'으로 볼 수 있는 것이다.[8] 그렇지만 중국의 전통사상가운데 '인격천'의 인간에 대한 권선징악勸善懲惡은 그

6) 「泰書」, "樹德務滋, 除惡務本."

7) 「康誥」, "元惡大憝, 矧惟不孝不友."

8) 黃維潤, 「中西哲學論惡之比較」, 臺北, 輔仁大學哲學研究所博士學位論文, 1984년, 109~113쪽 참조.

목적이 인간에 대한 징벌에 있지 않고, 인간행위에 대한 규범적인 의미와 가치를 강조하는데 있다고 보아야할 것이다.

3. 맹자의 '악'에 대한 견해

"맹자가 성선을 말했고, 말씀마다 요순을 칭하셨다."[9]에서와 같이 볼 수 있듯이 맹자는 적극적으로 성선설을 주장했다. 그러나 맹자의 성선설 가운데 가장 중요한 문제의 하나인 선한 본성을 가진 인간에게서 어떻게 악한 행위가 나올 수 있는 것일까? 즉 이른바 '악'이라고 하는 것은 도대체 어디에서 비롯되는 것일까? 라는 의문은 반드시 규명되어야할 문제라고 생각한다.

맹자의 주장에 의하면 인간의 마음에는 도덕이성으로서의 '선단善端'이 구비되어 있으며, 또한 도덕자각능력을 갖춰 그 '선'을 스스로 밝힐 수 있는 것이다. 또한 이러한 '선단'의 확충과 체현의 과정을 통하여 본성이 '선'하다는 것을 증명한다. 그러나 현실 속에서의 '악'의 존재나 인간이 '악'하게 되는 것은 부정할 수 없는 사실이다. 아울러 인간이 불선不善한 행위를 하는 것과 '악'의 생성에 관한 원인에 대하여는 언급을 하지 않고 있다. 맹자의 성선설을 새롭게 규명하기 위해서는 이러한 문제에 대하여 좀 더 자세한 논의가 필요하다고 생각된다.

이러한 문제에 관하여 노사광勞思光은 "맹자의 주장에 의하면, 성선은 가치의식이 자각심 속에 들어있음을 가리킨다. 실질적으로 말해 가치근원이 자각하는 주체에서 나온다는 것이다. 즉 선악문제는

9) 『孟子』, 「滕文公上」"孟子道性善, 言必稱堯舜."

모두 자각하는 주체를 근원으로 삼아야 하지 성선이라고 할 필요는 없다. 그러나 맹자는 악이란 것은 선의 결핍이라 생각했다(이점에 있어서는 플라톤의 학설과 비슷하다). 그러므로 성선만을 발췌해서 가치근원이 자각심(주체)에 있음을 밝혔을 뿐이다."[10] 라고 말했다.

즉 노사광의 견해에 의한 맹자의 인성론 가운데의 '악惡'은 앞서 언급했던 서양철학전통 속의 '악'이란 것은 '선'의 결핍이라는 견해와 상통되는 것이라고 할 수 있다. 그러나 노사광이 '선악'의 문제를 자각심自覺心에 내재하는 것으로 보았지만, '선악'의 문제가 자각 주체를 근원으로 하는 점에 대해서는 충분한 설명을 하지 못하고 있다. 실제로 자각심의 가치판단 측면에서 본다면 이러한 문제를 명확하게 설명할 수 없을 뿐만 아니라 맹자의 인성론 가운데 '악'이 '선'의 결핍에서 파생된다고 하는 것은 자각주체가 '선악'을 동시에 구비하고 있다고 하는 오해를 불러일으킬 소지가 있다. 그러므로 맹자의 인성론 가운데의 '악'의 문제는 도덕주체의 자각심의 '체體'의 측면에서 논의될 것이 아닌 자각심의 '용用'의 측면에서 논의되어야 한다고 할 수 있는 것이다.

『맹자』 칠七 편에 사용된 '악'자의 용례를 보면 대부분 동사로 '싫어하다, 미워하다'는 의미로 쓰이기도 했는데, 그 예로 "부모가 자기를 미워하면 (부모의 마음을 돌이키기 위하여) 애를 쓰지만 원망하지는 말아야 한다."[11], "죽는 것 역시 내가 싫어하는 것이지만, 싫어하는 것이 죽는 것보다 더 심한 것이 있다."[12] 또는 형용사로 '나쁜'의 의

10) 勞思光, 『新編中國哲學史』 卷一, 臺北, 三民書局, 1986년, 165쪽 참조.

11) 『孟子』, 「萬章上」 "父母惡之, 勞而不怨."

12) 『孟子』, 「告子上」 "死亦我所惡, 所惡有甚於死者."

미로도 쓰이기도 하였다. 그 예로 "나쁜 사람의 조정에는 서지 않으며, 나쁜 사람과는 말하지 않았다."[13], "백이는 눈으로 나쁜 빛(색)을 보지 아니하며, 귀로는 나쁜 소리를 듣지 아니했다."[14] 혹은 의문사로 '어떻게'의 의미로도 쓰였는데, 그 예로 "서로 이끌고서 거짓을 하게 하는 것이니, 어떻게 국가를 다스리겠는가?"[15], "군자가 미덥지 못하면 어디를 붙잡고 살겠는가?"[16] 등이 있다. 이와 같은 '악'자의 용례들은 사실 맹자의 인성론 가운데 '악'의 문제와는 그다지 큰 관련성은 없다고 보아야할 것이다.

맹자가 사용한 '악'자의 의미와 인성의 선악문제에 대한 상관성 여부는 바로 '사단지심四端之心' 가운데 '수오지심羞惡之心' 속의 '악'과 관련되었다고 볼 수 있다. '수오羞惡'에 대해서 주자는 "수羞라는 것은 자신의 불선不善함을 부끄러워하는 것이며, 오惡는 타인의 불선不善함을 증오하는 것이다."[17]라고 말했는데, 이것은 곧 '수羞' · '오惡'가 모두 자각심에서 발로된다는 것이다. 이는 노사광이 언급한 "선악문제는 자각주체를 근원으로 한다."는 의미와 상통된다고 할 수 있는 것이다.

그러나 '수오羞惡' 등의 '사단지심四端之心'은 맹자의 주장에 의하면 본래부터 '선善'이 되는 것이며, 자신의 '불선不善'을 부끄러워하는 것과 타인의 '불선不善'을 증오하는 것은 자각심에서 발휘된 가치판단인 것이다. 그러므로 맹자의 인성론 가운데 '악惡'은 '선의 결핍'이 되

13) 『孟子』, 「公孫丑上」 "不立於惡人之朝, 不與惡人言."

14) 『孟子』, 「萬章下」 "伯夷目不視惡色, 耳不聽惡聲."

15) 『孟子』, 「滕文公上」 "相率而爲僞者也, 惡能治國家."

16) 『孟子』, 「告子下」 "君子不亮惡乎執."

17) 朱熹, 『孟子章句集注』 卷三, "羞, 恥己之不善也; 惡, 憎人之不善也."

는 것으로 가치판단의 문제인 것이다. 즉 윤리행위 '실연'의 '선'의 결핍이므로 '악'은 '선'의 결핍이 되는 것이지, 절대로 '선'을 자각하는 자각주체 자신의 '선'의 결핍이 아닌 것이다.

맹자 인성론 가운데의 '악'이 가치판단의 문제와 관련되어 있으므로 판단의 주체와 객체가 있게 되며, 이는 자각심이 '선악'을 판단하는 주관적 객관적 요소를 만드는데 영향을 준다. 이러한 점에 관하여 맹자는 다음과 같이 말했다.

> 인성이 선善한 것은 물이 아래로 내려가는 것과 같으니, 사람은 불선不善함이 없는 것이며 물은 아래로 안 내려감이 없는 것이다. 지금 물을 쳐서 튀어 오르게 하면 이마보다 높게 올라가게 할 수 있으며, 거꾸로 쳐서 흐르게 하면 산에 있게 할 수 있지만 이것이 어찌 물의 본성이겠는가? 그 상황이 그렇게 된 것이다. 사람을 불선不善하게 할 수 있는 것은 그 성性이 역시 이와 같은 것이다.[18]

> 몸에는 귀한 것과 천한 것이 있으며, 작은 것과 큰 것이 있으니, 작은 것을 가지고 큰 것을 해치지 말며, 천한 것을 가지고 귀한 것을 해치지 말아야 하는 것이니, 작은 것을 기르는 자는 소인이 되고, 큰 것을 기르는 자는 대인이 되는 것이다.…… 음식을 밝히는 사람은 남들이 그를 천박하게 여기는데, 이는 작은 것을 기름으로써 큰 것을 잃어버리기 때문이다.[19]

---

18) 『孟子』, 「告子上」 "人性之善也, 猶水之就下也. 人無有不善, 水無有不下. 今夫水, 搏而躍之, 可使過顙; 激而行之, 可使在山. 是豈水之性哉? 其勢則然也. 人之可使爲不善, 其性亦猶是也."

19) 『孟子』, 「告子上」 "體有貴賤, 有小大. 無以小害大, 無以賤害貴. 養其小者爲小人, 養其大者爲大人.……飮食之人, 則人賤之矣, 爲其養小以失大也."

귀와 눈의 기능은 사고하지 못하여서 외부 사물에 가려지는 것이니, 외부 사물이 다른 외부 사물과 번갈아 나타나면 끌고 갈 따름이다.[20]

위에서 언급한 바와 같이 맹자는 '악'의 형성과 가치판단이 '악'을 선택하는 이유를 상황 또는 외재적인 환경의 영향 및 반성적 사고를 하지 못함 혹은 도덕주체의 자각심이 자신에게 내재되어있는 본심의 '선단'을 체득하지 못했기 때문이라고 보고 있다. 이러한 사실들을 근거로 맹자의 인성론 가운데 '악'의 형성 문제에 대하여 '상황' 혹은 '외재적인 환경의 영향'을 중심으로 분석을 해보겠다.

풍년이 든 해에는 젊은이들이 더 온순해지고, 흉년이 든 해에는 젊은이들이 더 포악해지는 것은, 하늘이 재才를 내리는 것이 그렇게 다른 것이 아니지만, 그 마음을 빠뜨리는 것이 그렇게 만드는 것이다. 지금 보리를 파종하여 씨앗을 덮으면, 그 땅이 같고 심는 시기가 또한 같을 경우 쑥쑥 자라나서 하지 때에 이르러 모두 익는 것이니, 비록 같지 아니한 것이 있다 하더라도 그것은 곧 땅에 비옥하고 척박함이 있으며 비와 이슬의 기름과 사람의 가꾸는 일이 같지 않기 때문이다.[21]

위에 서술한 맹자의 비유를 통해서 인간을 '불선不善'하게 만드는 것은 '상황'임을 알 수 있다. 더나가 좀 더 자세하게 살펴보면, "땅이 비옥하고 척박함"은 인간이 처한 객관적인 환경을 비유한 것이며,

---

20) 『孟子』, 「告子上」 "耳目之官不思, 而蔽於物, 物交物, 則引之而已矣."

21) 『孟子』, 「告子上」 "富歲子弟多賴, 凶歲子弟多暴. 非天之降才爾殊也, 其所以陷溺其心者然也. 今夫麰麥, 播種而耰之, 其地同, 樹之時又同, 浡然而生, 至於日至之時, 皆熟矣; 雖有不同, 則地有肥磽, 雨露之養, 人事之不齊也."

"비와 이슬의 기름"은 경제적인 조건이 현실생활에 미치는 영향을 비유한 것이며, "사람의 가꾸는 일이 같지 않다."는 교육의 중요성을 비유한 것이다. 그러므로 맹자는 "사람들은 도를 가지고 있어야 하는데, 먹는 것을 배불리 하고 입는 것을 따뜻하게 하여 편안히 거처하고 교육이 없으면 금수에 가까워진다."[22]라고 한 것이다. 또한 위의 인용문에서 맹자가 외재적인 환경이 인간에 대하여 미치는 영향의 중요성에 대하여 언급한 사실을 파악할 수 있다. 사실은 한 사람이 처한 환경이 때로는 그 주변의 환경형성과 어떤 의미에서 상호추동적인 관계를 갖고 있다고 할 수 있다. 그러나 외재적인 환경의 인간에 대한 영향은 물질적인 조건이라는 유형적인 영향뿐만 아니라 인간과 인간 사이의 무형적인 영향까지 포함하고 있는 것이다. 그러므로 맹자는 다음과 같이 말한 것이다.

> 사람이 갖고 있는 본성엔들 인의仁義의 마음이 없겠는가? 자기의 양심을 잃어버리는 것은 도끼로 나무를 베어 버리는 것과 같은 것이다. 매일 도끼로 찍어내는데, 어떻게 아름다워질 수가 있겠는가? 수목도 밤낮으로 자라고, 아침 공기를 흡수하여 기운이 깨끗해질 때는 살기를 좋아하고 죽기를 싫어하는 그 본능이 사람과 서로 비슷하여 차이가 많지 않다. 그러나 나무는 낮에 도끼와 낮에 찍히어 그 깨끗한 기운이 눌리어 없어지게 된다. 이 잃어버리게 하는 일을 거듭하게 되면 밤사이에 길러지는 맑은 기운夜氣을 보존할 수 없게 된다. 밤사이에 길러졌던 맑은 기운을 보존할 수 없게 되면 짐승과 다름이 없게 된다.[23]

---

22) 『孟子』, 「滕文公上」 "人之有道也, 飽食煖衣, 逸居而無教, 則近於禽獸."

23) 『孟子』, 「告子上」, "雖存乎人者, 豈無仁義之心哉? 其所以放其良心者, 亦猶斧斤之於木也, 旦旦而伐之, 可以爲美乎? 其日夜之所息, 平旦之氣, 其

맹자는 인간이 덕德을 세우고 실천하는 것은 도덕주체의 정립을 강조하는 것이 된다고 생각했다. 그러나 맹자는 또한 만일 “매일 도끼로 찍어내고”, “그 깨끗한 기운이 없어지게 된다.”는 과정이 반복적으로 진행된다면, 끝내는 본심本心과 양지良知가 소멸되어 결국은 짐승과 다름이 없는 지경에 이르게 될 것을 심각하게 인식하고 있었다. 그렇기 때문에 맹자는 인간의 도덕주체성을 정립하기 위해서는 우선적으로 현실생활의 여건을 충족시켜야 한다고 했던 것이다.

> 백성들이 사는 방도는 일정한 생업이 있으면 일정한 마음이 있고, 일정한 생업이 없으면 일정한 마음이 없습니다. 진실로 일정한 마음이 없으면 방탕, 편벽, 사악, 사치 등 못하는 짓이 없습니다.[24)]

위의 인용문에서 맹자가 언급한 “방탕, 편벽, 사악, 사치”는 인간의 ‘불선不善’함의 측면을 말한 것이다. 인간이 방탕하고 편벽되며 사악하고 사치를 하게 되는 것은 현실생활의 곤경이 그렇게 만든 것이라고 할 수 있다. 바꿔 말하면 현실생활의 경제적 조건이 과도하게 궁핍하게 되면 인간의 양심은 비도덕적인 행위로 나갈 수 있게 된다. 그러므로 “굶주림과 헐벗음이 도둑질을 하게 만든다.”라고 하는 것이다. 그러나 맹자는 현실생활 가운데의 객관적인 환경 및 경제적인 조건 등의 문제가 인간이 ‘선’함을 향해서 매진하고 ‘악’을 자행하지 않게 한다고 하는 것을 해결할 수 있다고는 생각하지 않았다. 맹

好惡與人相近也者幾希，則其旦晝之所爲，有梏亡之矣. 梏之反覆，則其夜氣不足以存；夜氣不足以存，則其違禽獸不遠矣.”

24) 『孟子』,「滕文公上」, “民之爲道也，有恒産者有恒心，無恒産者無恒心. 苟無恒心，放辟邪侈，無不爲已.”

자 역시 이러한 문제들의 해결을 심각하게 고려하고 있기는 했으나, '선악'의 문제는 실질적으로 해결할 수 없었던 것이다. 인간의 마음은 물질적 욕망에 빠지게 될 수 있어서 이러한 물욕이 '본심'을 가리게 되어 결국에는 본래부터 가지고 있던 '본심'을 놓치게 되어 상실하게 된다. 그렇기 때문에 맹자는 교육의 역량을 매우 중시하여 직접적으로 "먹는 것을 배불리 하고 입는 것을 따뜻하게 하여 편안히 거처하고 교육이 없으면 금수에 가까워진다."고 역설했던 것이다.

다시 말하면 맹자는 인간 행위의 '선악'은 현실생활 속의 경제적 조건에 의해서 완전하게 결정되는 것은 아니라고 생각했다. 즉 비교적 양호한 경제적 환경은 인간이 생존을 영위하기 위한 기본적인 조건을 제공하는 것에 불과하기 때문에, 만일 이러한 경제적인 환경에 적당한 교육이 없게 된다면 사람들은 결국 "배부르고 따뜻하면 음란한 욕구가 생긴다."고 하는 상황에 처하게 될 것이라는 것이다. 즉 풍요로운 경제적 조건은 오히려 인간의 '본심'을 상실하게 만드는 주요한 요인으로 '악'을 조장하게 만드는 근거가 될 수 있다는 것이다. 이상과 같이 '상황' 혹은 현실생활의 외재적 환경과 경제적 조건이 인간의 행위를 '선'하게 만들거나 '악'하게 만드는데 영향을 준다는 요인으로 작용함에 대하여 논의를 진행해보았다. 그러므로 앞서 언급한 것처럼 이러한 객관적인 요인은 최종적으로는 반드시 도덕주체로 귀결되어야 하는데, 이는 도덕주체의 자각심에 의한 가치판단으로부터 '선'이나 '악'이라고 하는 가치취향이 결정되기 때문이다. 그래서 맹자는 "사람이 불선不善하게 할 수 있음은, 그 성性 또한 이와 같기 때문이다"[25]라고 언급하였는데, 이는 '악' 혹은 '불선'의 형성은 인간의 가치판단이 '선'을 버리고 '악'을 취한 것이기 때문에 인간의 본심은 여전히 절대적인 '선'을 가지고 있다는 것이다. 그리고 '상황'이 도덕주체의 자각심을 '악'행 쪽으로 기울어질 수 있도록 가치판단을 하게 이끌어주게 되는 이유는 바로 마음의 기능이 사고를 할 수 없기 때문인 것이다. 그래서 도덕이성의 가치의식이 자각적으로 '선'을 취할 수 없다는 것이다. 또한 맹자는 「고자상告子上」의 "생명을 버리고 의를 취한다."라고 하는 언급을 통하여 도덕주체의 가치판단이 선택을 해야 하는 상황에서 생명이란 고귀한 것이기는 하지만 생명보다 더욱 고차원적인 가치와 생명을 선택하게 되었을 때 고차원적인 가치인 '의義'를 선택한다고 한 것이다. 이러한 주장 속에서 '선악'을 가치판단 하는 주체와 객체가 분명해지는데, 즉 삶을 좋아하고 죽음을 싫어한다는 것에서 삶과 죽음은 가치판단의 객체가 되고 판단의 주체는 사람들이 모두 가지고 있는 본심 혹은 도덕주체의 자각심이라는 것이다.

4. 본성은 '악'이 될 수 없음

맹자는 일찍이 인간에게는 '대체大體'와 '소체小體'가 있다고 언급했다. 그러면서 '소체'를 기르는 사람은 어떠한 부분을 아끼고 기를 것인지를 인식하지 못하여 반드시 '대체'를 상실한다고 했다. 그러나 '소체'를 기른다고 하는 것은 부정할 수 없는 현실생명의 필연적인 본능이기 때문에 맹자 역시 이러한 '소체'의 배양에 대하여 비판적인 태도만을 유지한 것은 아니다.

---

25) 『孟子』, 「告子上」, "人之可使爲不善, 其性亦猶是也."

사람은 자기 몸이면 어느 부분이나 다 같이 아낀다. 어느 부분이고 다 같이 아끼면 어느 것이고 모두를 같이 기른다. 한 자 한 치의 살도 아끼지 않는 것이 없기 때문에 한 자 한 치 되는 살도 기르지 않는 것이 없다. 그런데 그 기르기를 잘하고 있는가, 못하는 가를 판단하는 것에 달리 방법이 있겠는가? 자기 속에서 결정지을 따름이다.[26]

위의 인용문에 대하여 주자朱子는 "사람이 자기 한 몸에 대해서 본래 마땅히 다 같이 길러야 한다. 그러나 그 기르는 것의 잘잘못을 고찰하고자 하는 것은 다만 이것을 자신의 몸에게 돌이켜 그 경중을 자세히 살펴보려는데 있을 뿐이다."[27]라고 주석 했는데, 여기에서 주의 할 부분은 바로 '몸'이 의미하는 것이 무엇인가? 이다. 주자는 맹자가 언급한 "자기 속에서 결정지음"으로써 인간의 '선'과 '불선'을 관찰했다고 하고 있는데, 이렇게 볼 때 '몸'은 대소귀천을 다 아우르고 있는 '신체'를 말하는 것이라고 할 수 있다. 이러한 점에 관하여 모종삼牟宗三 역시 여기에서 '몸'은 대체적으로 말한다면 '자신의 신체'라고 할 수 있으며 또한 '자신'을 의미한다고도 할 수 있는 것으로 육체와 영혼을 모두 포함한 것이다.[28]라고 했다. 다시 말하면 '몸'은 마땅히 '성性'과 '명命'의 총칭이라고 할 수 있는 것으로 단독적으로 육체만을 의미하는 것이 아니라는 것이다.

인간의 육체는 '대체'와 '소체'를 모두 다 겸비하고 있는데, '대체'

---

26) 『孟子』, 「告子上」, "人之於身也, 兼所愛. 兼所愛, 則兼所養也. 無尺寸之膚不愛焉, 則無尺寸之膚不養也. 所以考其善不善者, 豈有他哉? 於己取之而已矣."

27) 朱熹, 『孟子章句集註』, 卷十一.

28) 牟宗三, 『圓善論』, 臺北, 學生書局, 1985년, 46쪽 참조.

는 '성'이 되고 '소체'는 '명'이 된다. '성'이란 것은 본심의 '인의예지仁義禮智' 사단四端을 말하는 것이며, '명'이라는 것은 이목구비耳目口鼻 사지를 의미하는 것이다. 맹자는 이러한 '소체' 혹은 이목구비의 감각기관을 부정적인 시각으로 보지는 않았으며, 다만 도덕주체의 확립을 강조하여 도덕실천이 본심에 의해 자발적으로 주재 될 수 있게 하여, '소체'의 양성 때문에 '대체'가 상실되는 것을 원하지 않았을 뿐이다. 즉 '소체'의 배양이 '대체'의 보존과 양성 그리고 확충에 장애가 되지 않기를 바랐을 뿐이다.

> 음식만을 소중하게 여기는 사람은 남들이 천시하니, 그것은 소중하지 않은 부분만을 기르고 소중한 부분을 잊고 있기 때문이다. 그러나 음식만을 소중하게 여기는 사람이라도 정신을 기르는 다른 한 쪽도 게을리 하지 않는다면, 아무리 입과 배를 기른다 할지라도 어찌 한 자 한 치 되는 피부를 기를 따름이겠는가?[29]

음식만을 소중하게 여기는 사람이 다른 사람들로부터 천시 받게 되는 이유는 바로 이목구비의 '소체'만을 길렀기 때문이 아니고 '소체'를 양성하면서 그 '대체'를 잃어버렸기 때문이다. 그렇기 때문에 서복관徐復觀과 같은 경우는 "맹자는 결코 생리적인 욕망을 경시하지 않았다. 다만 마음이 주인이 되어 이러한 욕망을 합리적으로 만족시킬 것을 요구했다."[30]라고 말하고 있는 것이다.

다시 말하자면, 이목구비의 감각기관 등의 '소체'는 육체에 불과

29) 『孟子』, 「告子上」, "飮食之人, 則人賤之矣, 爲其養小以失大也. 飮食之人無有失也, 則口腹豈適爲尺寸之膚哉?"

30) 徐復觀, 『中國人性論史』, 臺北, 臺灣商務印書館, 1990년, 175쪽 참조.

하기 때문에 도덕이성의 자각적 반성능력과 가치판단 능력을 가지고 있지 못하다는 것이다. 그렇기 때문에 오직 자각주체의 확립이 있어야만 이목구비의 감각기관 등의 '소체'를 자각심이 주재할 수 있게 되어 '소체'의 무한한 감성적 욕망의 요구를 제어할 수 있다는 것이다. 이러한 감성적 욕망은 비록 생명의 자연적이고 원초적인 본능의 표출이기는 하지만 적당한 선에서 만족할 수 있도록 제어해야만 한다는 것이다. 만일 그렇지 않으면 끝없이 욕망을 탐닉하여 결국에는 반드시 본심을 이익 때문에 서로 다투게 만드는 지경에 빠트리게 된다는 것이다. 이와 같은 무한한 욕망의 탐닉이야말로 맹자의 '성선설' 속에서 '악'이 형성되는 원인제공자가 되는 것이라고 할 수 있는 것이다.

> 마음을 기르는養 데에는 욕심을 적게 하는 것보다 좋은 것이 없다. 사람됨이 욕심이 적으면 비록 보존하지 못한 것이 있더라도 그것이 적고, 사람됨이 욕심이 많으면 비록 보존한 것이 있더라도 그것이 적다.[31]

위의 인용문 가운데 '적다'라고 하는 것은 소극적으로 거의 남지 않은 것을 제거한다는 의미가 아니고, 감성 욕망의 끝없는 탐닉의 요구를 더 이상 작용하지 못하게 한다는 의미이다. 그렇기 때문에 만일 생명의 자연적이고 원초적인 본능의 필수적인 욕구를 적당한 선에서 충족시켜 줄 수 있다면 본심은 물리적인 욕구에 빠지지 않게 됨과 동시에 물리적인 욕구 때문에 유발되는 본심의 상실도 막을 수

31) 『孟子』, 「盡心下」, "養心莫善於寡欲. 其爲人也寡欲, 雖有不存焉者, 寡矣; 其爲人也多欲, 雖有存焉者, 寡矣."

있다는 것이다. 그러므로 비록 인간이 자연적이고 원초적인 욕구의 측면에서는 짐승들과의 차이가 거의 없지만, 짐승들과 가장 큰 차이인 본심은 잃지 않고 보존할 수 있게 되는 것이다.

> 귀나 눈 같은 기관은 생각할 능력이 없어 바깥 물건에 지배되어 버리므로, 사물事物에 접하게 되면 그것에 끌려가기 마련이다. 마음이라는 기관은 생각할 수 있어서 생각하게 되면 사리事理를 알 수 있게 된다. 하늘이 우리에게 부여하여 준 것을 비교하여 먼저 그 큰 것을 확립하여 놓게 되면, 그 작은 것을 빼앗아 가지 못하게 된다. 이것이 곧 대인大人이 되는 까닭이다.[32)]

귀나 눈 같은 기관이 자각능력과 가치판단 능력을 갖지 못하는 이유는 귀나 눈 등의 작용이 생리적인 작용에 국한되어 있기 때문에, 일체의 반응이 외재적인 대상에 의해 결정되기 때문이다. 그렇기 때문에 귀나 눈 등의 감각기관은 자각적인 반성능력이 없어서 가치 판단의 주체가 될 수 없는 것이다. 그러므로 맹자는 그것들이 반드시 '사물에 가려져'지게 되어 결국에는 자신 역시 하나의 사물로 된다는 것이다. 그래서 주자는 "귀는 듣는 것을 맡고 눈은 보는 것을 맡아서, 각기 맡은 것이 있으나 사고를 할 수는 없다. 이러므로 외부의 사물에 가리어진다. 이미 사고를 할 수 없어서 외부의 사물에 가리어지면 또한 하나의 사물일 뿐이다. 또 외부의 사물로써 이러한 사물(귀와 눈)과 교통하게 되면 거기에 끌려가는 것은 어렵지

---

32) 『孟子』, 「告子上」, "耳目之官不思, 而蔽於物. 物交物, 則引之而已矣. 心之官則思, 思則得之, 不思則不得也. 此天之所與我者. 先立乎其大者, 則其小者弗能奪也. 此爲大人而已矣."

않게 된다."[33)]라고 한 것이다.

눈과 귀 등의 감각기관이 비록 자각적인 반성능력이 없지만 '불선不善'한 일이나 일체의 죄악이 모두 가치판단을 내린 뒤에 실제로 행해진다고 하는 사실은 부인할 수 없는 것이다. 그렇기 때문에 성선설 속에서 '악'의 발생 요인으로는 외재적인 환경과 객관적인 조건 이외에 가장 주요한 요인은 바로 도덕주체의 가치의식이 발휘되었는지 여부에 의해서 결정된다는 것이다. 즉 자각심이 자각적인 반성을 하느냐 하지 않느냐에 따라 '악'의 발생 여부가 결정된다는 것이다. 이와 같은 논의는 맹자가 언급한 "마음이라는 기관은 생각할 수 있어서 생각하게 되면 사리를 알 수 있게 된다."라고 하는 말과 일맥상통한다고 볼 수 있는 것이다.

마음이라는 기관은 '대체'를 의미하며 그것의 기능은 사고하는 것뿐이다. 여기에서의 사고는 본성을 인식한다고 하는 사려작용이 아니고 본심의 자각을 의미하는 것으로 인간이 본래적으로 갖추고 있는 능력인 것이다. 본심의 자각능력의 발휘는 가치의식을 발휘케 하여 가치판단을 가능하게 하는 것이다. 그렇기 때문에 사고에는 다음과 같은 두 가지의 차원의 함의가 담겨져 있다고 볼 수 있다. 즉 자각적으로 반성할 수 있는 능력을 갖춘 본심이 본래적으로 구비하고 있는 '인의예지仁義禮智'라고 하는 '선'의 단서라는 함의와 본심의 자각적 상황아래 이러한 '선'의 단서로서의 마음이 '선'한 행위를 할 수 있도록 가치판단을 내릴 수 있게 함과 동시에 이러한 것을 감각

---

33) 朱熹, 『孟子章句集註』, 卷十一. "耳司聽, 目司視, 各有所職而不能思, 是以蔽於外物. 旣不能思而蔽於外物, 則亦一物而已. 又以外物交於此物, 其引之而去不難矣."

기관의 욕구에 가려지지 않도록 하여 '측은'·'수오'·'사양'·'시비'의 마음을 확충하여 선한 행위를 유발하게 한다는 함의가 담겨져 있는 것이다. 다시 말하면 사고는 본심의 내적 작용과 외적 작용을 동시에 구비하고 있다는 것인데, 내적 작용은 '인의예지仁義禮智'를 본심이 본래적으로 구비하고 있음을 자각하는 것이고 외적 작용은 이러한 내적 작용을 인식하고 물리적인 욕구에 의해서 그것을 상실하지 않고 확충과 실천을 통하여 선한 단서를 체험적으로 증명하는 것이다.

'마음이라는 기관은 생각할 수 있다.'라고 하는 명제는 실연명제이면서 필연명제가 되는 것이다. 그래서 맹자는 "이러한 것은 하늘이 우리에게 부여해준 것이다."라고 말하고 있는 것이다. "이러한 것은 하늘이 우리에게 부여해준 것이다."라고 하는 언급은 마음의 초월적 근거를 설명하는 것이 아니라, 본심의 자각능력은 자명한 원칙이라는 것을 설명한 것이다. 다시 말하면, 마음의 기능은 사고하거나 자각하는데 있다고 하는 말은 실연명제이자 필연명제라는 것이다. 그렇기 때문에 맹자는 "사고하지 않으면 얻을 수 없다."라고 주장한 것이다. 사고하지 않음에서의 사고는 본심의 전면적인 사고 정지를 의미하는 것이 아니다. 본심은 존재하면서 활동하는 존재이기 때문에 여기에서 "사고하지 않음"이라고 하는 것이며, 그 의미는 자각 주체가 확립되지 못하여 본심의 사고가 물리적인 욕구에 가리어져 내외 일체의 '선善'을 비추지 못하게 되어 "얻을 수 없다."라고 말한 것이다. 얻을 수 없다는 것이란 본심의 사고능력을 얻을 수 없다는 말로서 상황이 그렇게 만든다는 것이다.

5. 맺는 말

이상과 같이 맹자가 인간의 본심으로 본성이 '선善'함을 설명하는데 있어서 관건적인 문제라고 할 수 있는 '악惡'의 문제에 대하여 살펴보았는데 다음과 같다고 할 수 있다.

먼저 중국철학에서의 '악'은 『시경』과 『상서』 속에서 말하는 '실덕'과 '유죄'가 현실 속에서는 도덕 혹은 예의규범의 파괴를 의미하며, '천도'가 현실의 인간세계에 윤리규범의 기초가 되므로 '인도'의 측면에서 본다면 인간이 마땅히 있어야할 도덕적 '선'이 결핍된 상태를 의미한다고 말할 수 있다.

맹자가 사용한 '악'자의 의미와 인성의 '선악'문제에 대한 상관성 여부는 바로 '사단지심' 가운데 '수오지심' 속의 '악'과 관련되었다고 볼 수 있는데, '수오' 등의 '사단지심'은 본래부터 '선'이 되는 것이며, 자신의 '불선'을 부끄러워하는 것과 타인의 '불선'을 증오하는 것은 자각심에서 발휘된 가치판단인 것이다. 그렇기 때문에 맹자의 인성론 가운데 '악'은 '선의 결핍'이 되는 것으로 가치판단의 문제인 것이다. 즉 윤리행위 '실연'의 '선'의 결핍이므로 '악'은 '선'의 결핍이 되는 것이지, 절대로 '선'을 자각하는 자각주체 자신의 '선'의 결핍이 아닌 것이다.

맹자는 감성적 욕망은 비록 생명의 자연적이고 원초적인 본능의 표출이기는 하지만 적당한 선에서 만족할 수 있도록 해야만 제어해야만 한다고 했는데, 만일 그렇지 않으면 끝없이 욕망을 탐닉하여 결국에는 반드시 본심을 이익 때문에 서로 다투게 만드는 지경에 빠트리게 된다는 것이다. 이와 같은 무한한 욕망의 탐닉이 결국은 맹자의 성선설 속에서 '악'이 형성되게 하는 원인제공자가 되는 것이다. 또한 성선설 속에서 '악'의 발생 요인으로는 외재적인 환경과 객관적인 조건 이외에 가장 주요한 요인은 바로 도덕주체의 가치의식이 발휘되었는지 여부에 의해서 결정된다는 것이다. 즉 자각심이 자각적인 반성을 하느냐 하지 않느냐에 따라 '악'의 발생 여부가 결정된다는 것이다.

참고문헌

朱公遷, 『詩經義疏』, 『四庫全書』 本.

孫星衍, 『尙書今古文注疏』, 『平津館叢書』 本.

劉寶楠, 『論語正義』, 『續皇淸經解』 本.

趙岐, 『孟子章句』, 『四部叢刊』 本.

朱熹, 『孟子章句集註』, 『海淵閣明刻』 本.

焦循, 『孟子正義』, 『焦氏遺書』 本.

『十三經引得』, 「尙書引得」, 上海, 上海古籍出版社, 1986년.

許愼撰, 段玉裁注, 『說文解字注』, 上海, 上海書店, 1992년.

牟宗三, 『圓善論』, 臺北, 學生書局, 1985년.

徐復觀, 『中國人性論史』, 臺北. 臺灣商務印書館, 1990년.

勞思光, 『新編中國哲學史』, 卷一, 臺北, 三民書局, 1986년.

曾仰如, 『倫理哲學』, 臺北, 臺灣商務印書館, 1985년.

項退結, 『西洋哲學辭典』, 臺北, 臺灣國立編譯館, 1976년.

黃維潤, 「中西哲學論惡之比較」, 臺北, 輔仁大學哲學研究所, 博士學位論文, 1984년.

참고문헌

■ 원전류

朱公遷, 『詩經義疏』, 『四庫全書』 本.

孫星衍, 『尙書今古文注疏』, 『平津館叢書』 本.

趙汸, 『春秋左氏傳補注』, 『通志堂經解』 本.

朱彬, 『禮記訓纂』, 『宜祿堂』 淸刻本.

朱熹, 『大學章句』, 『海淵閣』 明刻本.

黃侃, 『論語義疏』, 『皇淸經解』 本.

朱熹, 『論語集注』, 『海淵閣』 明刻本.

劉寶楠, 『論語正義』, 『續皇淸經解』 本.

朱熹, 『中庸章句』, 『海淵閣』 明刻本.

趙岐, 『孟子章句』, 『四部叢刊』 本.

朱熹, 『孟子章句集註』, 『海淵閣』 明刻本.

焦循, 『孟子正義』, 『焦氏遺書』 本.

顔昌嶢, 『管子校釋』, 長沙, 嶽麓書社, 1996년.

韓愈, 『韓昌黎全集』, 北京, 中國書店, 1991년.

王懋竑,『朱熹年譜』, 北京, 中華書局, 1998년.

『朱文公文集』,『四部叢刊初編』 本.

黎靖德,『朱子語類』, 北京, 中華書局, 1994년.

朱彝尊『經義考』, 北京, 中華書局, 1998년.

皮錫瑞,『經學歷史』, 上海, 商務印書館, 1931년.

王陽明,『王陽明全集』, 上海, 上海人民出版社, 1992년.

黃宗羲,『黃宗羲全集』, 杭州, 浙江古籍出版社, 1985년.

戴震,『戴震全集』, 合肥, 黃山書社, 1995년.

司馬遷, 瀧川資言會注考證,『史記會注考證』, 太原, 北岳文藝出版社, 1999년.

班固,『漢書』, 北京, 中華書局, 1986년.

魏徵,『隋書』, 北京, 中華書局, 1989년.

蕭統,『文選』, 北京, 中華書局, 1992년.

許愼撰, 段玉裁注,『說文解字注』, 上海, 上海書店, 1992년.

■ 중국자료

蔡仁厚,『孔孟荀哲學』, 臺北, 學生書局, 1991년.

H.G.Creel,『孔子與中國之道』, 太原, 山西人民出版社, 1993년.

郎擎霄,『孟子學案』, 上海, 商務印書館, 1928년.

唐迪風,『孟子大義』, 北京, 北平直隸書局, 1931년.

陳大齊,『孟子的名理思想及其辯說實況』, 臺北, 臺灣商務印書館, 1983년.

何淑靜,『孟荀道德實踐理論之硏究』, 臺北, 文津出版社, 1988년.

袁保新,『孟子三辨之學的歷史省察與現代詮釋』, 臺北, 文津出版社, 1992년.

李信言,『孟子政治思想及經濟思想』, 上海, 易社, 1938년.

許宗興,『孟子的哲學』, 臺北, 臺灣商務印書館, 1989년.

葉經柱,『孟子之民本主義』, 臺北, 正中書局, 1990년.

黃俊傑,『孟子』, 臺北, 東大圖書公司, 1993년.

黃俊傑 主編,『孟子思想的歷史發展』, 臺北, 中央硏究院 中國文哲硏究所籌備處, 1995년.

高柏園,『孟子哲學與先秦思想』, 臺北, 文津出版社, 1996년.
駱建仁,『孟子學說體系探賾』, 臺北, 文津出版社, 1988년
翟廷晉,『孟子思想評析與探源』, 上海, 上海社會科學院出版社, 1992년.
劉鄂培,『孟子大傳』, 北京, 淸華大學出版社, 1998년.
廖名春,『孟子的知慧』, 臺北, 漢藝色硏文化事業有限公司, 1984년.
蔡仁厚,『孔孟荀哲學』, 臺北, 學生書局, 1991년.
蔡仁厚,『儒家心性之學論要』, 臺北, 文津出版社, 1990년.
熊十力,『明心篇』, 臺北, 學生書局, 1979년.
周群振,『儒學探源』, 臺北, 鵝湖出版社, 1986년.
蘇新鋈,『先秦儒學論集』, 臺北, 文津出版社, 1992년.
余英時,『中國知識階層史論』, 臺北, 聯經圖書出版事業公司, 1980년.
李澤厚,『中國古代思想史論』, 北京, 人民出版社, 1986년.
徐復觀,『中國人性論史』, 臺北, 臺灣商務印書館, 1990년.
唐君毅,『中國哲學原論』, 原性篇, 臺北, 學生書局, 1984년.
唐君毅,『中國哲學原論』 原道篇 卷一, 臺北, 學生書局, 1992년.
馮友蘭,『中國哲學史新編』 第二册, 北京, 人民出版社, 1995년.
張豈之,『中國儒學思想史』, 臺北, 水牛出版社, 1992년.
藩菽 主編,『中國古代心理思想硏究』, 南昌, 江西人民出版社, 1983년.
陳定閎,『中國社會思想史』, 北京, 北京大學出版社, 1990년.
牟宗三,『中國哲學的特質』, 臺北, 學生書局, 1991년.
牟宗三,『中國哲學十九講』, 臺北, 學生書局, 1991년.
牟宗三,『心體與性體』, 第一册, 臺北, 正中書局, 1989년.
牟宗三,『心體與性體』, 第二册, 臺北, 正中書局, 1989년.
牟宗三,『圓善論』, 臺北, 學生書局, 1985년.
牟宗三,『王陽明致良知敎』, 臺北, 中央文物供應社, 1980년.
牟宗三,『從陸象山到劉蕺山』, 臺北, 學生書局, 1990년.
傅佩榮,『儒道天論發微』, 臺北, 學生書局, 1989년.
楊慧傑,『天人關係論』, 臺北, 水牛圖書事業出版公司, 1989년.

勞思光,『新編中國哲學史』 卷一, 臺北, 三民書局, 1986년.
曾仰如,『倫理哲學』, 臺北, 臺灣商務印書館, 1985년.
成中英,『知識與價值』, 臺北, 聯經出版事業公司, 1986년.
黃維幸,『法律與社會理論的批判』, 臺北, 時報文化事業公司, 1991년.
瞿同祖,『中國法律與中國社會』, 臺北, 里仁, 1987년.
徐復觀,『中國思想史論集』, 臺北, 學生書局, 1983년.
徐復觀,『中國思想史論集續篇』, 臺北, 時報文化事業公司, 1985년.
蕭公權,『中國政治思想史』(上), 臺北, 聯經出版事業公司, 1990년.
侯家駒,『先秦儒家自由經濟思想』, 臺北, 聯經出版事業公司, 1985년.
周金聲,『中國經濟史』 卷二, 臺北, 環宇, 1973년.
陳紹聞,『中國經濟思想簡史』, 上海, 上海人民出版社, 1978년.
陳紹聞,『中國古代經濟文選』, 上海, 上海人民出版社, 1983년
胡寄窗,『中國經濟思想史』, 上海, 上海人民出版社, 1983년.
葉龍,『歷代人物經濟故事』, 香港, 壹出版有限公司, 1996년.
錢公博,『經濟思想論集』, 臺北, 學生書局, 1975년.
黎紅雷,『現代管理與儒家知慧』, 臺北, 天地圖書出版有限公司, 1992년.
林毓生,『政治秩序與多元社會』, 臺北, 聯經出版事業公司, 1989년.
王友三 主編,『中國宗教史』, 濟南, 齊魯書社, 1991년.
錢穆,『國史大綱』, 卷上, 臺北, 臺灣商務印書館, 1991년.
楊寬,『古史新探』, 北京, 中華書局, 1965년.
宋淑萍,『浩瀚的學海』, 北京, 三聯書店, 1991년.
秦家懿・孔漢思,『中國宗教與西方神學』, 臺北, 聯經出版事業公司, 1993년.
牟宗三,『康德的道德哲學』, 臺北, 學生書局, 1992년.
칸트 著, 藍公武 譯,『純粹理性批判』, 北京, 商務印書館, 1997년.

■ 일본자료

增淵龍夫,『中國古代の社會と國家』, 東京, 弘文堂, 1960년.
小倉芳彦,『中國古代政治思想研究』, 東京, 青木書店, 1970년.

伊藤道治,『中國社會の成立』, 東京, 講談社, 1981년.
赤塚忠,『中國古代思想史研究』, 東京, 研文書店, 1987년.
松本雅明,『世界歷史』 卷四, 東京, 岩波書店, 1970년.

■ 한국자료

松丸道雄 외, 조성을 역,『중국사개설』, 서울, 한울 아카데미, 1990년.
金谷治, 조성을 역,『중국사상사』, 서울, 이론과 실천, 1994년.
戶川芳郎, 조성을 역,『儒教史』, 서울, 이론과 실천, 1990년.
이혜경,『맹자, 진정한 보수주의자의 길』, 서울, 그린비, 2008년.

■ 논문자료

徐復觀,「封建政治・社會的崩潰, 及典型專制政治的成立」,『新亞書院學術年刊』 第十一期, 香港, 1969년.
王繼訓,「淺論漢代諸子學與經學的界限」,『西北大學學報』, 第33卷 第1期.
侯家駒,「井田叢考」,『大陸雜誌』, 卷67, 第3期, 臺北, 1972년.
許俊雅,「禮之精神及社會價值」,『孔孟月刊』, 第二十三卷 第十二期, 臺北, 1982년.
孫效智,「生命教育的倫理學基礎」,『教育資料集刊』, 第二十八輯, 2001년.
河池重造,「先秦時代'士'の諸問題」,『史林』, 卷四十二, 1959년.
高木智見,「春秋時代の神人共同體について」,『中國-社會と文化』 集五, 1990년.
近藤正則,「『讀余隱之尊孟辨』 に見える朱子の孟子不尊周への對應」,『日本中國學會報』 第33集, 日本中國學會, 1981년.
倉田信靖,「『孟子』の "春秋天子之事也"に就いて」,『日本中國學會報』 第38集, 日本中國學會, 1986년.

찾아보기

ㄱ

ㅇ

ㅈ

조원일 (趙源一)

대전에서 출생하고 대부분의 성장기를 그곳에서 보냈고 충남대학교 철학과를 졸업했다. 대학 졸업 후 臺灣으로 유학을 떠나 中國文化大學 대학원 철학과에서 석사학위를 취득한 후에 다시 중국 본토로 유학을 가서 北京大學 대학원 철학과에서 박사학위를 취득하였다. 충남대학교 유학연구소, 남서울대학교 중국학과를 거쳐 현재 전남대학교 중국학과 교수로 재직하면서 전남대학교 이순신해양문화연구소장을 겸직하고 있다. 지은 책으로 『東吳哲學』, 『哲學・宗教與人文』(中國出版), 『半生緣』(영화로 배우는 중국어), 『맹자의 도덕사상과 정치사상』, 『고대중국의 사유세계』, 『동아시아의 유학사상』, 『선진유가의 사상』 등이 있으며, 논문으로 「孔子的天論探微」 외 국외발표 다수 및 「『춘추좌전』과 『국어』의 천인관계 연구」 외 국내발표가 다수 있다. 고대 중국의 철학사상과 중국의 전통문화 분야에 지속적인 관심을 가지고 있으며, 중국의 역사에 관해서도 흥미를 가지고 연구를 진행하고 있다.

맹자의 철학사상

인쇄 | 2012년 11월 25일
발행 | 2012년 11월 30일

저 자 조원일
발행인 송경안
발행처 전남대학교출판부

등 록 1981년 5월 21일 제53호
주 소 500-757 광주광역시 북구 용봉로 77
전 화 062-530-0571~2
마케팅 062-530-0573
팩 스 062-530-0579
홈페이지 http://www.cnup.co.kr

가격 15,000 원

ISBN 978-89-97620-67-8 (93150)

이 도서의 국립중앙도서관 출판시도서목록(CIP)은 e-CIP홈페이지(http://www.nl.go.kr/ecip)와
국가자료공동목록시스템(http://www.nl.go.kr/kolisnet)에서 이용하실 수 있습니다.
(CIP제어번호: CIP2012005499)